Georg Hensel
Glück gehabt

Szenen aus einem Leben

Insel Verlag

Für Anna und Norbert,
meine Frau und meinen Sohn

Dritte Auflage 1994
© Insel Verlag Frankfurt am Main und Leipzig
Alle Rechte vorbehalten
Satz: Fotosatz Otto Gutfreund GmbH, Darmstadt
Druck: Freiburger Graphische Betriebe
Printed in Germany

Inhalt

Wir können einander unter mehr oder weniger edlen Vor-
wänden verletzen, verraten, massakrieren, uns mit schein-
barer Größe aufblasen: wir sind komisch – wir alle, ein-
schließlich derer, die wir unsere Helden nennen: wir sind
komisch.

Jean Anouilh

Wozu ein Jahr lang hart arbeiten, um einen Roman zu
schreiben, wenn man in jeder Buchhandlung für ein paar
Dollar einen Roman kaufen kann?

Mark Twain

I

Eine Zangengeburt

> Hier sitz ich nun und denke, was bin ich
> und was wirke ich? Und in diesem Au-
> genblick empfinde ich die ganze Armut
> meiner Gedanken, an denen ich nun so
> lang' ich lebe gesammlet habe.
>
> Karl Philipp Moritz

Meine Geburt dauerte drei Tage, vom zehnten bis zum dreizehnten Juli. Es war ein glutheißer Sommer, und mein Vater
leerte Gießkannen auf das staubtrockene Trottoir vor dem
Fenster des Schlafzimmers, in dem meine Mutter lag und
schrie, drei Tage lang. Ich konnte oder wollte nicht auf die
Welt: ich widersetzte mich, oder ich wurde in der Mutter-
höhle festgehalten, wer könnte das entscheiden? Am dritten
Tag, einem dreizehnten und einem Freitag, wie meine Mutter immer hinzufügte, zog mich der Hausarzt mit Gewalt
heraus. Er nahm meinen Kopf in die Zange: er war nicht der
letzte, der das tat.

Mein Geburtsjahr schrieb Karl Valentin für sein Münch-
ner Museum auf eine Gartenbank, die er mit Millionen, Mil-
liarden und Billionen Papiermark überklebt hatte: es war
1923, der Höhepunkt der Inflation. Die Bank nannte er
»Deutsche Bank«. Von diesem Jahr war außer unzulängli-
cher Ernährung, Rachitis, weichen Knochen und Plattfüßen
nicht viel zu erwarten.

Meine Mutter hatte große, aber leere Brüste. In der weiteren Verwandtschaft fand sich eine hochschwangere Frau,
aus deren flacher Brust sich zwei Milchquellen überreich
ergossen. Diesem glücklichen Umstand verdanke ich eine
Amme, mit der ich mich bis zu ihrem Tod verbunden fühlte.
Ihr Sohn war mein Milchbruder, eine biedermeierliche In-

9

stitution. Wir saßen nebeneinander auf vielen Schulbänken, und mit ihm teilte ich auch den Spind der Rekrutenstube, bevor der Krieg uns trennte.

Meine Großeltern mütterlicherseits hatten sechs Kinder, zwei Buben und vier Mädchen, sie blieben vorläufig am Leben, zwei von ihnen brachten sich im Alter um, durch Kugel und Strick. Falls die Liste in der Familienbibel nicht unvollständig ist, hatten die Großeltern noch sechs Kinder, fünf Mädchen und ein Bub, ihre längst vergessenen Namen waren Christiana, Elisabetha, Christine, Margaretha, Maria und Heinrich, die meisten wurden nur ein paar Wochen alt, wer brachte sie um? Daß ihre Eltern unentwegt dabei waren, fruchtbar zu sein und sich zu mehren, das sieht man ihren Photographien nicht an: eine alte Frau mit rundem und dennoch ausgelaugtem Gesicht, ein Männlein mit weißem Schnurr- und Ziegenbart, er hat zwei Kinder an der Hand, das eine bin ich.

Ich habe keine Erinnerungen an die beiden, ich weiß nur, daß man mir von ihm erzählt hat, im Dorf habe er als besonders gescheiter Mann gegolten. Er wurde zwar Possenmann genannt, weil er von Beruf Posamentier war und Schnüre und Borten herstellte, meist für Uniformen, es muß aber auch der ganze Ernst der Weltpolitik auf ihm gelastet haben, denn er las Zeitungen, und wenn er seiner Familie Pressestimmen vorlas, so erläuterte er »Le Matin, französische Zeitung« oder »Times, englische Zeitung«, wobei er die ausländischen Zeitungsnamen deutsch aussprach. Er hinterließ seinen Kindern den Dauerscherz »Tiemes, englische Zeitung«. Sonst hatte er nicht viel zu hinterlassen.

Irgendwoher muß man ja kommen, doch hat mich das nie besonders interessiert. Wenn ich den Stammbaum betrachtete, den mein Vater als Beamter ermitteln mußte, um nachzuweisen, daß es da keinen Juden gab, wenn ich all diese Namen las, diese Menge von Elisabethen und Johannesen mit Berufen wie Schreiner und Schlosser, verschwamm das vor meinen Augen zu einem grauen Existenzbrei. Die Hoffnung, daß irgendwo in der entferntesten Verwandtschaft ein Lumpenhändler oder ein fahrender Zigeuner seine Spuren bei einem unehelichen Kind, »Vater nicht zu ermitteln«, hinterlassen habe, auch diese geringe Hoffnung auf ein wenig Irregularität trog: schließlich wurde der uneheliche Vater doch ermittelt, er war zur nachträglichen Eheschließung bereit, ein nichtssagender Name wie bei allen andern. Ein bißchen Farbe versprach der mehrfach genannte Beruf »Gemeindsmann«, das war der Ortsdiener, der mit einer Schelle durch das Dorf zog und die amtlichen Bekanntmachungen verkündete oder auch ausrief, daß ein Kind vermißt werde. Sein Beruf war ein Vorläufer meines Berufs, des Journalisten, dessen Basis die Veröffentlichung von Nachrichten ist.

Ich weiß nicht, was meine Großeltern dazu sagten, daß zwischen 1848 und 1887 die Hälfte ihrer Kinder starb. Vermutlich sagten sie nichts: sechs gestorbene Kinder in rund vierzig Jahren, so viel ist das eigentlich nicht, das Kindersterben war damals so üblich wie das Kinderkriegen, der Herr hat's gegeben, der Herr hat's genommen, der Name des Herrn sei gelobt. Das Leben geht freigebig mit sich um: Ei-Zellen und Sperma sind ein Zufallsgenerator. Er entscheidet über die Varianten, und die einen sind ihm so gleichgültig wie die andern.

Als ich sechs Jahre alt war, schrie mir Edith, eine meiner vielen Cousinen, auf der Straße nach: »Geh mal schnell heim, du hast ein Brüderchen bekommen!« Der Bruder, dessen Heranwachsen im Leib meiner Mutter ich nicht bemerkt hatte, kam durch eine glatte Geburt zur Welt, verließ sie aber schon nach fünf Wochen des Erbrechens. Sein Magenpförtner war nicht in Ordnung, ein nicht seltener Mißstand, der damals tödlich war und sich heutzutage durch eine Routine-Operation leicht beheben läßt. Auch seine Beziehungen zum Leben waren nicht besonders eng. Bei meinen Eltern hatte der Herr nicht viel zu nehmen, sie hatten nur zwei Kinder, er nahm mein Brüderchen, aber das war wie bei den vielen Geschwistern meiner Mutter ebenfalls die Hälfte.

Bei der Beerdigung fiel mir auf, daß auf den Grabsteinen stand »Ruhe sanft«, und ich dachte, wer es für nötig hält, »Ruhe sanft« zu wünschen, der muß doch damit rechnen, daß man auch unsanft ruhen kann. Ich bat meinen Vater, mir das zu erklären, er aber sagte nur: »Die Toten ruhen nicht sanft und nicht unsanft, sie ruhen überhaupt nicht, sie sind tot.« Ich wagte nicht, ihn nun zu fragen, wieso man dann aber von der »ewigen Ruhe« spreche. Meinen Vater wollte ich nicht verärgern, ich ließ die Frage sanft, aber nicht ewig ruhen. Mein Bruder wurde an dem Tag beerdigt, an dem der Fotograf eine Aufnahme meiner Schulklasse machte. So fehlte ich auf dem Gruppenbild und wurde später in das Klassenfoto eingeklebt: ich sah aus wie ein lustloser Nachtrag zum Jahrgang 1923.

Ich blieb allein, unbeglückt und unbehelligt von Geschwistern. Meine Lust, mich Gruppen anzuschließen, war groß, nach der Aufnahme aber auch rasch gestillt. So verließ ich den Kindergarten, kaum hatte ich ihn betreten, für immer. Meine Mutter hatte mir nicht nur beschützende evangelische Schwestern, sie hatte mir auch am Eingang des Kindergartens einen Neger versprochen, der sich für einen Pfennig dankbar verneigen sollte. Ich erwartete einen lebendigen Neger und war von dem schwarzen Missions-Püppchen bitter enttäuscht, das sich nach dem Einwurf meines Pfennigs durch eine hastige Verbeugung äußerst flüchtig bedankte.

Schon hieb mir ein älterer Junge mit einem Bauklotz auf den Kopf, und ich verließ das Spielzimmer tränenlos, aber auch durch keine Bitten oder Befehle der nicht beschützenden Kinderschwestern aufzuhalten. Orte der Gottesliebe sind nicht unbedingt Orte der Menschenliebe: das ahnte ich zum ersten Mal, konnte es aber selbstverständlich noch nicht ausdrücken. Die Erfahrung, die ich an diesem früh-pädagogischen Platz gemacht hatte, wiederholte sich mein Leben lang: das rasche Zusammenschrumpfen der lebens-großen Versprechungen beim Eintritt in irgendeine Gruppe, einen Verein, ein Kollektiv, ein Team und der durch einen neuen Kameraden versetzte heimtückische Schlag auf den Hinterkopf.

Wenn die kleinen Leute damals viele Kinder hatten, muß-ten sie alle mit vierzehn Jahren anfangen, ein Handwerk zu lernen, jeder ein anderes: Zimmermann und Schreiner, Schmied und Schlosser, Dachdecker und Tapezierer, so daß sie am Ende ihrer Lehrzeit ohne fremde Hilfe ein Haus mit-einander fachmännisch bauen konnten. Meist konnten sie es dann doch nicht, weil sie keinen Bauplatz und kein Geld hatten. So wurde mein Vater, ein gelernter Schlosser, nach dem Abschluß einiger Kurse, Lokomotivführer, ein Beam-ter, wenn auch ein ganz kleiner, das war ein Ausweg und eine schon beneidete Karriere.

In der Familie meiner Mutter mußten die Töchter Schnei-derin und Modistin lernen, Berufe, die es ihnen ermöglich-ten, auch sich selbst mit solider Eleganz einzukleiden. Eine Schwester und ein Bruder meiner Mutter zeichneten und malten staunenswert, das mußte selbstverständlich ihr Pri-vatvergnügen bleiben, für eine künstlerische Ausbildung gab es kein Verständnis und kein Geld. Beide Söhne waren ehrgeizig und wollten aufsteigen in Berufe, die ihrer Intelli-genz entsprachen. Es blieb ihnen nur der Weg übers Militär: Wer sich für zwölf stumpfsinnige Jahre verpflichtete und etwas dazulernte, der konnte mit einem Beruf rechnen, in dem man sich die Hände nicht schmutzig macht.

Da aus meiner Mutter eine erstklassige Schneiderin geworden war, trug ich als Kind eine von ihr angemessene und angefertigte Bekleidung. Ich lernte früh, jegliche Konfektion zu verachten und den Maßanzug für selbstverständlich zu halten. Nur meine Uniform, die vorsätzlich zu kurze, schwarze Hose, das Braunhemd und die dunkelblaue Jungenschaftsbluse, die nähte sie mir nicht. Das war kein Widerstand gegen die Staatsjugend, sie hatte einfach keine Lust, etwas zu schneidern, was alle trugen.

Verführt von ihrem professionellen Umgang mit Nadel und Faden, heftete sie ihre Lektüre mit Stecknadeln zusammen. Sie las ausschließlich Kalenderblätter und Zeitungsausschnitte mit Lebensweisheiten, die sie bei passenden Gelegenheiten an mich weitergab. Vielleicht hat sie in mir eine lebenslange Vorliebe für gescheite Sprüche geweckt: der Weg von einem Kalenderblatt zu einer Bemerkung von Oscar Wilde ist kürzer, als die intellektuellen Leser vermuten.

An gewissen Abenden stehe ich vor dem Bücherbord mit den Aphoristikern von Heraklit bis Cioran und suche mir, schwankend zwischen Marie von Ebner-Eschenbach und Jules Renard, drei, vier Sätze aus. Zusammen mit einer Flasche Weißwein und ein bißchen Schubert, sind sie eine üppige Abendlektüre. Manchmal zucke ich zusammen, als habe mich jemand in einen Finger gestochen: so wie ich mich oft vor dem Küchenbüffet in den Finger gestochen hatte, wenn ich hastig nach einem dort liegenden Bündel von Kalendersprüchen griff und an die Stecknadeln meiner Mutter nicht dachte.

Sie las nicht, um sich zu vergnügen, sie las, um das Gelesene im Alltag anzuwenden. »Nur in der Seltenheit liegt der Genuß der Freude«, sagte sie, wenn sie mir alle sechs Monate einen Riegel Schokolade schenkte. »Du mußt glühende Kohlen auf seinem Haupt sammeln, das heißt, du mußt jetzt besonders freundlich zu ihm sein und ihm etwas schenken«, empfahl sie mir, wenn mir ein Klassenkamerad aus der reinen Lust am Schlagen seine Faust auf den Hinterkopf gehauen hatte. Den Genuß der Seltenheit brachte sie mir bei, aber an den glühenden Kohlen verbrannte ich mir lieber nicht die Finger. Im Alter, als meine Mutter schon sehr krank und ein bißchen verwirrt war, zitierte sie gern einen Zweizeiler, der ihren Zustand beschrieb: »Mein Rücke, Kreuz und Arschgelenk, / mein ganzer Körper hat die Kränk.« Obwohl die Verse, die sie von ihrer Mutter hatte, kaum erheiternd waren, erheiterten sie meine Mutter: es war der Reim, der ihr Spaß machte: »Gelenk, Kränk.«

Bücher las man in meinem Elternhaus nicht. Unsere Bibliothek bestand aus der vor mir weggeschlossenen, weil für Kinder nicht geeigneten Bibel, aus Felix Dahns historischem Roman »Ein Kampf um Rom« und aus Wilhelm Bölsches »Das Leben der Urwelt«. So wurde ich früh vertraut mit Gotenführern wie Totila und Teja, mit byzantinischen Feldherren wie Belisar und Narses, mit ineinander verbissenen Sauriern wie dem langhalsigen Plesiosaurus und seinem Todfeind, dem gedrungenen Ichthyosaurus, mit verschwundenen Festländern wie Atlantis und Gondwanaland aus der Steinkohlenperiode. Das alles lernte ich nicht gerade für das Leben, aber für das Leben im Kino.

Die ersten anderthalb Druckseiten meines Lebens las ich im Alter von sechs Jahren in einem Märchenbuch, einem Weihnachtsgeschenk, dem vierten Buch in unserem Haus. Es war das Märchen von den Sterntalern, die auf ein Mädchen niederregnen. Es war das erste Prosastück, das ich selbständig las, und schon hatte ich die ersten interpretatorischen Schwierigkeiten. Ich begriff zwar, daß das Mädchen, um die Taler aufzufangen, sein Hemdchen heben mußte, nicht aber daß dies eine Art Vorhang war vor tieferen Geheimnissen. Das erklärte man mir erst später in jener Schule des Lebens, in der oft Cousinen die beliebtesten pädagogischen Kräfte waren. Es ist die einzige Schule, die mit einer Reifeprüfung nicht endet, sondern beginnt.

Samstags veränderte sich das Dorf. Die Straße wurde gekehrt, das hatte ich übernommen und mühte mich ab, die plattgefahrenen Pferdeknödel mit dem Holzrücken des Besens aus den Pflasterritzen zu kratzen. Wenn ich damit fertig war, wurde ich durchströmt von einem Wohlgefühl, das sich nach Beendigung meiner Schularbeiten nie einstellte: zum ersten Mal ahnte ich, daß die körperliche Arbeit, nicht aber die geistige Arbeit zufrieden macht, manchmal sogar ein bißchen glücklich. Dann winkte ich der Persil-Dame zu, einer Göttin, die vom Himmel schon bis auf eine benachbarte Brandmauer heruntergestiegen war, um der schmutzigen Erde ihre weiße Verheißung zu verkünden. Ich habe später nie begriffen, daß man ihr langes Kleid der kurzen Gegenwart angepaßt hat: wenn man Götter der Mode unterwirft, veralten sie wie die Menschen. Was sie an Schick gewinnen, das verlieren sie an Magie. Heute habe ich für die Persil-Dame nur einen traurigen Blick.

Samstags holte ich in der Backstube des Bäckers ein frisches Laibchen Weißbrot und den Kuchen, den meine Mutter gemacht und der Bäcker in den Ofen geschoben hatte. Ich sah, wie er die schwere eiserne Ofentür hochschob, das wurde durch Gegengewichte an der Tür erleichtert. Dann fuhr er mit einem Brett an einer langen Stange tief in den Ofen, holte Kuchen nach vorn und sah nach, ob sie so weit waren. Ich hatte ein Kuchenblech dabei, ich drückte es mit dem frischen Apfel-Streusel- oder Zwetschenkuchen an die linke Hüfte, und bis ich zu Hause war, hatte ich dort einen Obstflecken am Hemd oder am Pullover. Alle Kinder meines Alters hatten Obstflecken an der linken Hüfte, das gehörte zum Samstag.

Samstags trugen alle Burschen und jungen Männer schwarze Haarnetze auf dem Kopf, man konnte sie durch

ein Rundumgummiband befestigen. Sie drückten das bade-
feuchte Haar dicht an den Kopf, so daß man es später müheloser pomadisieren konnte. Samstags gingen alle, die nicht
mehr in die größte Waschbütte paßten, in das Gemeindebad
zum Duschen. Ich setzte mich auf den Boden der düsteren
Zelle und ließ das warme Wasser endlos über mich laufen.
Ich genoß den Überfluß an Wasser, es war der einzige Überfluß, den ich kannte. Er erweckte in mir schlaraffische Gefühle: Wie schön wäre es, wenn Orangen, Mandarinen,
Schokoladetafeln unerschöpflich wie das Wasser auf mich
niederprasselten. Ich wußte, daß ich für solche Wünsche die
falschen Eltern hatte, aber für mich waren sie die richtigen,
das wußte ich auch.

Schmerzlich war die Kirchweih für mich, wenn ich in der
offenen Tür eines brodelnden Tanzsaales stand und neidisch
beobachtete, wie die jungen Männer ihren Arm ohne Scheu
um die Mädchen legen konnten. Zum Tanzen war ich noch
zu jung. Nicht aber zum »Blinzeln«, das samstags abends in
einer Nebenstraße gespielt wurde. Die Mädchen bildeten
einen Kreis, und hinter jedes Mädchen stellte sich ein Bub.
In der Mitte drehte sich langsam ein Bub und blinzelte
plötzlich ein Mädchen an. Nun mußte sie in die Mitte laufen, und der Bub hinter ihr mußte sie festhalten, indem er,
wenn sie losrennen wollte, seine Arme um sie schlang. Natürlich versuchte er, sie mit beiden Händen scheinbar unabsichtlich bei ihren minimalen Brüsten zu packen, und je
schriller sie kreischte und sich in seinen Händen wand, desto größer war ihrer beider Vergnügen.

In solche Idyllen brachte das Jahr 1933 zwei Ereignisse,
die auch mir wichtig schienen: Hitler wurde Reichskanzler,
und ich kam in die »höhere Schule«. Die Wahl der Schule –
altsprachliches Gymnasium, Realgymnasium oder Oberreal-
schule – bereitete meinen Eltern kein Kopfzerbrechen: sie
meldeten mich in der Schule an, die ich, ohne Fahrgeld zu

brauchen, am leichtesten erreichen konnte, es war die »Liebigs-Oberrealschule mit Reformrealgymnasium zu Darmstadt«, und sie kauften mir ein gebrauchtes Fahrrad.

Mein Vater erklärte mir meine Situation. Es war sein erster und einziger erzieherischer Eingriff in mein Leben. »Ein Jahr lang«, sagte er, »bezahle ich das Schulgeld. Dann kriegst du eine Freistelle. Damit du sie bekommst, brauchst du lauter gute Noten, nur Einser und Zweier. Du willst doch sowieso besser sein als der Durchschnitt, sonst hat der ganze Kram keinen Zweck. Das Schulgeld kann ich ein Jahr lang aufbringen. Wenn du dann keine Freistelle kriegst, mußt du zurück auf die Volksschule. Blamier dich nicht.« Mein Vater hatte mir, ohne sich viel dabei zu denken, die perfekte Hölle gebaut: eine ausreichende Durchschnittsnote, über die meine Klassenkameraden jubelten, trieb mir die Tränen in die Augen, ich mußte besser sein, immer und in allen Fächern.

Ohne die Hilfe meiner Mutter hätte ich die Schule nicht überstanden. Ich hatte wenig Spaß am Lernen, sie aber setzte sich jeden Nachmittag zu mir an den Küchentisch, an dem ich meine Hausaufgaben machte, und hörte, nachdem sie die Hände an ihrer blauen Schürze abgewischt hatte, die neuen Wörter ab. Selbstverständlich kannte sie kein Wort Französisch oder Englisch (außer »Tiemes, englische Zeitung«), sie ließ sich auf Ausspracheprobleme nicht ein, ich mußte die Wörter laut aufsagen, dabei aufschreiben und ihr den Zettel zum Vergleich mit dem Buch geben. Noch heute bin ich ein optischer und kein akustischer Lerner.

Meine Mutter kontrollierte alles genau und so lange, bis ich die Wörter fehlerlos im Kopf hatte. Dann mußte ich ihr erzählen, was ich in den andern Fächern lernte, und sie fragte nach Einzelheiten, um mich zum Wiederholen zu zwingen. Ihr Ehrgeiz war meine Note Eins, sie kannte die Bestimmung »weit über gut hinausgehend«, ich aber war heilfroh, wenn ich die Note Zwei erreichte: »wesentlich über dem Durchschnitt stehend«. Die Note Drei (»vollwertige Normalleistungen ohne Einschränkung«) hielt auch ich für eine Katastrophe.

Nach zwei Jahren hatte sie es geschafft: ich bekam ein schlechtes Gewissen und wurde unfähig zu spielen, bevor ich mein Pensum laut aufsagen konnte, und sie brauchte das nicht mehr zu kontrollieren. Sie hatte mich zu einem fleißigen, wenn auch lustlosen Schüler gemacht. Und so bin ich geblieben: Ich löste die Aufgaben, die mir das Leben stellte, aus Gewohnheit und nur selten mit Vergnügen. Aber ich bemühte mich so zu tun, als sei alles doch irgendwie ein Spaß.

Hat sie mich geliebt? Da gibt es keinen Zweifel, was aber bedeutete für sie Liebe? Im Lukas-Evangelium ärgerte sie sich über die Geschichte von Maria und Martha. Maria sitzt bei Jesus und hört ihm zu, während sich Martha im Haushalt abrackert. Als sich Martha darüber bei Jesus beschwert, sagt er: »Maria hat den guten Teil erwählt, der soll ihr nicht genommen werden.« Meine Mutter hielt diese Geschichte für empörend ungerecht: Warum lobte Jesus die tatenlose Maria? Zuhören war einfach. Lieben, das war arbeiten, nicht nur reden. Worüber sollte man auch reden? Diesem Glauben folgte sie ein Leben lang.

Es war nicht die einzige Schwierigkeit, die sie mit der Bibel hatte. Wenn ich sie fragte, ob sie an die Wunder, die Auferstehung und an die Himmelfahrt und daran glaube, daß Jesus Gottes Sohn war, sagte sie: Nein. Wenn ich danach sagte: Dann bist du eine Heidin und keine Christin! bestritt sie diese Schlußfolgerung. Sie hielt alles, woran sie nicht glaubte, einfach für symbolisch. Aber in die Kirche ging sie doch nur einmal im Jahr, an Silvester. Ihre Gottesliebe, falls man davon bei ihr reden konnte, war praktizierte Menschenliebe. Als mir klar wurde, daß wir beide vor allem eine

Arbeitsgemeinschaft waren, sagte ich nie mehr Mama zu ihr, nur noch Mutter.

Im Jahr 1933 erschien mir mein Übergang in die Stadtschule wichtiger als Hitlers Übergang in die Reichskanzlei. Dennoch ließ es mich nicht gleichgültig, denn die politische Atmosphäre zu Beginn der dreißiger Jahre war auch für einen Schuljungen heiß. Damals war ich noch keine zehn Jahre alt und malte vor den Wahlen mit meinem Milchbruder Plakate im Kleinformat. Bei den Wahlen hatte meine ganze Sympathie der letzte auf der Liste der mehr als dreißig Parteien, ein Mann namens Winter, von dem es hieß, er sitze im Zuchthaus und wolle den rotgestempelten Tausendmarkscheinen wieder Gültigkeit verschaffen. Er hatte nicht die geringste Chance, es gab einfach zu wenig Leute mit rotgestempelten Tausendmarkscheinen. Am liebsten malte ich Plakate »Wählt Liste 5, Hindenburg!«, denn Hindenburg konnte ich am besten zeichnen, den Quadratschädel mit der Haarbürste und dem hängenden, geschweiften Schnurrbart.

Wir Kinder liefen schaudernd hinter den Kommunisten her, wenn sie mit Schalmeien durchs Dorf zogen. Wir sangen mit den respektlosen Roten Falken den verblödelten Text der Internationale: »Brüder, hört die Signale, auf zum letzten Gefecht! Die Überlandzentra-hale versorgt Berlin mit Licht.« Von den »Drei Pfeilen«, der Kampfgruppe der Sozialdemokraten, hörten wir nur, wenn die SA zur Melodie der »Drei Lilien« sang: »Drei Pfeilchen, drei Pfeilchen, die pflanzt' ich auf mein Grab, da kam ein stolzer Nazi und brach sie ab.«

Der Nazi, der sich damals stolz selbst Nazi nannte, kam am 30. Januar 1933. An diesem Tag hatten einige meiner Freunde braune Uniformhemden an. Wo kamen die plötzlich her? Und am Abend, beim Fackelzug, sah ich meinen Lehrer, bei dem ich Lesen und Schreiben gelernt hatte, wie er die rechte Hand zum neuen Gruß erhob. Viel dachte ich mir nicht dabei.

Unheimlich wurde mir erst, als nach der Märzwahl 1933, bei der die Hälfte der Darmstädter Hitler gewählt hatte, der Arheilger Hühnerfutterhändler, der »Hinkelsfudderjudd« Heinrich Wechsler, bei dem auch meine Eltern das Körnerfutter kauften, von einem SA-Sturmführer aus dem Krankenbett gezerrt und mit einer Hakenkreuzfahne auf der Schulter durchs Dorf getrieben wurde. Der Wechslerheiner, ein gutmütiger und freigebiger Mann, den auch wir Kinder mochten, war zwei Tage danach tot – an einer Angina erstickt. Der SA-Führer schuldete ihm Geld für ein Motorrad, das war das Dorfgespräch.

1934, am 4. März, ein Datum, das sich mir unauslöschlich eingeprägt hat, wurde die Evangelische Jungschar, zu der ich gehörte, ins »Jungvolk« der Hitlerjugend »überführt« – wie der Fachausdruck hieß –, und zwar mit dem Segen der Kirche. Sie hatte uns, Jungen im Alter zwischen zehn und vierzehn, an die neuen Machthaber verraten. Das »Abkommen über die Eingliederung der evangelischen Jugend in die Hitlerjugend«, unterzeichnet von Reichsjugendführer Baldur von Schirach und von Reichsbischof Ludwig Müller, bestimmte: »Wer nicht Mitglied der Hitlerjugend wird, kann fürderhin nicht Mitglied des Evangelischen Jugendwerks sein.« Die Übernahmefeier fand an jenem 4. März 1934 im Berliner Dom statt.

Für die vorausgegangenen Kämpfe zwischen Hitlerjugend und Evangelischer Jugend hatte man uns das schöne Trotzlied von Novalis beigebracht, das schon Max von Schenkendorf während der Freiheitskriege ins Politische umgedeutet hatte (es wurde später von der SS und nach dem Krieg von der »Wiking«-Jugend übernommen): »Wenn alle untreu werden, so bleib ich dir doch treu.« Untreu aber wurde die Kirche uns, und so verwandelten sich »dem« –

wie man in Arheilgen sagte – »Parre seu Buwe«, dem Pfarrer seine Buben, in dem »Hitler seu Buwe«.

Nicht alle evangelischen Pastoren machten da mit. So gab es die »Bekenntnisgemeinde«, zu der in Arheilgen der Pfarrer Karl Grein gehörte, den jedermann den »Schwarzen Kall« nannte. Als ihm seine neuen evangelischen Brüder, die »Deutschen Christen«, 1935 die Tür zur Kirche und die Tür zum Gemeindehaus zunagelten, sie brauchten dazu einen Schmied aus Darmstadt, ließen Mitglieder der Bekennenden Kirche den Schmied Ernst-Friedrich Göbel aus Arheilgen die Nägel herausziehen. Der Schmied kam auf den Gedanken, aus ihnen ein Kreuz zu schmieden. Pfarrer Grein hängte es in der Sakristei auf. Es trug die Inschrift »Wir wissen, daß denen, die Gott lieben, alle Dinge zum Besten dienen«.

Ein Jahr danach konnte man die ehemaligen Mitglieder der evangelischen Jungschar von den »Pimpfen« des Jungvolks nicht mehr unterscheiden: ihr Streit hatte sich überlebt, sie trugen die gleiche Uniform. Sogar mit dem Fahrtenmesser der HJ hatten wir uns abgefunden: es war nur ein Dekorationsdolch, kein brauchbares Messer wie in der Bündischen Jugend.

Auf einem toten Gleis
Helmas Geschichte

»Ohrfeige oder Eintrag ins Klassenbuch?« fragte der Studienrat. Der Schüler Klawitter stand mit dem Rücken an einer Wand des Klassenzimmers, der Studienrat hatte die Arme vor seinem Körper nach unten gestreckt; die Finger seiner linken Hand spielten mit den Ringen an der rechten Hand. Vorm Zuschlagen drehte er die Steine der Ringe nach innen, das ergab zwei blutende Kratzer, einen Denkzettel auf der Backe.

Klawitter war unfähig, den Satz zu wiederholen, den der Studienrat gerade gesagt hatte. Der Schüler hatte sich der Unaufmerksamkeit schuldig gemacht. »Gib Antwort!« sagte der Studienrat, »Ohrfeige oder Eintrag, du hast die Wahl.«

»Eintrag«, sagte der Schüler. Der Studienrat konnte sich nicht fassen vor Verblüffung: »Vor dir hatte nur ein einziger Schüler nicht den Mut zur Ohrfeige, und das war ein Judenjunge. Du bist doch kein Judenjunge?«

»Ich bin Hitler-Junge, Jungzugführer. Wenn ich geschlagen werde, muß ich zurückschlagen, das verlangt meine Ehre.«

Der Studienrat suchte mit sichtbarer Anstrengung nach einem würdigen Ausweg aus der nun auch für ihn peinlichen Situation. Philipp, ein Schüler, der eng in die Geschichte des Neuen gezogen wurde, konnte die Spannung in der Klasse spüren, die auf den Sieger neugierig war. »Wenn du Hitler-Junge bist«, sagte der Studienrat endlich, »dann weißt du auch, daß sich eine disziplinarische Maßnahme manchmal nicht vermeiden läßt, so unangenehm sie für alle ist. Dir eine runterzuhauen, ist für mich kein Vergnügen, aber ich kann mich von dir nicht erpressen lassen. Du hast jetzt keine Wahl mehr, nimm die Brille ab.«

»Meine Brille müssen Sie mir schon selbst abnehmen«, sagte Klawitter, »ich darf mich nicht mitschuldig machen an Ihrer Ohrfeige.« Und schon hieb ihm der Studienrat ins Gesicht, er hatte die Ringe nach innen gedreht, es gab die bekannten blutigen Striemen. Die Brille war auf den Boden geflogen, Klawitter hob sie auf und prüfte sie lange, bevor er sie auf die Nase schob. Dann nahm er seinen Füllhalter von der Bank, drehte ihm unendlich langsam die Kappe auf, steckte ihn in die Brusttasche und verließ mit betont langsamen Schritten das Klassenzimmer. Der Studienrat sah diesen Vorgängen schweigend zu, er war sprachlos. In der Klasse brach ein großer Lärm aus, den der Studienrat lange aushielt. Klawitter war verschwunden, und er blieb es.

Niemand nannte ihn »Klawitter«. Dieser Name und sein polnisch rollendes »r« verwiesen auf seine ostdeutsche Heimat. Von dort war sein Vater, ein Beamter, hierher, ins Hessische, versetzt worden. Philipp wußte nicht, wer zuerst darauf gekommen war, Klawitter nicht Wilhelm, sondern Wilhelma zu nennen. Wilhelma wurde später zu Helma abgekürzt und »die Helma« sagte man, wenn man ihn meinte. Natürlich hing es mit seiner blonden Zartheit zusammen, mit der Seidenhaut seines immer bleichen Gesichts und seiner zerbrechlichen Arme. Er wehrte sich gegen »die Helma« nicht, vielleicht war sie ihm lieber als der fremde Klawitter, der ihn daran erinnerte, daß er hier eigentlich nicht dazugehörte. Als er in die Klasse kam, waren alle zur Freundschaft fähigen Klassenkameraden schon vergeben, und auf Ostdeutschland war niemand neugierig.

Philipp hatte Respekt vor ihm, weil er, kaum hier und trotz aller Umstellungsschwierigkeiten, ihn als Klassenbesten rasch überholte. Er schrieb erstaunliche Aufsätze und durfte sie der Klasse vorlesen. Aber so sympathisch, daß man ihn gern als Freund gehabt hätte, war er nicht. Es gefiel Philipp auch nicht, wie er sich wehrte, als ihn in seiner ersten

Woche auf dem Schulhof in der großen Pause der Klassenstärkste, ein Riesenbulle mit krummem Rücken und affenlangen Armen, durch eine Serie leichter und rascher Ohrfeigen reizte. Es war die kaum schmerzhafte, spielerische Prüfung eines Neuen.

Klawitter ließ sich die Schläge eine Zeitlang reglos gefallen, dann trat er mit seinen schweren Bundschuhen seinem Gegner mit ungezügelter Kraft zwischen die Schenkel. Der japste nach Luft und bekam schon den zweiten Tritt an dieselbe Stelle, er fiel und heulte auf, Klawitter trat zum dritten Mal mächtig zu und sagte leise: »Wenn du mich noch einmal angreifst, bring ich dich um.« Man traute es ihm zu. Diese Art zu kämpfen gab es in der Klasse nicht. Kratzen, Beißen, Tritte in den Unterleib waren nur den Mädchen erlaubt, weil sie zu schwach waren, um sich auf andere Weise zu wehren. Daß er wie ein Mädchen zutrat, machte ihn verdächtig. Freunde brachte es ihm nicht.

In der Klasse gehörten ein paar Schüler einem Geheimbund an. Diese losen Schülerbünde waren Mode und streng verboten. Sie experimentierten mit chiffrierten Texten und unsichtbarer Tinte aus Zitronensaft oder Milch. Man verschlüsselte und entschlüsselte mühsam Botschaften, die den Fehler hatten, daß sie niemand interessierten. Die Geheimbünde hatten Zulauf, weil sie sich von den offiziellen Institutionen der Schule und der Hitler-Jugend unterschieden.

Der einzige Geheimbund, der tatsächlich Geheimnisse hatte, nannte sich »der Club« und umfaßte Schüler verschiedenen Alters aus verschiedenen Klassen. Sie versuchten, mit ihren sexuellen Problemen durch gemeinsame Exerzitien fertigzuwerden. Man erzählte sich über sie die wildesten Geschichten und nannte sie gelegentlich auch »die Warmen«. Homosexuell aber waren sie nicht, jedenfalls nicht alle, denn zu ihrem Übungsprogramm gehörte auch der Besuch der bescheidenen kleinstädtischen Bordelle, deren gelangweilte Insassinnen sich gegen ein geringes Entgelt, manchmal auch kostenlos mit den Schülern gutmütig vergnügten.

Viel lernen konnte man da nicht. Der einzige Stammgast mit ausgefallenen Wünschen war ein ehemaliger Angehöriger der in dieser Stadt stationierten Kavallerie. Ihn kannte das ganze Viertel, denn er genierte sich nicht, die Hilfsmittel seiner Lust unterm Arm zu tragen, wenn er in die Hahnengasse ging. Es waren elegante Kavallerie-Stiefel, die er sorgfältig mit frischem Kot verschmiert hatte. Die besondere Freude, die er von seinem Freudenmädchen verlangte, bestand darin, daß sie, nur mit den Stiefeln bekleidet, auf ihm ritt, während er Kavalleriekommandos schrie oder wieherte. Man hörte ihn durch alle Wände. An der Theke im Parterre gab er den Schülern gelegentlich einen aus und sagte dazu regelmäßig: »Man muß den Nachwuchs fördern auf allen Gebieten.«

Der Fremdling Klawitter, die Helma, geriet, weil er sich absonderte und auch die Bordelle mied, immer mehr in den Verdacht, vielleicht ein Mädchen zu sein, wahrscheinlich aber ein Zwitter. Wer auf dem Dorf aufgewachsen ist, weiß aus den Ställen, was Zwitter sind. Sie stinken besonders, weil sie sich mit ihrem fragwürdig gebildeten Geschlecht die Hinterbeine vollpissen. Ob Helma tatsächlich ein Zwitter war, das wollte der Club beim Duschen herausfinden. Duschen war nur mit Badehose erlaubt, aber sie zogen ihm die Hose aus, als der Turnlehrer den dunstigen Duschraum verlassen hatte.

Als Klawitter aus dem Bad kam, als letzter, spuckte er unentwegt aus und wischte sich mit dem Handrücken über die Lippen. Er tat das so besessen, daß es auf dem Schulhof erzählt wurde wie eine Gespenstergeschichte. Philipp hatte den Vorfall nicht miterlebt und versuchte später, Einzelheiten aus einem Club-Mitglied herauszufragen. Der sagte nur:

»Ein Zwitter ist er nicht, auch kein Schlappschwanz. Nach einer Spezialbehandlung war er ganz schön stramm.«

Wilhelm Klawitter kam im »Jungvolk« der Hitler-Jugend überraschend vorwärts. Als bei irgendeiner Feier auch ein Zug der Hitler-Jugend-Führerschule auf den Paradeplatz marschierte, sah Philipp, daß Klawitter allein vorwegmarschierte. Er war der Zugführer vom Dienst, seine Kommandos waren laut und präzise, alle bewegten sich wie Automaten aus Leidenschaft, es war ein Wunder eleganter Exaktheit. Zu der mädchenhaft blassen Helma paßte das alles nicht. Philipp vermutete, daß Klawitter sich die Hitler-Jugend auferlegt hatte wie ein Aufgabe, die es zu lösen galt. Im Lösen von Aufgaben, die ihm eigentlich nicht lagen, war er auch in der Schule groß.

Eines Tages wurden für ein großes städtisches Kampfspiel alle Einheiten des Jungvolks zu zwei Parteien zusammengefaßt. Die eine Partei sollte eine Fahne auf dem Dach des Gymnasiums hissen, die andere Partei sollte die Fahnenhissung verhindern. Das Spiel war eine Erfindung des Jungbannführers, und er gab Klawitter das Kommando über die Angreifer. Die Verteidiger sperrten alle Straßen um das Gymnasium in einem weiten Umkreis ab. Sie rechneten nicht damit, daß sich die Angreifer unter den Planen von Lastwagen versteckten, unbemerkt durch alle Straßensperren fuhren und erst vorm Gymnasium von den Wagen sprangen. Kaum hatte der Kampf im Schulhof begonnen, ertönte vom Dach ein Triumphgeheul. Alle blickten hoch und sahen, daß Klawitter gerade die Fahne gehißt und den Kampf siegreich beendet hatte.

Bei der Manöverkritik berichtete Klawitter, daß er die ganze Nacht mit der Fahne auf dem Dach gesessen hatte. Der Führer der Verteidiger wollte den Kampf nicht anerkennen, weil die Angreifer nichts zu tun hatten: die Lastwagenfahrer und Klawitter hatten alles für sie erledigt. So sei der Sinn des Kampfspiels nicht erfüllt worden. Klawitter sagte, der Sinn des Kampfspiels sei nicht das Spiel, sondern der Sieg, und für ihn seien alle Tricks erlaubt. Der Jungbannführer erklärte das Spiel für ungültig, lobte aber Klawitter für seine Einfälle, seinen Mut, seine Ausdauer und seine unabdingbare Entschlossenheit zu siegen. Philipp, dem es unbehaglich zumute war, mußte an Helmas Fußtritte in die Weichteile denken. Um zu gewinnen, war er zu allem fähig.

Als Klawitter nach der Ohrfeige ein paar Tage lang unentschuldigt in der Schule gefehlt hatte, bat der Studienrat brieflich Klawitters Vater in die Schule. Der Vater wußte nicht, daß sein Sohn die Schule schwänzte, denn Wilhelm verließ das Haus morgens wie immer und kam mittags zurück wie immer. Eine Mutter Klawitter, die vermutlich bemerkt hätte, daß sich ihr Sohn irgendwie veränderte, gab es nicht. Der Vater erzählte das Philipp, weil ihm der Studienrat dazu geraten hatte. Philipp war der einzige in der Klasse, der sich mit Wilhelm Klawitter gelegentlich unterhielt.

Der Vater Klawitter hatte das polnisch rollende »r«, eine sanfte Stimme und eine helle Säuglingshaut: die Eigenschaften der Helma hatte der Junge offenbar von ihm. »Warum mögt ihr ihn alle nicht?« fragte er, und Philipp sagte: »Er ist ein Neuer, ein Einzelgänger, ein zu guter Schüler, er will alle immer übertrumpfen.« Er empfahl dem Vater, den Jungbannführer aufzusuchen, der Wilhelm besonders mochte und förderte.

Wilhelm blieb verschwunden, er kam nun auch nicht mehr nach Hause. Sein Vater machte sich große Sorgen, Philipp sah ihn nach ein paar Tagen noch einmal auf dem Schulhof. Er erzählte Philipp in der großen Pause, der Jungbannführer sei zu seiner Überraschung ein sehr liebenswürdiger und außerordentlich hilfsbereiter junger Herr mit den allerbesten zivilen Manieren. Der Jungbannführer habe dem ratlosen Wilhelm angeboten, ihm zu helfen bei einer Einweisung in eine Adolf-Hitler-Schule. Man könne mit zwölf Jahren auf diese Eliteschulen kommen, vorausgesetzt man hat sich im Deutschen Jungvolk der Hitler-Jugend bewährt, und das treffe auf Wilhelm ja vorbildlich zu. Mit achtzehn Jahren lege er die Reifeprüfung ab, und danach stehe ihm jede Laufbahn offen. Der Führer habe verfügt, daß die nach ihm benannten Schulen auch Vorbereitungsschulen für die Ordensburgen der Partei sein sollten. Diese Möglichkeit gebe es später nach Reifeprüfung und Wehrmacht und nach einer Berufsausbildung dann auch noch. So sei der nachschulische Werdegang mit dem Eintritt in die Adolf-Hitler-Schule praktisch schon gewährleistet: vielerlei höhere zivile Laufbahnen oder eine soldatische Karriere, auch bei der SS, stünden den Schülern offen. Wilhelm habe ihm versprochen, sich diesen Schulwechsel, der zugleich ein Lebenswechsel sei, ernsthaft zu überlegen und als ersten Schritt auf diesem Wege sofort wieder ins Gymnasium zurückzugehen. Seitdem allerdings habe er von Wilhelm nichts mehr gehört. Auch die Polizei, bei der Vater Klawitter eine Anzeige gemacht habe, hörte und sah von Wilhelm nichts.

Der Vater kam wieder auf dem Schulhof zu Philipp und erzählte, Wilhelm habe in einem kleinen Lebensmittelladen allerlei eingekauft. Er sei vorher in der Wohnung gewesen und habe das Reserve-Geld aus der Nachttisch-Schublade mitgenommen. »Für mich ist das kein Diebstahl«, sagte er, »eher ein Hilferuf. Wilhelm wollte mir zu verstehen geben, daß er noch lebt.«

Philipp fuhr mit dem Rad ein paar Plätze ab, die ihm als Versteck geeignet erschienen. Im »Totental«, dem Pestfriedhof der Stadt im Dreißigjährigen Krieg, hatte ein Zug der Hitler-Jugend einen Unterstand gebaut, wie er im Krieg, bei den Grabenkämpfen in Frankreich üblich war. Die Jungen gruben dabei Skelettreste aus, sie ließen sie zwischen den

Fingern zerbröseln. Sie benutzten den Unterstand auch zu Weihestunden, die der Erinnerung an den Krieg der Väter gewidmet waren. Gewöhnlich wurden dabei Kampfschilderungen aus berühmten Büchern vorgelesen. Als einer »Im Westen nichts Neues« von Remarque mitbrachte, verbrannte der Fähnleinführer den Roman feierlich, denn er war als zersetzender Judenschund verboten.

Später hörte Philipp vom Fähnleinführer, Remarque sei zwar verboten, aber kein Jude, und manches habe er doch genau so geschildert, wie es war. Walter Flex, der in seinem Buch »Der Wanderer zwischen beiden Welten« den Heldentod so idiotisch beschrieben habe, stehe eher im Verdacht, ein Jude zu sein oder wenigstens ein Halbjude. Mein Fähnleinführer las mir aus dem »Wanderer zwischen beiden Welten« vor: »Ein Grab voll Sonne und Blumen sollte der sonnenfrohe Junge haben. In seiner vollen Offiziersausrüstung bettete ich ihn zum Heldenschlafe mit Helm und Seitengewehr. In der Hand trug er die Sonnenblume wie eine schimmernde Lanze«. Und das sei Judenschund. In dem ganzen Buch gebe es nur einen allerdings großartigen Rat: »Rein bleiben und reif werden«. Nach diesem Gespräch kam sich Philipp vor, als sei er soeben in geheimes Wissen eingeweiht worden. Zu den Lesungen wurden Kerzen angezündet, sie standen auf Stahlhelmen, die eigentlich wie Reliquien verehrt werden sollten, manchmal aber auch wie Fußbälle herumgekickt wurden.

All das fiel Philipp wieder ein, als er auf der Suche nach Wilhelm die Sprossen der Sturmleiter hinunterkletterte, ins Innere des Unterstands. Nicht ganz ausgegessene Konservendosen lagen herum, und der Deckel der in einer Nische versteckten Büchertruhe war aufgebrochen. Auf den feuchten und ziemlich zerfledderten Büchern lag eine Pappdeckelmappe mit der Aufschrift: »Wilhelm Klawitter bittet den Finder, die Mappe ungelesen zu verbrennen«. Nur Wilhelm konnte auf den Einfall kommen, seine Aufzeichnungen auf diese unwiderstehliche Weise zum Lesen zu empfehlen.

Philipp setzte sich auf die Truhe und öffnete Wilhelms Mappe. Zum ersten Mal störten Philipp die Totenknochen in den Wänden. Sie waren daran schuld, daß er die Aufzeichnungen feierlich las wie ein Testament. Die Mappe gab er Wilhelms Vater erst, nachdem er daraus einiges abgeschrieben hatte.

Aus Wilhelms Aufzeichnungen

Mein Vater kümmert sich zum ersten Mal um mich. Er sucht mich. So kenne ich ihn nicht. Ich kenne ihn überhaupt nicht. Und er kennt mich nicht. Er hat mich nie etwas gefragt, und ich habe ihm nie etwas gesagt. Vielleicht wäre das anders, wenn Mutter noch lebte. Jetzt ist es zu spät, meinen Vater kennenzulernen. Jetzt will ich das nicht mehr. Ich habe gewartet, bis er aus dem Haus war, dann habe ich Geld geholt, einen Kochtopf und den Hafis-Band Georg Büchner.

Eine Feuerstelle gebaut und Erbsensuppe gekocht. Man kann nicht nur von Brot und Konserven leben. Unser Französischlehrer hatte den Mut, die Hitler-Jugend zu verhöhnen: »Feuerchen machen, Süppchen kochen, ja, das könnt ihr. In England gehen sie mit Frack und Zylinder in die Schule. Und ihr wollt die Welt erobern!« Feuerchen machen, Süppchen kochen, ja das kann ich. Die Welt erobern will ich nicht.

Aus »Dantons Tod«: »Das Nichts hat sich ermordet, die Schöpfung ist seine Wunde, wir sind seine Blutstropfen, die Welt ist das Grab, worin es fault«. Und auch das: »Es wurde ein Fehler gemacht, wie wir geschaffen wurden; es fehlt uns etwas, ich habe keinen Namen dafür – aber wir werden es einander nicht aus den Eingeweiden herauswühlen.« Das abzuschreiben, tut mir gut.

Wie soll ich meinen Schulkameraden Samuel Ehrenwirth und seinen Vater verstehen? Ehrenwirth ist im Krieg für Tapferkeit vor dem Feind mit dem Eisernen Kreuz Erster Klasse ausgezeichnet worden. Wie der Führer. Ehrenwirth darf seine Auszeichnung nicht tragen, weil er Jude ist. Er beklagt sich darüber nicht. Er beklagt sich über nichts. Zu Samuel hat er gesagt, die nationalsozialistische Regierung sei durch eine demokratische Wahl legal an die Macht gekommen. Wenn sie den Juden verbiete, sich in öffentlichen Anlagen auf eine Bank zu setzen, so müsse er das als gesetzestreuer Bürger respektieren.

Samuel erzählte mir das, als wir in einer öffentlichen Anlage saßen. Er sagte: »Der Alte spinnt doch. Da hat meine Mutter ein ganz anderes Format. Sie ist keine Jüdin, sie kämpft für ihn alles durch. Er ist nicht im Lager, weil sie für ihn kämpft. Wenn ich ihn über die Rechtmäßigkeit unseres Staats und die Juden reden höre, möchte ich am liebsten schreien: ›Was gehen mich die Juden an!‹«

In »Hamlet« gibt es eine einzige Stelle, die ich nicht mag. Wenn Hamlet über den Selbstmord nachdenkt, hat er Angst vor dem ewigen Schlaf der Toten und fragt sich, was in diesem Schlaf für Träume kommen mögen.

Das Leben, denke ich manchmal, ist eine große Gemeinheit. Aber so gemein kann es doch nicht sein, daß es nie aufhört. Irgendwann muß doch einmal mit allem Schluß sein, Schluß, Schluß, Schluß, absolutes, endgültiges, traumloses Ende.

Der Jungbannführer hat ein nordisches Profil und eine ruhige Stimme, der ich alles glauben will. Ich spüre, daß er mich mag, und ich mag ihn. Wie kommt er dazu, mich zu fragen, warum ich die Ohrfeige nicht einfach eingesteckt habe? Er hat gefühlt, daß dieser Rat ein Fehler war, und malt mir rasch eine große Zukunft auf der Ordensburg und in der SS aus. Bei der SS gebe es Möglichkeiten, von denen ich nichts wisse. »Wenn ich noch Christ wäre«, erklärt er, »würde ich sagen ›In meines Vaters Haus sind viele Wohnungen‹ – aber nicht mehr als in unseres Führers Haus.« Er meint, daß ich für die Führungselite geboren bin, weil ich allein das Kampfspiel um das Gymnasium entschieden habe.

Ich fragte ihn, ob ein Hitler-Junge, der für die Führungselite bestimmt ist, sich ohrfeigen lassen dürfe. Er sagte, auf die Lappalie einer Ohrfeige in der Schule komme es nicht an. Für höhere Ziele müsse man sich schlagen und notfalls auch schlagen lassen. Aber das sei nur noch Theorie. In der Praxis gebe es für Jungen meines Alters keine Dreckarbeit mehr. Dreckarbeiten wie die Lösung der Judenfrage werde die ältere Generation erledigen. Ihre Aufgabe sei es, uns, den Jungen, ein gesundes Volk in einem ordentlichen Staat zu hinterlassen. Wir hätten ein sauberes Leben vor uns. Er sagte: »Das ist selbstverständlich ein stilisiertes Leben. Wir lassen uns nie gehen. Wir sind jede Sekunde im Dienst. Unsere Haltung ist wie eine kugelsichere Weste. Man kann auf uns schießen, aber töten kann man uns nicht.«

Helma hatte das Bedürfnis zu weinen, aber ich wußte, daß ich nicht weinen darf, nie mehr. Wer stilisiert lebt, der kennt keine Tränen. Um die Tränen zu unterdrücken, fing ich ein anderes Thema an. »Muß ich nicht endlich mal ›Mein Kampf‹ lesen?« fragte ich. Er lachte. »Das mußt du nicht. Die Katholiken lesen ja auch nicht die Bibel.« Nun wechselte er das Thema und wollte wissen, ob ich ein Mädchen habe. Er sagte: »An den Mädchen sind schon viele Hoffnungen auf ein besonderes Leben gescheitert. Denke lieber an Walter Flex: Rein bleiben und reif werden.«

Bin ich pervers? – das ist die Frage, seitdem mich Mitglieder des »Clubs« im Duschraum auf den Boden geworfen und mir zu viert die Arme und Beine festgehalten haben. Alle andern haben mich vollgepißt von oben bis unten. Es war mir zum Kotzen, aber mein Körper hat ihnen bewiesen, daß ich kein Zwitter bin. Einer schrie: »Seht mal her, das macht ihm Spaß!« Zur gleichen Zeit habe ich mich geekelt und sau-wohl gefühlt. Ich habe bis heute gebraucht, um mir das ein-zugestehen.

Mit Mädchen habe ich nie etwas Richtiges gehabt. Einmal ein verrutschter Kuß und ein Griff an die Bluse, ich habe den Draht des Büstenhalters gefühlt. Sonst bis heute nichts. In der Hahnengasse kommen die Huren die Treppe herunter. Die Dicken brauchen auf Kundschaft nicht zu warten, sie sind sofort vergriffen. Die Dünnen stehen herum und müs-sen sich anbieten. Eine kam zu mir und sagte, sie gibt mir Rabatt, falls es bei mir das erste Mal ist. Ich sagte: »Danke, ich kenne das schon« und ging rasch hinaus. Ich dachte an Walter Flex: Rein bleiben und reif werden. Heute sehe ich ein, daß das eine Flucht war. Bin ich schwul?

Mich für die Ohrfeige rächen, das will ich heute nicht mehr. Die Schule, die Lehrer sind mir gleichgültig. Eine Karriere bei der SS hat mich vor ein paar Tagen gereizt. Jetzt nicht mehr. Auch die Hitler-Jugend ist mir gleichgültig. Immer-hin hat mich dort keiner Helma genannt. Schon vor der Hit-ler-Jugend habe ich gewußt, wie man mit List und Gewalt siegt. Eine Helma weiß das.

Während ich dies hinschreibe, ist mir elend. Schon wieder kämpft Helma mit den Tränen. Ich hätte gern, daß es anders wäre, aber es ist nicht anders. Ich brülle aus »Dantons Tod« in den Wald: »Die Welt ist das Chaos. Das Nichts ist der zu gebärende Weltgott«.

Ich höre die Puffer aufeinanderknallen, Eisen auf Eisen, die Rangiergeräusche des Güterbahnhofs. Die Lokomotiven drücken die Waggons auf einen Hügel, von dem sie dann hinunterrollen und durch Weichen zu Zügen zusammenlaufen. Ich sitze am Waldrand auf der Rundbank einer Eiche.

Die Unschuld des Baums. Wurzeln in der Erde, Äste in der Luft, keine Fortbewegung, eine angenehme Existenz. Der alte Ehrenwirth würde sich auf die Baumbank nicht setzen. Dem Baum ist das egal, was gehen ihn die Juden an. Das Leben läuft unter ihm durch, es berührt ihn nicht. Auch mein Leben: die Helma, der Zwitter, der Primus, der Perverse, der Versager im Puff, der Geohrfeigte, der Jungzug-Führer, der Sieger durch Tricks und Tritte in den Unterleib, dorthin, wo's wehtut.

Neulich hat sich ein Mann an der Eiche erhängt. Sein Fahrrad war an den Stamm gelehnt. Warum kommt es mir komisch vor, daß einer mit dem Fahrrad zu seinem Tod fährt? Der Baum stellt keine Fragen. Er ist das höchstentwickelte Lebewesen unter der Sonne. Keine Sprache, keine Versuchungen, keine Entscheidungen, keine Kämpfe, keine Fehler, keine Angst.

Ich habe von meinem Vater geträumt. Er ging vor mir her, es fiel mir schwer, mit ihm Schritt zu halten. Woher wußte ich, daß es mein Vater war? Ich sah nur seinen Rücken. Plötzlich drehte er sich nach mir um und dabei zerfiel sein Kopf, ohne daß ich das Gesicht erkennen konnte, in lauter Schnipsel, die der Wind auseinander wehte. Er ging ohne Kopf so rasch weiter, daß ich ihm nicht mehr folgen konnte.

———

Der alte Klawitter erzählte Philipp, im Gymnasium überlege man sich, ob man seinem Sohn das »consilium abeundi«

erteilen oder ihn einfach von der Schule verweisen solle. Das »consilium abeundi« sei der Rat, die Schule zu verlassen, um dem Schüler die Relegation, den Verweis von der Anstalt zu ersparen. Er sprach die Fachwörter zögernd aus, er hatte sie gerade gelernt. Er fragte sich hoffnungsvoll: »Ob sich die politischen Eliteschulen für solche Unterscheidungen interessieren? Und nicht nur für die Leistungsnoten?«

Vier Jungvolk-Fähnlein benutzten den Staatsjugendtag, um den Wald östlich der Stadt durchzukämmen. Sie wurden begleitet von zwei Polizisten mit Suchhunden. Die Schäferhunde genossen den Spaziergang, hatten aber keine Lust zu suchen. Hitlerjungen fanden Spuren von Wilhelm im Unterstand, zu dem Philipp sie geführt hatte. Außerdem in einer verlassenen Jagdhütte, an einem Waldteich und in einem stillgelegten Güterwagen auf einem toten Gleis. Am Teich hatte er eine Feuerstelle angelegt, die Asche war noch warm. Wilhelm mußte uns bemerkt und sich versteckt haben. Philipp dachte: Er will von uns nichts mehr wissen, er hat sich selbst das »consilium abeundi« erteilt, vielleicht hat er sich schon relegiert.

Die Hitlerjungen standen in der Nähe des Güterwagens, in dem Wilhelm vermutlich geschlafen hatte, als einer der beiden Polizisten sagte: »Der Hund ist unruhig, ich geh' mal mit ihm die Gleise entlang.« Ein paar Hitlerjungen folgten ihm. Sie fanden Stücke von Wilhelm. Er hatte sich vor einen Güterzug geworfen und war von der Lokomotive zerrissen worden. Der Polizist mit dem Hund, der Wilhelm zusammensuchte, sagte zu Philipp: »Bei der Auferstehung des Fleisches bleibt der liegen, seine Leiche ist mindestens dreihundert Meter lang.«

2
Meine Begegnung mit Hitler

> Ich gab mich ganz der überschäumend
> wilden Freude der Verzweiflung hin.
>
> Giacomo Leopardi

Am 19. Mai 1935 zockelten wir Hitlerjungen über Feldwege und durch den Wald zu einer neuen Autobahnbrücke, um »Sieg Heil!« zu schreien, wenn »der Führer« die erste vollendete Autobahnstrecke zur Einweihung abfuhr, das war zwischen Frankfurt und Darmstadt. Kaum einer war begeistert, denn es war Sonntag, und nicht einmal ein Tag Schule fiel aus. Viele zogen es vor, im Wald zu verschwinden. Ein vom langen Weg mißmutiges Häuflein stand schließlich auf der Brücke, und ehe man noch recht schreien konnte, war »der Führer« schon durchgefahren. Mehr als seinen Mützenschild, den Schnurrbart und seine mit abgewinkeltem Arm lässig erhobene rechte Hand habe ich nicht wahrgenommen. Ich sah ihn damals zum ersten und letzten Mal.

Unseren Mangel an Begeisterung erkläre ich mir heute damit, daß wir die Welt, die sich für unsere Eltern so drastisch verändert hatte, für normal hielten: alles war eben so, wie es war. Hitlers Reden, die wir beim »Gemeinschaftsempfang« in der Schulturnhalle anhören mußten, sitzend auf unbequemen Hockern, langweilten uns entsetzlich. Diese Langeweile wurde hingenommen als ein lästiger, aber unvermeidlicher Bestandteil eines Lebens, das uns selbstverständlich war. Und für manche war diese Langeweile immer noch besser als der Schulunterricht. Immer kam Schuldirektor Monjé erst, wenn die Rede schon begonnen hatte, und immer ging er, bevor zum Abschluß die Nationalhymnen gesungen wurden. Er stand an der Wand mit steinernem

Gesicht, ein Monument der stummen Abweisung. Doch wen oder was wies er ab? Was konnte ein Schüler damit anfangen? Darüber nachdenken? Und in welcher Richtung?

Nach der, wie man später sagte, »Reichskristallnacht« mit den von der SA niedergebrannten Synagogen und den Pogromen zerschlug der Arheilger SA-Sturm mit einem Tag Verspätung, am 10. November 1938, die Druckerei und die Wohnung des Verlegers Aron Reinhardt, der den »Arheilger Anzeiger« herausbrachte. In dieser kleinen Zeitung hatte er oft selbstverfaßte, rührende Heimatgedichte gedruckt. Seine Tochter Johanna sprang vor Angst aus dem Fenster. Sie brach sich das Rückgrat, und niemand wagte, den Krankenwagen zu alarmieren, bis Pfarrer Grein kam, der mutige »schwarze Kall«, der einzige Mann des offenen Widerstands, den ich in den zwölf Hitler-Jahren kennengelernt habe.

Johanna Reinhardt starb in einem Darmstädter Krankenhaus, ihr Vater erhängte sich an ihrem Bett. Dora Stern, der »Sterne-Dora aus der Hundsgass'«, warfen SA-Leute die Fensterscheiben ein. Sie wurde von einem Stein schwer verletzt und starb wenige Tage später. Darüber sprach im November 1938 das ganze Dorf, doch wußte niemand, was genau vor sich gegangen war, es gab die widerspruchsvollsten Gerüchte. Hatte ein SA-Mann Johanna Reinhardt aus dem Fenster geworfen? War auf einen SA-Mann geschossen worden? Oder hatte er sich beim Ziehen der Pistole selbst in den Oberschenkel geschossen? Und wie war Aron Reinhardt zu Tode gekommen?

Über die SA, die den mir vertrauten Hühnerfutterhändler in den Tod getrieben hatte, regte ich mich 1933 auf. Ich sehe mich noch, wie ich mich auf einem Schulspaziergang leidenschaftlich empörte, es gehört zu meinen frühen Kindheitserinnerungen. Fünf Jahre danach, 1938, erschien mir der Anblick der brennenden Synagoge – ich sah sie morgens, auf dem Schulweg – unheimlich und bedrückend, aber kein Grund zur Empörung. Es war, so hieß es, eine Demonstration gegen die Ermordung eines deutschen Würdenträgers durch einen Juden in Paris.

Was außer dem Synagogenbrand noch geschah, das wurde zu den bedauerlichen »Übergriffen« gezählt, die man Demonstranten schon damals wohl oder übel nachsehen mußte. Einige meiner Schulkameraden blieben vor der Synagoge stehen, der Brand schien ihnen Grund genug, die erste Stunde zu schwänzen, niemand würde es wagen, sie dafür zu bestrafen. Als sie endlich zum Schultor kamen, stand dort Direktor Monjé, schrieb ihre Namen auf und vier Stunden Arrest dazu. Warum tat er das? Nur um eine Disziplinlosigkeit zu bestrafen, wie es in seiner Begründung hieß? Oder aus Empörung über die Gefühlsroheit der Schüler? Wie so oft gab sein Verhalten Rätsel auf, die ein Hitlerjunge so leicht nicht lösen konnte.

Manchmal fragte ich mich damals, fünfzehn Jahre alt, ob die Juden nicht doch an vielem schuld seien: nicht die armen Juden, selbstverständlich, nicht der Hühnerfutterhändler und nicht der Besitzer der Heimatzeitung, aber die reichen Juden in New York, die internationalen Kapitalisten. Daß die Reichen immer reicher werden wollten und der Kapitalismus ein Weltübel sei, davon hatte man mich in der Hitlerjugend überzeugt. Außerdem las ich es auch in verbotenen Büchern von Jack London und Upton Sinclair, und das waren für mich Autoritäten.

Man wollte mich in einen Menschen verwandeln, der alles, was vom Staat kommt, guten Gewissens gutheißt. Wer dazu erzogen ist, an Gott als Gesetzgeber und höchsten Richter zu glauben, dem schlägt das Gewissen, wenn er gegen die zehn Gebote verstößt. Wer dazu erzogen ist, an sein Volk, an die Gemeinschaft, die Gesellschaft, den Staat als höchste Werte, als gesetzgebende Kraft zu glauben, der kann für sie auch töten, ohne daß ihm das Gewissen schlägt, im Gegenteil, er fühlt sich gut nach verrichteter Pflicht. Das Gewissen, ach, es ist die Stimme Gottes nicht, es ist anerzogen. Dieser schlichten Einsicht war ich damals nahe, doch wollte ich an sie nicht glauben.

Der Nationalsozialismus schien an meiner Schule – außer beim Frühsport und beim Gemeinschaftsempfang der Führer-Reden – keine wesentliche Rolle zu spielen. Es gab kaum mehr als ein halbes Dutzend Lehrer, die sich vor den Schülern zu ihm bekannten, mündlich oder durch das gelegentliche Tragen von Uniformen. Es gab einen Lehrer, der eine originelle Begrüßungsvariante pflegte. Beim Betreten des Klassenzimmers schwenkte er die rechte Hand hoch, doch hielt er in ihr Lehrbücher, und wenn er die Hand mit den Büchern schwungvoll nach unten führte, sagte er nicht »Heil Hitler!«, sondern »Setzen!« Ein Parteigenosse konnte er kaum sein, er machte neugierig. Die Neugier aber verging, wenn er einem Schüler einige Ohrfeigen herunterhieb, sachlich und kalt wie eine Exekution. Sein ziviles Gebaren machte aus ihm noch keinen guten Pädagogen. Und eine SS-Uniform – das erlebten wir auch – garantierte noch nicht den schlechten Lehrer.

Die Schule war weniger nationalsozialistisch durch das, was sie lehrte, als durch das, was sie nicht lehrte. Was uns aus politischen Gründen vorenthalten wurde, das konnten wir nicht wissen. Eine Ahnung davon bekamen wir, wenn Dr. Hermann Poepperling, der Englischlehrer, der ehemalige, 1933 abgesetzte Konrektor des Realgymnasiums, nach dem Seufzer »Ihr wißt aber auch gar nichts« plötzlich eine Unterrichtsstunde über die Grundsätze einer modernen Demokratie, über Sigmund Freud oder Thomas Mann hielt. »Das alles ist verboten«, sagte er abschließend, und er konnte es wagen, weil die sprachliche Abteilung unserer Klasse, die er unterrichtete, aus nur vier Schülern bestand.

Der Deutschlehrer, Studienrat Dr. Hermann Troß, dem ich viel zu danken habe, hielt sich aus der Politik heraus, doch gab es keinen Zweifel, daß er nicht in der Welt der Hitlerjugend lebte. In einem Aufsatz über »Wallensteins Lager« schrieb ich das Gegenteil von dem, was er uns ein paar Stunden lang gelehrt hatte, und ich versuchte, die Richtigkeit meiner konträren Meinung zu beweisen. Er gab mir eine Eins, ließ mich den Aufsatz der Klasse vorlesen und verschaffte mir ein Hochgefühl, das mich später, wenn ich als Theaterkritiker in tiefen Zweifeln stak, sanft ermutigte: Wenn es möglich gewesen ist, einen Studienrat herumzukriegen, mußte es möglich sein, alle anderen Menschen zu überzeugen.

Die Lehrer hatten eine berechtigte Angst davor, denunziert zu werden. Ein Referendar, der eine Vertretungsstunde dazu benutzte, um über die Gedichte Ernst Stadlers und den Beginn des – selbstverständlich verbotenen – Expressionismus zu sprechen, wagte sehr viel. Es dankte ihm keiner: die Klasse hörte ihm nicht zu. Expressionismus war für sie kein Thema, in ihrem Lärm ging sein tapferer Versuch unter.

Damals las ich nicht, das wäre eine zu schwache Beschreibung, ich gab mich Exzessen der Lesewut hemmungslos hin. Die Auswahl der Schriftsteller war zunächst ziemlich zufällig, doch wenn mir einer gefiel, so las ich von ihm systematisch alles: hintereinander weg die zwanzig Bände der Rougon-Macquart von Zola, die fünf Romane Dostojewskis, die zweieinhalb von Tolstoi (bei »Auferstehung« hörte ich in der Mitte auf). Dazwischen zwei Dutzend Kriminalromane von Edgar Wallace, einen Stoß Balzac, das gesamte Œuvre von Pitigrilli und alle Essays von Schopenhauer, meine erste philosophische Lektüre. Schopenhauer war einer der wenigen deutschen Schriftsteller, die mich nicht langweilten. Überall suchte ich Bestätigungen dafür, daß das Leben grauenhaft ist, war und gewiß auch bleiben wird.

Über Idylliker und Besänftiger konnte ich nur grimmig lachen.

In dem Chaos, das sich in meinem Gehirn ständig vergrößerte, genoß ich die Wonnen der Mathematik, soweit man von ihr überhaupt schon reden darf in den Vorhallen, die dem Schüler offenstehen. Überschaubare Situationen, einfache Operationen. Unzweifelhaft richtige Lösungen, man kann das kontrollieren. Nichts bleibt unklar, alles geht auf. Man muß sich nur fernhalten von den Mysterien der Primzahlen und von »Null« und »Unendlich«. Unser Zeichenlehrer hatte behauptet, daß sich die Parallelen im Unendlichen schneiden, das nehme ich ihm noch heute übel.

Das Rechnen und das naturwissenschaftliche Denken, vermute ich, haben meine Art zu schreiben früher und tiefer beeinflußt als alle literarischen Stilvorbilder. Nichts war mir sympathischer als Frank Wedekinds Lebensmotto: »2 mal 2 ist 4.« Erst sehr viel später habe ich gelernt, daß die Formel der unbegabten Schülerin in Ionescos »Unterrichtsstunde« realistischer ist: »2 mal 2 ist 4. Manchmal auch 5.«

Wer in jenen Jahren aufwuchs, dem wurde der Nationalsozialismus wie ein Sack über den Kopf gezogen. Die Lebensbedingungen mußten nicht einmal bewußt gelernt werden, sie wuchsen uns zu, wir wuchsen in sie hinein. Wir kannten nur die Welt, in der wir lebten, und wir hielten sie für normal. Um die staatlich verordnete Beschränktheit nur zu erkennen, mußten viele Umstände zusammenkommen: Erlebnisse, Menschen, Bücher.

Gelegentlich schwor ich dem Lesen ab und beschäftigte mich anhand von Büchern, die ich antiquarisch gekauft hatte, mit physikalischen und chemischen Experimenten. Daß man ihre Ergebnisse genau voraussagen konnte, faszinierte mich. Als genau das langweilig wurde, stürzte ich mich wieder in die Literatur, die keine glatten Ergebnisse zu bieten hat.

Durch Nachhilfestunden verdiente ich regelmäßig ein paar Mark; manchmal bat ich die Eltern des Schülers um ein besonderes Buch, das ich bei ihnen entdeckt hatte. So kam ich zu einem kompletten Schopenhauer in der broschierten Reclam-Ausgabe von 1890. Bei ihm fand ich die Klarheit, die ich suchte, oft aber auch nur die Dunkelheiten meines unzulänglichen Verstehens.

Inzwischen war ich so weit, daß ich eigentlich nur noch verbotene Bücher lesen wollte. Sie brachten auch eine Art Jagdvergnügen, man mußte sie aufstöbern wie scheues Wild. Die Lektüre hing ab von den Zufälligkeiten der Beute. Ich fand sie in den Ramschkästen der Antiquare, in der Landesbibliothek im Darmstädter Schloß, in der zweiten Reihe der Bücherschränke von Bekannten. Wenn die Hitlerjugend Literatur sammelte »für die Front«, sortierte ich die verbotenen Bücher für mich aus, bevor sie jemand erkennen und verbrennen konnte. Gelegentlich ging auch ein verbotenes Buch auf dem Schulhof von Hand zu Hand, beispielsweise Ernst Glaesers Roman »Jahrgang 1902«, dessen erotische Szenen uns mehr interessierten als die politischen.

Als ein neuer Buchhändler von Berlin nach Darmstadt kam, betrat ich seine Bücherstube, die vorher Alfred Bodenheimer, einem Juden, gehört hatte, mit der hoffnungsvollen Frage: »Heil Hitler, haben Sie noch verbotene Bücher?« Der Buch- und Kunsthändler Robert d'Hooghe, der nach dem Krieg mein Freund und ein renommierter Kunstkritiker wurde, hatte keine Angst vor dem Hitler-Gruß: er wußte, daß man sich in meinem Alter bei dieser Formel nichts dachte. Schweigend griff er unter die Theke und holte hervor, was ich suchte. Das folgenreichste Buch, das er mir – für 3 Reichsmark – verkaufte, war Paul Wieglers noch heute hinreißende »Geschichte der Weltliteratur«. Sie brachte ein wenig Ordnung in meinen Kopf und diente als Fahrplan von Buch zu Buch, von Autor zu Autor.

Die Bücher, die ich bei d'Hooghe kaufte, stammten von emigrierten Juden. Zum Teil waren es Bände aus Bodenheimers Privatbibliothek, in ihnen stand noch sein Name. Angezeigt wurde die Bücherstube oft: die d'Hooghes galten als Judenfreunde; groteskerweise bei manchen Darmstädtern aber als Judenfeinde, weil sie Bodenheimers Laden »arisiert« hatten – Bodenheimer aber hatte sich die d'Hooghes als Käufer in Berlin ausgesucht. Man sagte »Guten Tag«, wenn man die Bücherstube betrat. Alle sagten »Guten Tag«, und ich sagte »Heil Hitler«, irgendwann fiel das sogar mir auf.

Im Lauf der Zeit bemerkte ich, daß es besondere Freunde des Hauses gab, die durch einen roten Vorhang im Hinterraum verschwanden, dort Tee oder Kaffee tranken und sich mit gedämpfter Stimme unterhielten. Ich hätte gern mehr über diese seltsamen Menschen erfahren, zu deren Brauchtum die damals exotischen Hand- und Wangenküsse gehörten. Nach dem Krieg erfuhr ich, was ich nicht einmal ahnte: die Bücherstube war ein Widerstandswinkel; auch der spätere Außenminister Heinrich von Brentano holte sich dort Mut und Informationen. In meinen Schuljahren hat nicht ein einziger Hitler-Gegner mit mir offen gesprochen. Näher als einen Meter fünfzig bin ich an den Widerstand nicht herangekommen, weder in der Bücherstube noch anderswo.

Da ich einmal ein Insel-Buch von Joseph Conrad gekauft hatte, nannten sie mich in der Bücherstube den Conrads-Jungen, wie ich nach dem Krieg erfuhr. Hinter dem roten Vorhang war der Conrads-Junge nicht zugelassen, immerhin aber war er ein Kunde, dem man Alfred Bodenheimers Bücher verkaufte.

Ich sah aus wie einer jener Jungen, die sich Hitler wünschte, »flink wie die Windhunde, zäh wie Leder, hart wie Krupp-Stahl«, aber ich genoß in vollen Zügen den Geruch nach Krankheit, Verwesung, Sexualkitsch, Dichter-

pathos und Weltverlorenheit in der »Hölle« von Henri Bar-
busse, er wurde zum Wegbereiter für die Schriftsteller, die
ich für dekadent hielt. »Dekadent« gehörte zum schlimmsten, was man damals literarisch sein konnte, und nichts
konnte danach anziehender sein als Baudelaire und Huys-
mans, Herman Bang und Sar Peladan. Ihnen folgten die
ironischen Iren, Chesterton, Shaw und Wilde, mit ihrem angenehm altmodischen, absolut gegenwartsfremden vikto-
rianischen Milieu.

Zwischendurch fiel ich immer wieder zurück in Gro-
schenromane mit den Abenteuern von Tom Shark oder,
lieber noch, von John Kling, in Wildwestromane von Zane
Grey oder Max Brand, in die »Fantomas«-Bände von Marcel Alain und Pierre Souvestre, in die pastose Exotik Löhn-
dorffs – mochte das alles noch so miserabel geschrieben sein,
es spielte in Welten, die damals so unerreichbar waren wie
der Mond.

Julien Green sättigte eine Zeitlang meinen Bedarf an Finsternis, und ich entdeckte den Ausweg des Witzes bei Heine
und Friedell, bei Pitigrilli und Polgar, bei Schnitzler und Tu-
cholsky. Es entging mir nicht, daß meine neuen Lieblingsautoren lauter Juden waren. Ihnen kann kein angelernter
Antisemitismus widerstehen. Sie durchlöcherten mir den
Sack über meinem Kopf: plötzlich gab es da Ausblicke und
eine ganz andere, eine kühle, frische Luft der Rationalität.

Das alles war unbrauchbar in der Schule und unmöglich
in der Hitlerjugend. Dort lernte man so interessante Dinge
wie Zelten, Orientierung nach Kompaß und Marschzahlen,
Kleinkaliberschießen, Boxen, Stockfechten, Kakao um die
Wette trinken bis zum Erbrechen, Mutproben in den Gerü-
sten trigonometrischer Punkte und auf nächtlichen Friedhö-
fen. Die, wie man heute sagen würde, Liedermacher schlugen
über die schrilleren Saiten ihrer Gitarren, die sie Klampfen
nannten, und dichteten Kampflieder vor sich hin.

Manchmal hörte man auch Parodistisches wie das beliebte »Heil Hitler, ihr alten Germanen, so sprach einst Tacitus. Da hoben die alten Germanen die rechte Hand zum Gruß« oder das schönste Weihnachtslied, das ich in Erinnerung habe: »Wir beten unsern Führer an. Er ist der neue Weihnachtsmann. Wir sitzen mit ihm unter Eichen im Pfuhl – und feiern Jul.« Solche Parodien hatten keinen politischen Antrieb, sie wurden gesungen aus der schieren Lust, wider den verordneten Stachel zu löcken.

Ein Spaßmacher
Jobbers Geschichte

Wie alle, die Jakob heißen, wurde er Jobber genannt. In der Dorfschule und in den ersten vier Klassen des städtischen Gymnasiums war er in allen Fächern der Beste. Dann, so hieß es im Dorf, »schnappte er über«. Eine Verrücktheit kam über ihn wie eine kuriose Krankheit, die sich nicht heilen ließ. Er war eben »übergescheit« und deshalb übergeschnappt.

Mit vierzehn Jahren, als er, aus der Stadtschule geheimnisvoll entlassen, mit seinen Altersgefährten in die Konfirmandenstunde ging, las er, wie der Pfarrer seinen Eltern schaudernd mitteilte, »Friedrich Nietzsche«. Dessen Buch »Der Wille zur Macht« hatte er mit schwarzem Packpapier eingebunden, so daß es aussah wie sein »Neues Testament«.

Die Konfirmanden und Konfirmandinnen saßen in der Kirche auf den für sie bestimmten Bänken vor dem Altar beim Sonntagsgottesdienst einander gegenüber und blinzelten sich zu. Wenn eine Konfirmandin das Blinzeln eines Konfirmanden erwiderte, gab sie zu erkennen, daß sie bereit war, mit ihm gemeinsam den Heimweg zu machen. »Er geht mit ihr« bedeutete: die beiden mochten sich und zeigten das auch.

Jobber begnügte sich nicht mit Blinzeln. Als die Gemeinde sang: »Geh aus, mein Herz, und suche Freud«, machte er, wie sich der Pfarrer ausdrückte, »unzüchtige Bewegungen«, und zwar mit der herausgestreckten Zunge. Jobber flog aus dem Konfirmandenunterricht und bekam keine Lehrstelle. Er war nun, falls er irgend etwas lernen wollte, ganz auf das einsame Lesen angewiesen. Weshalb ihm damals der Beiname »der wilde Engländer« angehängt wurde, konnte niemand erklären.

»Wild«, ja, das war er, aber »Engländer«? Zu seinen Spezialitäten gehörte es, plötzlich um die Ecke zu biegen und einem Raucher die Zigarre aus dem Mund zu ziehen. Er rauchte sie gleichmütig weiter, als gehöre sie schon immer ihm. Solche Scherze verzieh man ihm, er galt als Spaßmacher und brachte ein bißchen Aufregung in die dörfliche Langeweile.

Er wohnte bei seinen Eltern in einem der alten Bauernhäuser, deren Fenster sehr niedrig sind. Als er auf dem Trottoir der Gasse einen jungen Vater sah, dessen Kind ein paar Schritte hinter ihm hertrottete, beugte er sich aus dem Fenster, hob den Kleinen in die Stube, stopfte ihm, damit er nicht schrie, Pralinés in den Mund und setzte ihn vor einen Anker-Steinbaukasten.

Als der Vater bemerkte, daß sein Junge auf unerklärliche Weise verschwunden war, lief er suchend durch die Gassen und fragte aufgeregt die Passanten. Jobber antwortete ihm nicht, er lachte wie unter einem fürchterlichen Zwang und schnitt Grimassen. Den Vater ließ Jobber bis zu wilden Zornausbrüchen und zur ratlosen Verzweiflung zappeln. Endlich überreichte er den Jungen durchs Fenster mit der Bemerkung: »Bei mir gefällt's ihm besser als bei dir«. Der Bub fing dann auch an zu schluchzen und wollte zurück zu Baukasten und Pralinés.

Eines Morgens hängte er zwei sechsjährige Erstklässer, die auf dem Weg zur Schule waren, an den Lattenzaun eines Baum-Ackers. Er hob sie hoch, so daß ihr Schulranzen, den sie auf dem Rücken trugen, auf die hintere Seite des Zauns gelangte, sie selbst aber auf der Vorderseite in den Riemen des Ranzens hingen. Ihre Füße berührten die Erde, doch konnten sie sich ohne Hilfe nicht befreien und plärrten ihre Angst aus den Kehlen. Es gelang Jobber, noch zwei Schüler, die ihrer Neugierde nicht widerstehen konnten, an den Zaun zu hängen.

Dann setzte sich Jobber auf die andere Seite des Feldwegs

und bekam einen seiner erschreckenden Lachkrämpfe, zu denen er blitzschnell wechselnde Grimassen schnitt. Das Weinen und Schreien der Schüler und sein Lachen alarmierten endlich ein paar Erwachsene. Sie schlugen Jobber, der sie ruhig erwartete, und sie schlugen die Schüler, die sie vom Zaun abhängten, ins Gesicht und auf den Hintern.

Bei den Debatten über dieses Ereignis gab es an den Wirtshaustischen mehr Bewunderung für Jobbers komischen Einfall als Mitleid mit den Schülern, die so blöde gewesen waren, sich fangen zu lassen. Nur Philipps Freund Emil kam auf den Gedanken, Jobber zu fragen, weshalb er die kleinen Buben aus der ersten Klasse so gequält hatte. Jobber sagte grinsend: »Das ist mein Wille zur Macht.«

Emil war Friseur und Philipps Welterklärer. So weit Philipp zurückdenken konnte, hatte er einen Welterklärer gebraucht. Es war sein frühster Wunsch zu erfahren, wozu das gut sein soll, die Arbeit und das Spielen jeden Tag, die Dunkelheit und der Schlaf jede Nacht, die Freundlichkeit und der Zorn der Eltern, die Schule und die Ferien, das Essen und das Gegenteil. Wenn es das alles nicht gäbe, dachte er, so wäre nicht viel verloren, jedenfalls nicht für ihn. Emil wußte darauf natürlich auch keine Antwort, aber auf viele andere Fragen, die, wie er sagte, nicht so dumm waren wie Philipps Kinderfragen mit »weshalb« und »warum«.

Emil kam Philipp unendlich viel älter vor: er war ein Mann, Philipp war ein Schulbub. Wenn er seine Hausaufgaben gemacht hatte, besuchte er ihn oft in seiner Friseurstube. Sie war im Hochparterre eines schmutziggelben Backsteinhauses, man mußte von der Straße ein paar ausgetretene Steinstufen zur Tür hinaufgehen, über der ein Rasierteller aus glänzendem Messing hing, um anzuzeigen, daß Emils Laden offen war. Die beiden spielten Mühle, und meist verlor Philipp, weil er den Ehrgeiz hatte, Emils Steine festzusetzen, ohne ihm einen Stein wegzunehmen.

Die Verachtung der Mühle beim Mühlespiel hatte Philipp von seinem Patenonkel gelernt. Bei ihm wurde im Winter regelmäßig nach dem Abendessen Mühle gespielt. Die Tante wischte den Eßtisch in der Küche ab, der Onkel kramte blaue und weiße Bohnen und ein Stück Kreide aus der Schublade. Mit der Kreide malte er die Spielfelder auf den Tisch und gab jedem Spieler neun Bohnen, blaue oder weiße.

Oft wurde von Philipps Cousins und ihren Freunden an drei bis vier Feldern nebeneinander gespielt. Die Cousinen waren nicht zugelassen. Man spielte normal mit Mühlen und Fickmühlen und nahm sich die Bohnen ab, je schneller und je mehr, desto besser. Der Höhepunkt des Abends war das Spiel gegen den Onkel: bei ihm waren Mühlen nicht erlaubt. Ein einziges Mal gelang es Philipp, ihn festzusetzen. Es war ein Triumph, wenigstens an diesem Abend, solange er noch daran glauben konnte, der Onkel habe ihn nicht mit Absicht gewinnen lassen.

Emil und Philipp spielten am liebsten Mühle, manchmal auch Dame, selten Halma, kein Schach, keine Würfel, keine Karten. Das Spiel mußte immer unterbrochen werden, wenn ein Kunde kam. Kundinnen kamen nicht, Emil war ein Herrenfriseur. Die Herren ließen sich meist rasieren. Sie saßen auf dem hölzernen Rasiersessel, den Kopf weit zurück im Genick, das Kinn hochgereckt. Die Stammkunden hatten eine eigene Seifenschale und darin einen eigenen Pinsel. Die numerierten weißen Schalen standen aufgereiht in einer wandfüllenden Vitrine. Emil seifte die Kunden mit der Hand und dem Pinsel ein und nahm ihnen mit einem Rasiermesser, das er an einem Riemen schärfte, sanft den Bart ab.

Man redete nie über Politik, das wäre Mitte der dreißiger Jahre zu gefährlich gewesen. So war Jobber ein willkommener Gesprächsstoff. Emil erzählte ein paar Kunden die Antwort, die ihm Jobber auf die Frage gegeben hatte, weshalb er die Buben an den Zaun gehängt hatte: »Das ist mein Wille zur Macht«. Die meisten Kunden sagten dann: »Da sieht man, daß er wirklich verrückt ist.« Nur der Afrikaner, der so genannt wurde, weil er in den Kolonien gelebt hatte, wußte: »Das ist Nietzsche, der Wille zur Macht, das erklärt alles.«

»Was soll das heißen?« fragte Philipp, als der Afrikaner, den Emil beim Rasieren geschnitten und dem er das Blut mit Alaunstein gestillt hatte, endlich draußen war. »Das heißt«, sagte Emil, »daß er ein Angeber ist«, hielt die Rasierschale des Afrikaners unter den Wasserhahn und stellte sie in die Vitrine. »Wer ist ein Angeber?« fragte er, »Jobber oder Nietzsche?« Für Emil war das keine Frage, er sagte: »Alle zwei.«

Philipp blieb beim Fragen: »Hast du denn diesen Nietzsche gelesen?« Emil gab eine Antwort, die Philipp überraschte: »Nein, aber bei einem Schulungsabend der Partei haben sie uns daraus vorgelesen, lauter rabiate Sachen, ich habe nicht alles verstanden, aber es war dummes Zeug.« Philipp fragte weiter: »Seit wann bist du denn in der Partei?« Emil sagte nicht mehr als »Dreiunddreißig«, er hatte keine Lust, darüber zu sprechen.

Erst jetzt fiel Philipp auf, daß er Emil nie ohne seinen weißen Kittel mit den blauen Ärmel- und Kragen-Aufschlägen gesehen hatte, auch nicht auf der Straße. In der Brusttasche führte er Kamm und Schere mit sich, und auf den Ärmeln waren immer ganz kurze Haarstoppeln von den Leuten, die er mit der Maschine bearbeitet hatte, weil sie einen Zehntel-Haarschnitt verlangten. Wer in der Partei war, mußte das Abzeichen tragen, Emil trug es vermutlich unter dem Kittel.

Ein paar Wochen später lachte das ganze Dorf über Jobber. Er hatte in einer Nacht das Dach des Spritzenhauses der Feuerwehr angestrichen: keine zwei nebeneinander liegende Ziegel mit derselben Farbe, es mußte eine anstrengende Arbeit gewesen sein. Auf den unteren Ziegeln hatte er signiert: Jobber. »Er ist ein Angeber, das habe ich immer gewußt«, sagte Emil, »auch du wirst das noch begreifen«. Wir konnten nicht weiter darüber reden, weil ein paar Leute zum Haareschneiden kamen, und das dauerte mir zu lang, ich ging.

An Winterabenden, wenn es früh dunkel war, spannte Jobber ein weißes Tuch vor ein Fenster seines Elternhauses und führte den Passanten seine Filme vor. Die Zuschauer auf der Straße waren Kinder und ein paar Erwachsene, die noch nie »Aladins Wunderlampe« gesehen hatten. Philipp gefielen am besten »Ali Baba und die vierzig Räuber«, wie sie durch das Schlüssellochtor einer arabischen Stadt ritten, es war alles lautlos, aber Philipp hörte das Pferdegetrappel und die heiseren Stimmen der Räuber, bevor man auf den Zwischentiteln ihre Zurufe mit vielen Ausrufezeichen lesen konnte.

An solchen Filmabenden imponierte ihm Jobber. Philipp hätte gern einmal mit ihm geredet, aber dann jagte er ihm wieder Angst ein, als er sich angewöhnte, auf seinem Fahrrad mit höchster Geschwindigkeit über die Hauptstraße zu rasen, um plötzlich seinen Hintern vom Sattel hochzuziehen und auf der Lenkstange einen Kopfstand zu machen. Natürlich hatte Emil recht, wenn er in ihm einen Angeber sah. Immerhin aber war Jobber unter den Verrückten oder Halbverrückten, die man damals nicht Behinderte nannte, sondern Dorfdeppen, der gescheiteste. War er überhaupt verrückt? »Kann sein«, meinte Emil, »daß auch das nur Angabe ist. Vielleicht hat er in der Stadtschule angefangen, den Verrückten zu spielen, als es ihn langweilte, immer nur der Beste zu sein«.

Solche Vermutungen konnte man bei Jobber haben, gewiß nicht bei den andern, die, wie man so sagte, nicht ganz dicht waren. Willi, beispielsweise, saß schon morgens früh, wenn die Kinder zur Schule gingen, am Fenster, stützte den riesigen Kopf mit der gelben Haut und den dicken Querfalten am Hals auf sein dünnes rechtes Ärmchen, sein Händchen schob den rechten Winkel seines breiten Munds, aus dem immer ein bißchen Speichel tropfte, schräg nach oben. Abends saß er noch immer so da und hatte den ganzen Tag keine Miene verzogen. Er sagte nichts, er schimpfte nicht, er lächelte nicht, er folgte jedem, der durch die Straße ging, mit halboffenen Augen. Das Schicksal hatte ihn nur zum Schauen bestellt, weshalb?

Das gehörte zu Philipps Warum-Fragen, die Emil für sinnlos hielt. Peter nannte man Max-Fuchs, weil er selbst sich so nannte, wenn er einen Leiterwagen hinter sich herzog: Er hielt sich für Max und Fuchs, zwei unsichtbare Gäule, die den Wagen zogen, und er ermunterte sie und sich, wenn er zum Anfahren kommandierte: »Max, Fuchs, jurrr!« und zum Anhalten: »Max, Fuchs, brrr!« Wer hatte ihm das angetan, warum war er kein Gaul, oder zwei Gäule, das hätte doch möglich sein müssen.

Oder war er so gedacht, wie er war, immer fröhlich, immer fleißig, immer freundlich? Er grüßte jeden und nannte ihn beim Namen, dreimal rasch hintereinander, bevor er ihm sprudelnd eine Neuigkeit erzählte. Das Dorf, das Angst hatte vor Willi, dem Kretin, liebte Peter, den fröhlichen Irren, und wenn es mit ihm reden wollte, hielt es ihn an mit dem Ruf: »Max, Fuchs, brrr!« Philipp kannte keinen anderen Menschen, der so vollkommen glücklich war wie Peter, und manchmal dachte Philipp: Nur wenn man ein bißchen bescheuert ist, kann man sich glücklich fühlen, anders ist das gar nicht möglich.

War Liesel auch so gedacht, wie sie war? Sie hatte einen Klumpfuß, ihr Gesicht war für immer schräg verzogen, sie schielte unter dicken Brillengläsern, und ihre Eltern konnten sie keine Sekunde aus den Augen lassen, weil sie vor jedem Mann und auch vor jedem Bub ihren Rock hochzog und ihre Unterhose runter. Manchmal riß sie aus und blieb tagelang verschwunden. Es gab eine Bubenbande, zu deren Aufnahmeprüfung es gehörte, Liesel das zu geben, was sie immer wollte. Liesel, Max-Fuchs, der Kretin und ein paar andere Dorfdeppen, lauter friedliche Menschen mit hochgezogenen Brauen und geröteten Augen, entgingen der offiziellen Ermordung, die man Euthanasie nannte. Bevor sie ins Dorf kommen konnte, war die Ausrottung des, wie sie sagten, »lebensunwerten Lebens« wegen heftiger kirchlicher Proteste abgebrochen worden. Jobber überlebte nicht: er fand einen ganz besonderen Tod.

Im ersten Kriegsjahr kam Jobber eines Tages in die Friseurstube. Emil und Philipp spielten Mühle. Jobber wollte nicht rasiert werden, er zeigte seinen Musterungsbescheid. Emil vermutete, daß sie ihn ausmustern würden, Jobber aber freute sich darauf, eingezogen zu werden. Er werde es ihnen schon zeigen: ein Verreckter unter tausend Verreckten, darauf werde er sich nicht einlassen. Noch im Tod wollte er es ihnen zeigen. Er erklärte seinen Geheimplan. »In der Stadt gibt es einen Pyrotechniker«, sagte er. »Von ihm lasse ich mir eine Rakete bauen. Ich nehme sie mit an die Front und trage sie in meiner linken Brusttasche, direkt über meinem Herz.«

Er blinzelte heftig, als falle es ihm schwer weiterzureden und als pumpe er die Wörter mit den Augen aus dem Kopf. Er stotterte und stammelte, und seine nach Wörtern schnappenden Lippen wurden feucht, aber er schaffte es, indem er plötzlich anfing zu schreien: »Und wenn ich von einer Feindeskugel ins Herz getroffen werde, dann saust die Rakete hoch und schreibt über dem Schlachtfeld mit feuerroter Schrift ans Firmament: ›Jobber stirbt!‹«

Er bekam wieder einen seiner berüchtigten Lachanfälle mit Grimassenschneiden. Emil brachte ihm ein Glas Wasser, aber er lachte noch lange, bis er das Wasser trank und schwer atmend stumm wurde. Als sein Gesicht aufhörte zu zucken, spielte er schweigend vier Partien Mühle, zwei gegen Emil, zwei gegen Philipp, er gewann mühelos alle vier. Bei der fünften Partie spielte Philipp nach dem Rezept seines Patenonkels, darauf war Jobber nicht gefaßt, und Philipp setzte ihn fest. Beleidigt verließ er die Friseurstube, grußlos. »Da hast du's«, sagte Emil, »er kann nicht verlieren, er muß der Sieger aller Klassen sein, er will immer bewundert werden. Das ist sein Wille zur Macht. Wahrscheinlich hat er außer dem Titel nichts von Nietzsche gelesen, als Angeber hat er das auch nicht nötig. Nicht einmal sterben kann er ohne Leuchtschrift.«

Jobber hatte einen Posten beim Theater angenommen. Was es genau war, wußte niemand, und er sagte es nicht. Er war wohl Bühnenarbeiter und wurde jetzt allgemein der Kulissenschieber genannt. »Ich würde mich nicht wundern«, sagte Emil, »wenn er diesen pathetischen Quatsch mit der Rakete aus der Theaterkantine hätte. Wer gerade nicht auf der Bühne steht, sitzt dort herum, und die spinnen alle ganz schön.« Philipp wußte nicht, was »pathetisch« bedeutet, aber Emil hatte sicherlich recht, er kannte sich im Theater ein bißchen aus: als Friseur hatte er gelegentlich ausgeholfen, in der, wie er es nannte, »Maske«.

Zur Verblüffung des gesamten Dorfs wurde Jobber nicht ausgemustert. Der Musterungsarzt hatte wohl einen leichten Verdacht, daß Jobber seine Sinne nicht ganz beisammen habe, und überstellte ihn einem Wehrmachtspsychologen. Jobber erzählte später, als ihn die Wehrmacht zum Teufel gejagt hatte, in der Friseurstube die ganze Geschichte, sie machte ihm noch immer Lachkrämpfe. Der Psychologe, der ihn faszinierte, weil er ein Glasauge hatte, setzte ihn vor einen Tisch mit einer Art Bausteinen. Jobber sollte sie genau betrachten, auch in die Hand nehmen und ihre Eigenschaften erkunden.

»Es war ganz einfach«, erzählte Jobber, »jeder Stein hatte fünf Eigenschaften. Er war groß oder klein, rund oder eckig, rot oder blau, leicht oder schwer, rauh oder glatt. Der Psychologe legte vier Steine nebeneinander und sagte, ich solle diese regelmäßige Reihe regelmäßig weiterführen. Sein erster Stein war groß, rund, blau, glatt und schwer. Der zweite Stein war groß, rund, blau, glatt und leicht, er unterschied sich vom ersten Stein durch eine einzige Eigenschaft, leicht statt schwer, und so ging das weiter, ein Kinderspiel. Der Psychologe ließ mich noch andere Reihen weiterbauen, die er schwieriger gemacht hatte, das bildete er sich jedenfalls ein. Die Reihen bestanden aus Steinen, die sich in drei oder vier Eigenschaften unterschieden, oder sie wechselten nach drei oder vier Steinen die Unterschiede. Es hat mir einen Mordsspaß gemacht, und eine Zeitlang war das viel aufregender als euer stumpfsinniges Mühlespiel. Fehler habe ich erst gemacht, als mir diese und ein paar andere Spielereien langweilig wurden.«

Jobber wurde vom Psychologen für intelligent und gefährdet, aber für »kv« erklärt, für »kriegsverwendungsfähig«, und nach Koblenz eingezogen, zu einer Nachrichten-Ersatz-Kompanie. Man bildete ihn als Funker aus, und er lernte das Morse-Gepiepse schneller als alle andern. Auf dem Kasernenhof aber, beim Exerzieren, war er eine Katastrophe. Eines Morgens ließ er auf das Kommando »Gewehr über!« sein Gewehr bei Fuß stehen. Als ihn der Rekrutenkapo anbrüllte, was er sich wohl denke, erwiderte er freundlich: »Das Gewehr ist mir zu schwer, Herr Unteroffizier.«

Dem Unteroffizier blieb die Luft weg, und Jobber kam drei Tage in den Bau. Er bekam noch mehr Gelegenheiten, die Einsamkeit in der Arrestzelle zu genießen, denn von nun an führte er Befehle, die ihm nicht paßten, einfach nicht aus und hatte für seinen Vorgesetzten freundliche Erklärungen wie: »Ich möchte jetzt nicht laufen, ich bin zu müde«, oder:

»Herr Unteroffizier jagen uns jetzt an die Kasernenmauer und dann wieder zurück, da bleibe ich doch lieber gleich hier«.

Auf Wache verließ er seinen Posten am Kasernentor, weil es ihm, wie er später erklärte, zu kalt und zu langweilig war, und schon saß er wieder dort, wo er hingelangen wollte: vor dem Glasauge des Wehrmachtspsychologen. Diesmal durfte er keine Systeme ergründen und weiterbauen. Der Psychologe hatte einen Kollegen zugezogen, und die beiden fragten Jobber kreuz und quer aus. »In seinen Antworten steckt ein System«, stellte der Psychologe mit dem Glasauge schließlich fest, und sein Kollege bestätigte ihn mit einem flüchtigen Lächeln: »Ja, er benimmt sich konsequent als Zivilist. Er tut das, was jeder vernünftige Mensch tun würde, wenn er durch das Militär und das Kriegsrecht nicht eingeschüchtert wäre.« Die beiden lachten, sie waren über diesen einzigartigen Fall mehr amüsiert als entrüstet. Sie konnten sich das leisten, sie waren ja keine Offiziere, sie waren nur Wehrmachtsbeamte, und wer auf Wache versehentlich vor ihnen salutierte, der machte sich lächerlich.

So tauchte der für wehruntauglich erklärte Jobber bald wieder im Dorf auf, ging als Bühnenarbeiter zum Theater, machte Kopfstände auf rasendem Fahrrad, bekam seine wilden Lachanfälle und filmte mit einer Kamera, die ihm sein Vater geschenkt hatte, jeden, der es wollte, und viele, die es nicht wollten. Bei der Kornernte wagte es kaum mehr ein Bauer, dem Jungmädchen, das bei ihm sein Landwirtschaftsjahr ableistete, unter den Rock zu greifen, man wußte nie, ob sich nicht Jobber in der Nähe versteckt hatte, um, wie er sagte, einen Kulturfilm zu drehen.

Als Jockel, der Sohn des Bürgermeisters, im besetzten, friedlichen Lemberg von einem Partisan erschossen wurde, der nichts gegen ihn hatte und nur scharf auf seine Pistole war, schaffte es der Bürgermeister durch seine Parteibeziehungen, daß Jockels Leichnam überführt wurde. Er wollte ihn auf dem Dorffriedhof beisetzen lassen, in der Nähe des Krieger-Ehrenmals für die Soldaten, die im Ersten Weltkrieg ihr Leben gelassen hatten. Er fragte Jobber, ob er diese Beisetzung, die er mit großem Aufwand geplant hatte, für ihn filmen wolle. Jobber stimmte zu unter der Bedingung, daß ihn der Bürgermeister der Gestapo als Vertrauensmann empfehle.

Jobber filmte auf dem Friedhof das mit Kränzen und Blumen überhäufte Grab und die Trauergemeinde, die, wie man es nannte, »Vertreter von Partei, Staat und Wehrmacht«, darunter viele alte Parteigenossen und bejahrte Mitglieder der SA-Reserve, die abkommandiert waren, um Jockel die letzte Ehre zu erweisen. Die aktiven SA-Mitglieder waren alle zur Wehrmacht eingezogen. Der Bürgermeister und der Ortsbauernführer hielten lange Reden, Jobber filmte alles, und bald danach wurden Leute aus dem Dorf in die Stadt zur Gestapo bestellt.

Jobber, der V-Mann der Geheimen Staatspolizei, hatte sie denunziert, meist wegen leichtsinniger Reden, die man »Wehrkraftzersetzung« nannte. Angeblich hatten sie den Führer beleidigt, am Endsieg gezweifelt oder das weitererzählt, was sie von verbotenen Feindsendern gehört hatten. Da diese Anschuldigungen auf viele Leute zutrafen, gab es auch Geständnisse, und die Gestapo war längere Zeit mit ihrem neuen V-Mann sehr zufrieden.

Eines Tages prahlte Jobber in der vollbesetzten Friseurstube, er beherrsche das ganze Dorf. Jeder müsse sich vor ihm in acht nehmen, er könne alle ins Gefängnis oder ins Lager bringen. Er genoß seine Macht: seine Lachkrämpfe dauerten länger als je zuvor. Es kam nie heraus, welcher Kunde Emils – oder gar Emil selbst? – die Gestapo unterrichtet hatte, daß Jobber schon als Gymnasiast nicht im Vollbesitz seiner geistigen Kräfte war. Man erfuhr auch nicht, wie die Gestapo jetzt mit Jobber umsprang. Vermutlich wollten sie den auch für sie blamablen Fall so rasch wie möglich vergessen lassen.

Bei einer Partie Mühle, die Philipp schon wieder fast verloren hatte, grübelte Emil laut darüber nach, was mit Jobber geschehen werde. Beim Theater, meinte er, werde er nicht mehr lange bleiben. Kulissenschieber sei zu wenig für ihn, und Schauspieler, der beste Schauspieler des Theaters könne er nicht werden. Vielleicht aber warte die Gestapo nur, bis niemand mehr über die Denunziationsgeschichte rede, und hole Jobber dann, morgens früh, ab. Man werde ihn in ein Lager schaffen, das er nur durch den Schornstein wieder verlassen könne.

Als man im Theater den »Zigeunerbaron« spielte und die Sängerinnen und Sänger am Ende gemeinsam den mächtigen Applaus genossen, schwang über ihren Köpfen ein menschliches Pendel hin und her. Jobber hatte aus einem Seilzug eine Schlinge geknüpft, den Kopf hindurchgesteckt und war in die Szene gesprungen. Das letzte, was er hörte, bevor sein Genick brach, war Beifall.

3
Krach zwischen Leben und Lesen

> Man geht nie weiter, als wenn man nicht
> mehr weiß, wohin man geht.
>
> Johann Wolfgang Goethe

Wie wird man ein befohlenes Weltbild los? Wie kriegt man
den nun durchlöcherten Sack endgültig vom Kopf? Wann
endlich konnte man das nicht mehr gleichzeitig haben,
Fahrtenmesser und Friedell, Marschkompaß und Thomas
Mann, kurze Hosen und Peladan? Irgendwann mußten die
getrennten Welten aufeinander knallen: das erste Mal,
schmerzlich, durch meinen Fähnleinführer. Er fand in meiner Stube den kleinen Roman »Pjotr« von Klabund, den ich
besinnungslos liebte, sagte: »Du liest doch nicht diesen
Dreck« und warf das rote Inselbuch durch die blitzschnell
aufgerissene Ofentür ins Feuer. Das zweite Mal, unheilbar,
bei einem Führer-Lehrgang des »Deutschen Jungvolks« in
der Hitlerjugend.

Bis dahin hatte ich beim »Jungvolk« wenig Theoretisches
gehört: ein Spruch beim Flaggenhissen oder am Lagerfeuer,
das war schon fast alles. Ich war »Jungenschaftsführer« (das
entspricht dem Unteroffizier), und nach einiger Zeit sollte
ich zum »Jungzugführer« (das entspricht dem Feldwebel)
befördert und zu diesem Zweck in Darmstadt ausgebildet
werden.

Der Lehrgang fand statt in einem gehobenen Stadtviertel,
in einer luxuriösen Villa. Parkettierte Böden, Teppiche,
schwere Möbel, Rupfen und Leuchter an den Wänden,
Kronleuchter an den Decken, das alles war für mich neu und
imponierend. Und es sollte uns auch imponieren und klar-
machen, daß wir zu einer Elite gehörten, der mancherlei zustand, was den meisten verschlossen war. Damals, im Juli

1936, war ich gerade dreizehn Jahre alt geworden. Ich weiß nicht genau, was mich an den Führern des Lehrgangs mehr störte: daß sie auf alle Fragen selbstsichere Antworten hatten oder daß sie so vornehme Pinkel waren. Sie ließen keinen Zweifel daran, daß sie, über kurz oder lang zur Macht gelangt, die rauhen Sitten und die blutigen Methoden der verdienten, aber ordinären Alten Kämpfer mit dem Recht einer neuen Generation ändern würden. Sie sahen eine nahe Zukunft vor sich, in der sie den Nationalsozialismus vertreten würden: mit sauberen Händen und untadeligen Manieren.

Beim Lehrgang trugen wir nicht die üblichen schwarzen Jungenschaftsblusen, sondern graue Feldblusen und wurden auf dem nahen Exerzierplatz wie Rekruten bis zur Erschöpfung gedrillt. Es gab Unterricht über »das nationalsozialistische Gedankengut«, über das ich mir vorher kaum Gedanken gemacht hatte. Nun aber kam es systematisch und konzentriert und wurde ungeheuer ernst genommen. Nachts konnte ich nicht schlafen, weil all das zu dem nicht paßte, was ich gelesen und gelernt hatte. Bis dahin waren das tägliche Leben und die tägliche Lektüre beziehungslos nebeneinander hergelaufen. Zum ersten Mal, spät genug, griffen die Leselektionen in den Alltag ein.

Der Anlaß war kein großes Ereignis, nicht der Krieg, nicht die Deportationen, über die es Gerüchte gab, sondern der Vergleich zweier Bücher. Man las uns ein paar Seiten aus dem verbotenen Roman »Im Westen nichts Neues« vor, in dem Soldaten nach der Besichtigung durch den Kaiser über Kaiser, Krieg und Vaterland reden, nüchtern und skeptisch. Dann las man eine entsprechende Szene aus einem Roman von Franz Schauwecker vor: die Soldaten glühen vor Begeisterung für den Kaiser und vor Todesbereitschaft fürs Vaterland. Und das, so sagte man uns, sei eine wahrhaftige Schilderung, während Remarque, der eigentlich Kramer heiße und ein Jude sei, den Idealismus des deutschen Frontkämpfers in den Schmutz gezogen habe. Ich wußte sofort: Schauwecker ist nationaler Kitsch (ein Ausdruck, den auch die Hitlerjugend gebrauchte); wie bei Schauwecker redet kein Mensch, nicht einmal ein Hitlerjunge, und ein Soldat schon gar nicht; Remarque aber hat recht.

Das war der Anstoß, meine Karriere im »Deutschen Jungvolk« so rasch wie möglich zu beenden. Der Anlaß war nicht groß und nicht human; er war gering, fast lächerlich. Doch führte er zu einer inneren Explosion. So dramatisch ausgedrückt, wie ich es erlebte: die Wände stürzten ein zwischen Literatur und Leben. Ich wollte plötzlich weder führen noch geführt werden. In meinem »Leistungsbuch«, in dem meine Ausbildung bescheinigt wurde vom Gepäckmarsch bis zur »weltanschaulichen Schulung«, gibt es nach dem 8. August 1936, dem letzten Tag des Lehrgangs, keine Eintragung mehr.

Der Sack war halbwegs vom Kopf. Ich legte mein Ämtchen nieder und ließ mich zu gegebener Zeit vom »Jungvolk« in die eigentliche Hitlerjugend der Vierzehn- bis Achtzehnjährigen überweisen, deren »Dienst« sich, wenigstens in Arheilgen, auf unzähmbare pubertäre Rüpeleien gegen die Vorgesetzten beschränkte.

Keine deutliche Erinnerung habe ich an den Anfang des Kriegs, an die beiden ersten Kriegsjahre, die Verdunklung, die ersten Bombenangriffe, es betraf mich nicht unmittelbar. Es war wohl so, wie Ernst Glaeser in seinem »Jahrgang 1902« die Schüler im Ersten Weltkrieg beschrieben hat. »Der Krieg war Werktag geworden. Man gewöhnte sich an ihn.« Die wichtigste Person in Glaesers Roman ist kein Staatsmann und kein General, es ist die Zugschaffnerin Anna, mit der er jeden Morgen nach D. (= Darmstadt) fuhr, wo er das Gymnasium besuchte. Wichtiger waren – für mich – die Bücher und die Tanzstunde als ein halbes Dutzend Siege an der Front.

Ich hatte mich gründlich zurückgezogen in erlesene Gegenwelten und in literarische Versuche, die allerdings entmutigend waren. Was ich auch schrieb, Aphorismen, Gedichte, Essays, Erzählungen, ein philosophisches Stationendrama, es taugte nichts, und das schlimmste war: ich wußte, daß es nichts taugte.

Kleist war der Lieblingsdramatiker der nationalsozialistischen Pädagogik. So gehörte Jahr für Jahr zu den Themen für das schriftliche Abitur ein Aufsatz über den Prinzen von Homburg: im Krieg wegen Disziplinlosigkeit zum Tod verurteilt, kann er sich – trotz besinnungsloser Furcht beim Anblick des für ihn bestimmten Grabes – nicht freisprechen von todeswürdiger Schuld. Daraus ließ sich, zumal im Krieg, allerlei machen: der Soldat, der gegen die Disziplin verstoßen hat, verurteilt sich selbst. Das durch Kleist geschärfte Gewissen ist schneller und gründlicher als jedes Kriegsgericht: es erzwingt das Einverständnis des Angeklagten mit seinem Todesurteil. Befriedigt geht er dem Tod entgegen, denn er hat die Gesetze des Staats, die Gesetze des Kriegs zu seinem eigenen Lebensgesetz gemacht.

Vielleicht muß man einen Führerlehrgang der Hitlerjugend mitgemacht haben, um darauf so empfindlich zu reagieren. Kleists Stück wurde mir widerlich, ich konnte darüber nichts schreiben. Ebensowenig konnte ich mich zum zweiten Thema äußern: über ein kriegerisches Ehrenmal, das der Direktor der Schule ersonnen, veranlaßt und gepriesen hatte. Athletische Schüler hatten dem Bildhauer Modell gestanden für seine heroisch gereckten Soldaten. Ich hielt das für Kitsch.

Bei der Einweihung des Reliefs, am 10. Dezember 1940, erlebte ich Direktor Monjé zum ersten Mal als Ruhmredner des Heldentods. Er bediente sich dabei einschlägiger Verse aus Goethes »Achilleis«: »Aber der Jüngling fallend / erregt unendliche Sehnsucht / allen Künftigen auf.« In Goethes gepflegte Bewunderung des »kurzen rühmlichen Lebens« konnte ich nicht einstimmen. Und als der Direktor die Namen und Todesdaten der zwölf ehemaligen Schüler verlas, die in den ersten sechzehn Kriegsmonaten gefallen waren, erregte dies in mir nicht die geringste Sehnsucht, ihnen in den rühmlichen Tod zu folgen.

Kleist und das Ehrenmal verlangten, daß ich gegen meine Ansichten, meine Empfindungen, mein ganzes Wesen schrieb, dazu wäre mir nichts eingefallen, das spürte ich sofort, und es machte mir angst. Zum dritten Abitur-Thema hatte ich keine Meinung. Es war das Thema für die schlechten Deutsch-Schüler. Die Notwendigkeit deutscher Kolonien mußte bewiesen werden. In Hans Grimms zitierfähigem Roman »Volk ohne Raum« war ich über das Glockengeläute der ersten Seiten nicht hinausgekommen, sein Stil langweilte mich. Die Kolonien mit ihrem Safari-Südwester-Askari-Getue waren mir gleichgültig. So fiel es mir leicht, die Phrasen, mit denen uns der Geographie-Lehrer, ein Parteigenosse, vollgestopft hatte, gedankenlos aufs Papier laufen zu lassen. Meinen Deutschlehrer hatte ich enttäuscht, das nahm ich mir noch lange Zeit übel.

Jahr für Jahr hatte die Direktion der Schule meinem Vater mitgeteilt, daß ich eine Freistelle bekam, und immer hieß es: »Die Verleihung gilt *nur* für das laufende Schuljahr und ist widerruflich.« Das *nur* war stets unterstrichen, es hing, zusammen mit dem *widerruflich*, drohend über meinem Kopf. Nichts flog mir zu, alles mußte ich mühsam lernen. Die Schule war mir ein Greuel.

Überraschend schnell und schmerzlos war das alles zu Ende: mein Milchbruder und ich wurden von der mündlichen Prüfung befreit. Plötzlich standen wir auf dem gelben Kies des Schulhofs und wußten, daß wir damit nichts mehr zu tun hatten. Nicht mit dem Gesang, den Sprechchören, den unregelmäßigen Verben, den Gedichten, die wir aus den

Klassensälen hörten. Mein Vater mußte die widerrufliche Verleihung meiner Freistelle nicht mehr zur Kenntnis nehmen. Nahm er sie je zur Kenntnis? Er betrachtete sie als selbstverständlich und gratulierte mir nicht einmal im Scherz.

Mein Vater hatte als junger Mann einen gewissen Zigeuner-Charme: betonte Backenknochen im schmalen dunklen Gesicht, darüber ein dicker, schwarzer Haarschopf, unter der Nase ein kokettes Bärtchen und um den Hals ein etwas aufdringlicher Seidenschal: längsgestreift, violett und silber. Er hatte kein Bedürfnis nach einem anderen Schal, er trug ihn sein Leben lang. Mein Vater schrieb sich »Hensel«, sein Vater »Hänzel«, dessen Vater »Henßel«, vermutlich aber schrieben sie gar nichts, sie sagten ihre Namen dem Pfarrer, und der trug sie in das Kirchenbuch ein, wie es ihm gerade paßte. Ich sah meinen Vater täglich, aber ein bißchen besser kennengelernt habe ich ihn erst, als er schon Lokomotivführer war. Manchmal durfte ich auf dem Führerstand neben ihm eine Strecke mitfahren.

Nach meinem Abitur forderte er mich auf, ihn auf dem Kranichsteiner Bahnhof zu besuchen, er wollte mir seine Lokomotive zeigen. Es war eine Reichsbahnlok vom Typ 44 404, sie war ganz neu, gerade in Dienst gestellt in meinem Abiturjahr 1941. Ich ging mit meinem Vater in den Lokschuppen, und er machte mich aufmerksam auf das Nummernschild an der Stirnseite der Lokomotive. Ich war in Gedanken noch bei dem Pförtner, er hatte einen leeren Ärmel mit einer Sicherheitsnadel hochgesteckt, damit er nicht umherschlenkerte. »Der war früher Rangierer«, sagte mein Vater, »sein Arm ist ihm zwischen die Puffer gekommen. Die werden dann alle Pförtner. Die Stechuhr bewachen, die Arbeiter kontrollieren, den Besuchern den Weg zeigen, das kann man auch mit nur einem Arm.«

Mein Vater nahm mich mit auf den Führerstand. Der Heizer hatte das Feuerloch aufgerissen und schippte Kohle nach, ich begrüßte ihn ein bißchen verlegen. Wir fuhren los. Mein Vater setzte sich auf einen hohen Schemel und starrte durch das senkrechte Oval des Seitenfensters. Er erwartete hinter der nächsten Biegung das Vorsignal. Die linke Hand hatte er am Regulator und wischte sich mit dem Rücken der rechten Hand das Rußkorn in den inneren Augenwinkel, immer zur Nase hin, irgendwann mußte es dort ankommen, dann konnte man es mit der Spitze eines Taschentuchs herausholen. Es zog entsetzlich auf dem Führerstand, es war die Zeit der Rheuma-Kliniken für das fahrende Personal. Und da war auch schon das Signal, der Teller lag flach, Durchfahrt, keine Bewegung am Dampfregulator nötig.

Als ich noch zur Schule ging, sah ich meinen Vater oft fortfahren zur Arbeit, zum Güterbahnhof Kranichstein, ich sehe ihn noch heute immer wieder fortfahren, immer wieder das gleiche Bild: sein Rücken in der langen blauen Uniformjacke über dem Fahrradsattel. Seine nach außen gedrückten Knie, seine geknickten Beine, die sich beim Fahren nie ganz ausstreckten, weil er den Sattel zu niedrig gestellt hatte. Er bewegte die Pedale unendlich langsam, es sah fast aus, als stehe er, aber er entfernte sich: Sein Fahrrad hatte die größte Übersetzung, die es im Dorf gab, sie brachte ihn rasch vorwärts, während er sich kaum bewegen mußte. Wenn er beim Einbiegen in die Seitenstraße im Freilauf fuhr und die Beine still hielt, sah es aus, als rase er schlafend zur Arbeit.

Bevor er zum Nachtdienst fuhr, schraubte er den Bodenbehälter seiner Signallampe ab, klopfte ihn aus, füllte ihn mit frischem Karbid, füllte den kleinen Messingtank mit Wasser nach, drehte an der Rändelschraube des Ventils und schüttelte die Lampe, bis genug Wasser zum Karbid kam und das entstehende Gas aus dem Brenner zischte. Die Lampe warf ein stechendes Licht nach vorn; links und rechts konnte man eine Klappe vor farbigen Gläsern öffnen: links rot fürs

Halten und rechts grün fürs Weiterfahren. Man fragte damals: »Rangierst du? Oder fährst du Strecke?« Mein Vater fuhr meist Strecke: immer dieselben Strecken, nach Mainz, nach Mainaschaff und in den Odenwald, nach Erbach oder nur nach Wiebelsbach-Heubach. Und wenn ein Reichsparteitag war, dann fuhr er Sonderzüge nach Nürnberg. Sonst aber: Mainz, Mainaschaff, Erbach, Wiebelsbach-Heubach.

Ob er diese Arbeit geliebt hat? Er sagte: »Die dreckig' Eisebahn«, und er benutzte die Freifahrtscheine, die ihm zustanden, nicht dazu, um kostenlos an die See oder ins Gebirge zu fahren. Er haßte Reisen, er fuhr mit den Freifahrtscheinen, die für ganz Deutschland galten, zum Nachbardorf, zwei Kilometer, um seine Schwester und seine Brüder zu besuchen. Mein Vater war ein guter Lokomotivführer, aber die Lokomotive war ihm ein Greuel. So erging mir's in der Schule: ich war ein guter Schüler, aber die Schule war mir ein Greuel.

Wenn mein Vater vom Dienst nach Hause kam, packte er seine zusammengelegte, brüchige, rußverschmierte Ledermappe aus: sorgfältig zu einem Rechteck gefaltetes Butterbrotpapier mit Knitterkrakelüren, schon oft benutzt und noch immer zum Wegwerfen zu teuer, und dann ein Brot, doppelt, zweimal um den Laib rum, Leberwurst dazwischen. Er gab es mir, ich biß gierig hinein, es war spachrig, ausgetrocknet auf der Oberfläche durch die Hitze der Lokomotive. »Vögelchesbrot«, sagte meine Mutter: die Vögelchen hatten angeblich über dem Brot gepfiffen, aber wo die Lokomotiven pfeifen, da pfeifen keine Vögel. Meine Mutter versuchte, mir das Brot schmackhaft zu machen, das war überflüssig, es schmeckte mir, es schmeckte nach den Orten, an denen sich mein Vater während seiner Abwesenheit aufgehalten hatte.

Machte es meinem Vater Spaß, wenn er unausgeschlafen nach dem Nachtdienst zwischen die Beete unseres Gartens schlurfte? Er haßte die Quecken. Er bog den Zeigefinger um ihre Wurzel und riß sie heraus: nie kam sie ganz heraus, immer brach sie ab und sorgte für eine neue Quecke. Alle Eisenbahner haben Gärten, die Lokführer und die Heizer, die Bürokraten von der Lokleitung und die Rangierer, die auf ihren Trillerpfeifen kauten wie die Säuglinge auf dem Schnuller. Und in allen Eisenbahnergärten gibt es Wirsing und Kohlrabi, Tomaten und Salatköpfe, die man »Häupter« nannte, Römisch Kohl, Rosenkohl und Radieschen, Johannisbeersträucher und Erdbeerbeete, diese Lustgärten der nackten Schnecken, und Blumen gibt es auch: Butzeblumen, Dahlien und Maßliebchen. Und in allen Eisenbahnergärten gibt es ausrangierte Schienenschwellen, viereckige, rissige, braune Balken, sie riechen, wenn die Sonne auf ihnen liegt, nach Teer, Schotter und Schienenschlag, nach dem Krüllschnitt und dem Schweiß der Rottarbeiter. Und sie riechen nach einer Ferne, die mein Vater nicht ausstehen konnte. Er hätte keinen Sinn gehabt für die spätere Ruß- und Ölnostalgie, für diese nachgetragene Lust an der fettigen Schwärze der Bahnhöfe. Er konnte sich für das von der Lok tropfende Wasser nicht begeistern, es war für ihn nur ein Zeichen, daß die Maschine nicht lange genug unter Dampf stand, sie war noch nicht warm.

Mein Vater hielt Hühner: zum Eierlegen weiße Leghorn und die schönen rebhuhnfarbigen Italiener; zum Schlachten weiße Wyandotten und die aufgeplusterten Rhodeländer mit ihren braunen Eiern. Er weißte ihren Schlafstall, damit sie keine Läuse bekamen, und hackte den Boden ihres Laufstalls, damit sie scharren konnten. Hühner zu lieben ist nicht einfach: Sie stecken bis unter ihre roten Kämme voller Angst und schlagen, wenn man sie fängt, wild mit den Flügeln um sich. Von meinem Vater lernte ich, wie man Hühner schlachtet, brüht, rupft, ausnimmt. Alle Eisenbahner, dachte ich damals, halten Hühner. Mein Vater nahm mich manchmal mit zu einem Kollegen, und dann standen wir vorm Maschendraht, betrachteten die Hühner, und die Alten redeten davon, was zu machen sei, wenn ein Huhn den »Maikäfer« bekommt und rund um den Stall rast: durchgedreht, verrückt geworden wie ein Mensch, der plötzlich erkennt, daß er seinen Käfig erst mit seinem Tod verlassen wird.

Als der Orthopäde meinen Eltern vorschlug, meine Plattfüße operieren zu lassen, stimmten sie zu, allerdings nur für einen Fuß, sie wollten erst mal sehen, was daraus wird. Nach der Operation war kein Unterschied zwischen den Füßen zu bemerken, und so blieb der rechte Fuß unoperiert. Im Lauf der Jahre wurde der operierte Fuß immer besser und der andere immer schlechter: im Alter so durchgetreten und schmerzhaft, daß ich oft zu Boden stürzte und schließlich am Stock gehen mußte. Wenn ich mit dem rechten Fuß über den Boden schlurfe und bei jedem Stein stolpere, höre ich meinen Vater in gutmütigem Tonfall sagen: »Heb die Hüf', du Simpel.« Es ist sein einziger Satz, den ich authentisch zitieren kann, sein literarisches Vermächtnis.

An Sommersonntagvormittagen saß ich im Garten auf einer Bank aus grünen Latten vorm Hühnerstall und las. Aus den Fenstern der Nachbarhäuser kam klassische Musik vom Volksempfänger, und meine Mutter hatte Koteletts in der Pfanne. Sonntags gab es immer Koteletts und davor eine Fadennudelsuppe, die ich mit Maggi's Würze so scharf wie möglich spritzte. Manchmal vergaß mein Vater, am Eßtisch in der Küche seine schwarze Eisenbahnermütze mit der schwarzweißroten Kokarde abzunehmen. Meine Mutter war ein bißchen beleidigt, und mein Vater lachte, setzte die Mütze dem Volksempfänger auf und stellte den Walkürenritt ab. In solchen Augenblicken, meine ich, war ich glücklich. Wer stand mir damals näher als mein Vater? Von wem weiß ich weniger? Ich habe mich nie gefragt, ob er jemals glücklich gewesen ist. Vom »Recht auf Glück« ist in der Verfassung der Vereinigten Staaten die Rede. Aber einklagen kann man das Glück nicht. Bei wem auch?

In die Kirche ging mein Vater nie. Er führte den Namen Gottes nicht unnütz im Munde. Er schwieg über ihn wie über so vieles. Eine höhere Instanz zum Jammern, Klagen, Bitten und Danken brauchte er nicht. Und von Christus sprach er nur einmal, als ein Kollege seine Rechnung im Krankenhaus der Barmherzigen Brüder nicht bezahlen konnte. Mein Vater rieb Daumen und Zeigefinger aufeinander, es war in der populären Gebärdensprache der Ausdruck für Geld, und er sagte dazu: »Wo du nicht bist, Herr Jesus Christ.« Er war ein Rationalist, ein Materialist. Was die Welt im Innersten zusammenhält, das war für ihn das Geld. Davon hatte er nicht viel, aber es reichte ihm.

Das religiöse Erbe, das mir meine Eltern hinterließen, konnte nicht groß sein. Ehe ich mir ein Bild des Gottessohnes machen konnte, war es mir schon vorgeschrieben durch Alfred Rethels Illustrationen zur »Biblischen Geschichte«: durch diese blutleeren Bilder eines bärtigen Mannes mit hölzernen Gebärden blieb mir Christus so fremd wie sein unbegreiflich grausamer Vater. Außerdem machte ich bei seinen Anhängern die Erfahrung: Wer Gott liebt, der liebt nicht unbedingt die Menschen. Manchmal flüchtet er sich vor der praktischen Menschenliebe in die bequemere Gottesliebe.

Dennoch stellte ich mir lieber vor, die Welt sei von Gott und nicht von der Evolution erschaffen: ich konnte nicht daran glauben, daß ein Mensch, der Ernst Haeckel hieß, zu tieferen Einsichten in die »Welträtsel« fähig sei als der imponierend einsilbige Gott, der keinen Vornamen hat. Das dachte ich jedenfalls, wenn ich die Kraft hatte, über solche Fragen leichtfertig zu phantasieren.

Ableben eines Beamten
Vaters letzte Geschichte

Die elektrischen Eisenbahnen sind glatte, polierte, effiziente Maschinen. Sie funktionieren durch eine Kraft, die unsichtbar, lautlos und langweilig ist. Die Dampflokomotiven setzen unbeholfen die Schiebebewegungen ihrer Kolben in die Kreisbewegungen ihrer Räder um – mit geringem Wirkungsgrad: es ist eine sichtbare und hörbare, eine in unseren Muskeln mitfühlbare Anstrengung. Sie treibt der Lokomotive den Dampfschweiß aus und entreißt ihr ein menschlich-übermenschliches Stöhnen, Aufheulen und endlich ein langes und ruhiges Atmen. Da atmen Prometheus, Hephaistos und Herakles, die mythischen Menschenhelfer, die ersten Energiebringer und Ingenieure, mit. In der Malerei ist für die Dampfkraft nicht Menzel, der Realist, ist Makart, der Allegoriker des technischen Zeitalters, zuständig. Wer heute eine Dampflok hört, der hört die Sterbeseufzer der Eisernen Engel.

Als mein Vater mit sechzig Jahren tot umfiel, quittierte sein Herz die Jahrzehnte der Eisernen Engel. Das war am 23. März 1955, nachmittags. Mein Telefongespräch wurde von der Zentrale der Zeitung unterbrochen: »Hier ist eine Frau aus Arheilgen, sie will Ihnen etwas von Ihrem Vater ausrichten.« Es war eine Nachbarin: »Kommen Sie sofort nach Haus. Ihrem Vater ist was passiert. Er liegt hinten bei uns.« Damit hängte sie ab, sie wollte keine weitere Auskunft geben. Ein Dienstwagen fuhr mich nach Arheilgen, ich versuchte auf der Fahrt, ein Stück Brot zu essen, aber ich bekam es nicht runter. Mein Onkel kam mir entgegen, da gab es schon keinen Zweifel mehr. »Leider zu spät«, sagte er.

Ich stieg die Holztreppe zum Lagerschuppen hoch, die erste Tür war die falsche, die zweite offen, mein Vater lag auf dem Boden, meine Mutter stand bei ihm, und im Hintergrund beobachtete uns ein Mann im blauen Arbeitskittel, eine verdreckte Schildkappe auf dem Kopf, er wandte keinen Blick von uns, als müsse er alles später zu Protokoll geben. Blaugestrichene Maschinen drumherum, ölverschmiert. »Die müssen heute noch verladen werden«, sagte der Arbeiter, »und wenn es Mitternacht wird.« Es war ihm offenbar unangenehm, daß da ein Toter war und man die Maschinen nicht gut an ihm vorbeirollen konnte.

Mein Vater lag ausgestreckt auf dem Zementboden, sie hatten ihm ein paar Lumpen untergelegt, ein Bündel alter Kleider unter seinen Kopf geschoben und das Gesicht mit einem ölverschmierten Arbeitskittel zugedeckt. Meine Mutter hob den Kittel hoch, sie weinte würgend heraus: »*Der* Mann ist nicht mehr da« und »Vadderche, Vadderche« und immer wieder »Nein«. Ich mußte ihn lange ansehen: ich glaube, es war das Bewußtsein absoluter Reglosigkeit, das so lange brauchte, bis es deutlich und wahr wurde. Während mich die Anwesenheit dieses Arbeiters peinigte, mußte ich weinen. Wir deckten Vaters Gesicht immer wieder auf, und es quälte mich, daß wir keine Sekunde allein sein konnten. Der Arbeiter blieb auf einer Maschine hocken und sah uns zu.

Draußen stand der Lastwagen, in den die Maschinen verladen werden sollten. Der Arbeiter hatte meinen Vater gebeten, ein bißchen zu helfen. Meine Mutter protestierte, weil der Arzt meinem Vater jede schwere Arbeit verboten hatte. Aber der Arbeiter sagte, zum Heben sind genug Leute da, mein Vater sollte nur eine kleine Eisenwalze unter die Maschine schieben, damit man sie rollen konnte. Mutter protestierte noch immer, aber Vater ging, weil er immer ging, wenn ihn jemand, der ihm einigermaßen sympathisch war, um Hilfe bat. Mein Onkel Heiner, der schon zwei Schlaganfälle hinter sich hatte, sagte kurz vorher zu Vater:

»Schorsch, heut' schaffe wir nix, heut' is' Wetter für Schlag-
anfäll'.« Lachend war Vater mit dem Arbeiter über die
Straße gegangen in die Abstellhalle, hatte sich nach dem
Wälzchen gebückt und war tot. Der Arbeiter hatte nach seinem Puls gegriffen, der flatterte noch ein bißchen, der Arbeiter lief zu einem Arzt und zu Mutter, und als sie kamen,
schlug der Puls nicht mehr. Die rechte Hand war weiß, die
linke blau, die Ohren blau – ein Blutgerinnsel hatte in einer
der verkalkten Herzkranzadern das Leben abgestellt. Der
Arzt schrieb später in die Sterbeurkunde: »Todesursache:
Herzinfarkt, arterielle Thrombose re. Arm.« Der Ausdruck
»Herzinfarkt« war damals noch ungebräuchlich. Dreiund-
zwanzig Jahre danach, als ich einen Herzinfarkt bekam, war
er populär, und der Arzt fragte mich, ob das in meiner Familie schon vorgekommen sei. »Vererbung ist«, sagte er, »ein
Risikofaktor.«

Wir mußten zwei Stunden auf den Sarg warten. Der Arbeiter, der weder beim Heben noch bei der Walze geholfen
und meinen Vater zu Hilfe geholt hatte, erörterte die
Schuldfrage. Er habe, sagte er, dieselbe Krankheit, Angina
pectoris, aber er rauche nicht und trinke nicht und befolge
alle Anweisungen des Arztes. Ich ging vor die Tür. Er ver-
übelte meinem Vater den Tod: die Leiche war ihm lästig.
Mutter kam nach, wir mußten uns bestätigen, daß Vater das
Rauchen nie aufgegeben hätte. Er wollte nicht als reduzier-
ter Pensionär leben – lieber früher sterben. Was wird schon
sein, hatte er gegen Mutters Protest immer gesagt, wenn die
Rede auf den Tod kam: Ob ich ein paar Jahre früher oder
später sterbe, das ist doch wurscht.

Der Sarg kam auf einem zweirädrigen Karren. »Wir nehmen einen Talar, das ist immer das beste«, erklärte der Be-
stattungsunternehmer. Einer seiner Gehilfen hielt Vater bei
den Schultern fest, der andere zog ihm die olivgrünen Ober-
hosen mit den großen aufgesetzten Taschen aus und drückte

mir seine Hosenklammern in die Hand. Dann die Schuhe. Dann aus den Hosentaschen das Portemonnaie, ein Taschentuch und zwei Fünferpackungen Juno. Vater starb in seinen schwarzen Eisenbahnerhosen, und mit ihnen wurde er in den Sarg gelegt. Der Sarg war fast zu kurz: das Kopfkissen mußte zusammengeschoben werden, die Füße standen unten an. Dann deckten sie den »Talar« drüber, die Arme wurden durch die Ärmel geschoben, das Tuch rechts und links zwischen Körper und Sargwand gesteckt: wie man ein Bett macht.

Es kamen Verwandte, irgendwelche Leute drängten sich um den Sarg. Einer der Bestattungsspezialisten verknotete zwei weiße Taschentücher und band Vater das Kinn hoch, das langsam nach unten gesunken war. Auf dem Unterkiefer glitzerte ein Speichelfaden. So etwas wie ein starres Lächeln kam auf seine Lippen, als das Tuch verknotet wurde. Die Wangen waren nun tief eingefallen, die Hände hatten eine normale Farbe angenommen, die Ohren blieben blau. Der Ehering ging nicht mehr über den Finger. Eine Beißzange wurde gesucht und der Ring aufgekniffen. Zweimal setzte der Bestatter an, dann bog er den Ring auseinander und gab ihn mir. Er sagte: »Wir wollen ihm nicht wehtun.«

Wir waren erlöst, als der Leichenwagen kam und hinausfuhr auf die Straße, Onkel, Tante, Mutter und ich hinterher. Zu Hause saßen Onkel und Tante noch eine Weile in der Küche, bis sie endlich verschwanden, und Mutter und ich das tun konnten, was man da tun muß: an den lebenden Mann und Vater und an diesen Tod denken und heulen. Wir tranken den Bohnenkaffee, den er sich gekocht und auf der Herdplatte stehengelassen hatte, um eine kleine Walze unter eine Maschine zu schieben.

Vater war auf der schwülen, drückenden Übergangsschwelle vom Winter zum Frühling gestorben. Am Tag nach seinem Tod, dem ersten Frühlingstag, erfolgte sein bürokratischer Tod. Papiere sichten, Sterbegelder addieren. Obwohl Vater Adressen und Summen mit Druckbuchstaben geordnet hatte, gab es Unklarheiten: DM 900 oder 600 oder nichts. Da viele Leute vom Tod leben, ist das Geld nicht ohne Bedeutung. Reihengrab oder Erbgrab – DM 312, 80. Grabstein zwischen 400 und 600 Mark.

Beerdigungskosten. Anträge schreiben, Formulare ausfüllen. Pension beantragen, drei Monate gibt es noch volles Gehalt, dann 60 Prozent. Die Invalidenrente muß in Witwenrente umgewandelt werden, 60 Prozent. Sterbegeld DM 75,– wird sofort ausgezahlt. Die Gewerkschaft zahlt 500 DM Sterbegeld, aber sie zahlt nicht, falls sie nicht auf der letzten Gehaltsabrechnung kontrollieren kann, ob der Beitrag bis zum letzten Atemzug abgezogen worden ist.

Ich fuhr mit Vaters Motorrad die Ämter und Instanzen ab. Zweimal zum Bahnhof, dort füllte ein hilfsbereiter Beamter Anträge aus. Im Vorraum standen Koffer mit Klebezetteln. Er schrieb mit gespreizter Dienstfeder auf einer grünen Unterlage vorm eingestaubten Telefon. Die Panzertür des Kassenschranks war weit geöffnet. Über dem Formular stand MITTEILUNG VOM ABLEBEN EINES BEAMTEN. »Da kann man sehen«, sagte der Beamte, »was der Mensch wert ist.« Während er das Ableben behandelte, rangierte draußen eine Lokomotive, pfiff und rumpelte über die Weichen. Für meinen Vater war es das akustische Leitmotiv seines Lebens.

Für meine Frau, die meinen Vater sehr gemocht hatte, war es schrecklich, und daraus folgten wie immer bei ihr in solchen Fällen körperliche Beschwerden. Mein Sohn, drei Jahre alt, genannt Bertelie, war am Tag der Beerdigung auf dem an einem Bach gelegenen Bauernhof der »Bach-Oma« vor allem am Jauchewagen interessiert. Zum Vater meiner Frau sagte er, als er einen umgestürzten Baum sah: »Der Baum ist gestorben. Wie der Hensel-Opa.« Zu mir sagte er:

»Hensel-Opa ist gestorben, du mußt ihm das Motorrad bringen, er braucht es noch heute abend.« Am Beerdigungstag fragte er nicht mehr nach meinem Vater.

In der Leichenhalle, einem schmalen Raum, standen zwei Pritschen: auf der einen, leicht schaukelnd, der Sarg mit Vater; auf der andern der Sargdeckel. Silberfransen, gedrehte Griffe, alles sieht billig aus, es ist zum baldigen Verrotten bestimmt. Ein seltsamer Geruch stieg aus zwei büchsenähnlichen Gebilden, meine Mutter meinte, es seien Opferstöcke, aber auf den Büchsen stand als Firmenname eine Ozonverbindung. Vater sah womöglich noch friedlicher aus als bei seinem Tod: das spärliche weiße Haar, die scharfe Nase, die Wangen waren gestrafft, die Taschentücher entfernt, die Leichenstarre war längst eingetreten. Sah er nicht aus, als fange er gleich an, ein bißchen zu schnarchen? Ich hätte sagen mögen: »Mach keinen Quatsch, Alter, steh auf und mach uns einen Kaffee.« Die Hände aber, die sie ihm gefaltet hatten, bildeten eine Höhle, in die ich nun die Blumen steckte, weiße Tulpen, weiße Nelken. Die Bestattungsleute hatten die Hände so grauenhaft praktisch arrangiert, daß sie nach der Leichenstarre wie eine leere Vase aussahen.

Da lag er nun, kurz vor seinem sechzigsten Geburtstag, in einem Sarg, für den er eigentlich zu groß war, unterm Kopf das billige Kissen, ich mochte nicht wissen, womit sie das gestopft hatten, Fransen und Spitzen und der »Talar« mit weißer Querschleife wie ein Frackhemd. Solange er lebte, hatte er nie ein Frackhemd an, auch nie das Verlangen danach, und nun so, als sei im Tod ein gesellschaftliches Ereignis zu erwarten. Aber sie würden ihn doch nicht dabei haben wollen: er hatte sein altes Hemd drunter, eine alte Weste, die glänzend gescheuerten Eisenbahnerhosen, und der »Talar« konnte die Füße nicht verdecken, sie steckten in olivgrünen Amerikaner-Socken, vorwährungsreformatorisch, an der rechten großen Zehe ein Stopfriester. Tulpen,

Nelken, Asparagus, wenigstens das konnte man selbst tun: ein paar Blumen und einmal seinen brettsteifen Arm drük-ken. Mutter möchte ihn küssen, sie könnte es, sie darf es nicht mehr.

Mutter weinte, und ich half ihr, die Trostbarriere zu er-richten: Daß er so schön ist im Tod und so zufrieden. Nichts da von den beim fahrenden Personal nicht seltenen zerrisse-nen Gliedmaßen, nichts da von Verstümmelung und Todes-angst: ein schöner Tod, wenn auch zu früh, viel zu früh. Wirklich für ihn zu früh? Er war in den letzten Jahren schon nicht mehr ganz der alte großartige Kerl, er litt unter allerlei Unsicherheiten, auch unter schlimmen Gedächtnisausfällen und war altweiberhaft geschwätzig geworden. Was ist ihm alles erspart geblieben! Leute, die ihn einen Dreck angehen, haben ihn geholt zum Helfen, und er ist mitgegangen, la-chend, hat seine Späße gemacht. Er hat nicht für seine Ge-sundheit gelebt und auch den Tod ausgelacht: er soll mich am Arsch lecken! Gestorben in Sekundenschnelle, und dann so zufrieden ausgesehen wie jetzt im Sarg.

Meine Eltern waren vierunddreißig Jahre lang verheiratet und hatten nie einen ernsthaften Streit. Immer in Laune, im-mer todanständig gelebt, und das schloß ein: nach dem zweiten Weltkrieg aus Güterwagen, die er fahren mußte, amerikanische Truppenverpflegung gestohlen für Mutter und mich – ein Mann, der vorher nie gestohlen hatte und der dabei vor Scham und Angst fast verreckte. Solchen Aufre-gungen war sein Herz eigentlich nicht mehr gewachsen.

Ein einziges Mal hatte er mich verprügelt, da war ich schon sechzehn und hatte es verdient, denn ich hatte meine Mutter verprügelt. Er haßte das Reisen, aber er fuhr mit mir nach München, damit ich drei Tage lang im Deutschen Mu-seum herumlaufen, physikalische Versuche machen und stundenlang am Foucaultschen Pendel sitzen und die Erde spüren konnte, wie sie sich dreht. Für ihn, nicht für meine

Mutter, meine tüchtigste Lehrkraft, habe ich mich in der Schule angestrengt, weil man ihn nicht gut enttäuschen konnte.

Zur Beerdigung kamen Verwandte, Freunde, Bekannte und unbekannte alte Männer mit Schlaganfällen und Herzleiden. Ein bißchen beneideten sie meinen Vater, weil er es so schön geschafft hatte. Der Friedhofsgärtner bot den schon benutzten Schmuck der Leichenhalle zur Nachbenutzung an für fünfzehn Mark – neuer Schmuck wäre fünf Mark teurer. Der Pfarrer wurde geholt, er gab Anweisungen zum Glockenläuten, aber das hörte man später nicht, weil der Wind vom Friedhof zur Kirche blies. Es regnete, und die Tante schimpfte, daß sie nicht zum Friedhof gefahren wird: »Deine Mutter hat ja genug Geld gekriegt. Als ob es auf einen Wagen angekommen wäre!« Stapelweise Trauerkarten, dreißig Kränze und Buketts: »Für samstags vormittags und Regen sehr viele Leut'«.

Der Sarg wurde aus der Leichenhalle gefahren, wir gingen unmittelbar hinter ihm her, Mutter zwischen meiner Frau und mir. Mutter sagte: »Das ist wie im Traum, als ob's nicht wahr wär'.« Dann die Grube. Die vier Männer in ihren schwarzen Dienstkitteln packen die zwei Taue und lassen den Sarg hinunter, darin mein Vater mit Frackschleife und olivgrünen Socken. Die Pfarrer gehören, obwohl auch sie bürokratisch überlastet sind, nicht zur bürokratisierten Welt; sie gehören zu einer Gegenwelt, in der es um Gott und um die von ihm verlassenen Menschen geht, nicht um abgelebte Beamte. Der Pfarrer am Grab aber buchte auch nur ab, als sei er Angestellter einer Bestattungsbehörde. Er reproduzierte die Bibelsprüche wie ein mechanischer Lautverstärker. Vielleicht meinte er, besonders modern und sachlich zu sein, er hatte keine Ahnung, daß die »moderne Sachlichkeit« der reinste und scheuste Ausdruck von Gefühlen ist. Der Pfarrer langweilte die Leute, die man Leidtragende nennt, sie spannten mitten im Vaterunser des Pfarrers zwei Dutzend Regenschirme klickend auf.

Die Eisenbahn überlebte meinen Vater um zwanzig Jahre. In seinen Bahnhof fuhr die letzte Dampflokomotive am 19. Mai 1975. Seitdem hat sich unser Hör-Horizont verändert: bis dahin wurde er von Dampfloks, die man beim Einschlafen gerade noch wahrnehmen konnte, Nacht für Nacht neu gezogen.

4
Der Krieg, friedliche Stellen

Laß mir mein Leben! Ich hab' nur
das eine.   Arlecchino

Als ich nach dem Abitur auf dem leeren Schulhof stand,
dachte ich, daß mein Vater, wohin er auch fuhr, »strecken-
kundig« sein mußte, so nennen das die Eisenbahner. Die
Voraussetzung für die Fahrerlaubnis ist, daß man die
Strecke kennt, daß zur Sicherheit alle Fahrten Wiederho-
lungsfahrten sind. Mich überfiel die schlichte Einsicht, daß
für mich nun eine Fahrt begann, bei der man nicht strek-
kenkundig sein konnte: zum Arbeitsdienst, zum Militär, in
den Krieg, eine abgesicherte Wiederholungsfahrt war das
nicht. Ich fror ein bißchen und schlenderte mit meinem
Milchbruder Heinrich Benz zu Juan Prim, einer spanischen
Weinstube, um die Zukunft noch einmal mit Rioja wegzu-
schwemmen.

»Und sehen Sie zu, daß Sie Offizier werden!« Das war der
letzte Satz, den mir Schuldirektor Monjé zum Abschied von
der Schule sagte, im Kriegsjahr 1941. Ich hatte nicht die
Absicht, seinem Rat zu folgen. War ich auch nicht strecken-
kundig, so wußte ich doch, daß das Leben eines Infanterie-
leutnants nur den Schuß Pulver wert ist, mit dem es rasch
ausgelöscht wird. – Dieser seltsame Direktor, er war wohl
so etwas wie ein Deutschnationaler, ich verstand ihn ein
bißchen besser, als er mir später Briefe schrieb und mich im
Lazarett besuchte, doch ganz verstand ich ihn nie.

Den Sack der nationalsozialistischen Erziehung hatte ich
mir so weit vom Kopf gezerrt, daß ich, siebzehn Jahre alt,
wußte: Was man mir in Zukunft auch raten oder befehlen
mochte, für mich gab es nur noch eine einzige ernsthafte
Aufgabe: den Kopf zu retten.

»Jeder Krieg«, hatte Jaroslav Hašeks braver Soldat Schwejk erkannt, »hat seine friedlichen Stellen«. Wie aber sie finden und sich dort halten? Als erste Maßnahme meldete ich mich freiwillig, weil man als Kriegsfreiwilliger seine Waffengattung wählen konnte, und ich wählte die schwere Artillerie: ich nahm an, die dicken Kanonen seien weit genug hinter der Front. Eingezogen aber wurde ich zur Nachrichtentruppe, und noch in Zivil mußten wir uns auf den Kasernenhof werfen, Liegestütze drücken und bei jeder Liegestütze schreien: »Ich habe mich freiwillig gemeldet, ich bin selbst dran schuld.«

So unangenehm mir diese körperliche Übung war, so befriedigt war ich über die damit verbundene sachliche Belehrung: Beim Militär werden keine Versprechen gehalten, und wer sich freiwillig meldet, der ist ein Idiot. Anders als beim R.A.D., dem »Reichs-Arbeits-Dienst«, bei dem man Straßen bauen und zugleich Bekenntnisse zum Führer ablegen mußte, verlangte die Wehrmacht nur, daß man die Befehle ausführte. Denken konnte man, was man wollte, es interessierte niemand.

Ich hielt das für eine gesunde Einstellung und beschloß, mich nie mehr freiwillig zu melden. Schon aber wurden wir Rekruten gefragt, wer sich freiwillig zu den Funkern melde, und ich meldete mich sofort, denn ich hatte die Alternative gerade auf dem Kasernenhof gesehen: die Fernsprechtruppe, die Kabelrollen und Steigeisen auf dem Rücken schleppte, und außerdem hieß es, Funker werden sei unangenehm, weil man zu viel lernen müsse. Lernen – das konnte ich, und beim Lernen sitzt man und hat keine Kabelrollen auf dem Rücken. So begriff ich zugleich die oberste Regel: es gibt keine Regel, man muß sich von Fall zu Fall entscheiden. »Denn erstens kommt es anders«, lautete ein vielzitierter Kalauer aus jenen Tagen, »und zweitens als man denkt.« Beeinflussen kann man seine Laufbahn nur durch

Beziehungen, Betrug, Bestechung und simulierte Krankheiten.

Die Infanterie-Ausbildung war die übliche Mischung aus schweigender Unterwerfung der Rekruten, aus Disziplinierungswahn und brüllendem Sadismus der Rekrutenkapos, das alles ist langweilig und sattsam bekannt. Die Funk-Ausbildung dagegen machte eine Art sportlichen Spaß. Viermal am Tag gab es »Hören«: ein Unteroffizier drillte den mit Kopfhörern an einem Tisch sitzenden Rekruten die Morsezeichen ein. Das war ziemlich einfach, solange man die Buchstaben zu den Zeichen noch mitdenken konnte wie etwa: »di-da ist a«. Sobald aber die Zeichen mit sich steigernder Geschwindigkeit gegeben wurden, kam eine Schwelle, die nur schwer zu überwinden war: fürs Mitdenken war keine Zeit mehr, die Zeichen mußten vom Ohr unter Umgehung des Gehirns direkt in die Hand gehen, die den Buchstaben gewissermaßen besinnungslos niederschrieb. Hatte man diesen Automatismus erreicht, konnte die Geschwindigkeit rasch gesteigert werden von 100 bis 120 und – in seltenen Fällen – 140 Zeichen in der Minute. Wenn ein Offizier fragte: »Was hören Sie?« und man antworten konnte »Tempo 120«, war ein kleiner Sonderurlaub fällig wie in der Infanterie für die besten Schützen. Nach ungefähr einem Funker-Jahr bei Eisenbahn-Pionieren in Rußland, wurde ich im Urlaub krank und dann nach Frankfurt am Main versetzt zur »Nachrichten-Aufklärung«, zur Ausbildung als »Horchfunker«.

Ohne mein Zutun hatte man mich in eine Position kommandiert, die ich mir immer gewünscht hatte: Die »Nachrichten-Fernaufklärungs-Kompanien« bauten ihre Stellungen in den friedlichen Stellen des Krieges auf, denn ihre Funker mußten außergewöhnliche Leistungen liefern, und wenn die Front zu nahe rückte, bekamen die Funker, dank ihrer persönlichen Eigenart und der Eigenart der Kurzwellen, große Schwierigkeiten, die Sender der Russen zu hören oder gar aufzunehmen. Sie mußten immer einen für die Überwachung und für das Überleben bekömmlichen Abstand von den Gefechten halten. Mein »Tempo 100«, so stellte sich heraus, war üppig ausreichend für die Russen. Später aber, für die Amerikaner, mußte man mindestens 120 Zeichen in der Minute aufnehmen, das sind in der Sekunde zwei, und die muß man auch noch lesbar schreiben.

Der Horchfunker hatte abwechselnd Tag-, Abend- oder Nachtdienst, jeweils acht Stunden lang. Mit der linken Hand an der Kurbel seines Empfängers ging er pausenlos ein paar Kilohertz rauf und runter, damit ihm kein Piepser des russischen Funknetzes entging, für das er Spezialist war. Er kannte alle Einheiten, die zu seinem Netz gehörten, jede Armee, jedes Korps, und wenn die Russen die Frequenzen und die Zeichen wechselten, mit denen sie sich gegenseitig riefen, waren sie rasch wieder gefunden. Die russischen Funker, meist weibliche Offiziere, waren undiszipliniert. Obwohl es ihnen streng verboten war, unterhielten sie sich über Funk »im Klartext«, mit unverschlüsselten Nachrichten und nannten sich dabei mit Namen, oft ging es um Liebesgeschichten mit ausgebliebenen Perioden. Es war ein Kinderspiel, sie wiederzufinden, wenn sie versuchten, sich mit wechselnden Rufzeichen der Überwachung zu entziehen. Und oft genug lag ihr Funkspruch komplett und manchmal auch schon entschlüsselt bei uns vor, wenn sie für ihre Adressaten noch viele verschlüsselte Zahlen-Gruppen wiederholen mußten.

Während die Russen sendeten, wurden sie von uns gepeilt, so daß man genau wußte, wo ihre Armeen und Korps stationiert waren und wohin sie – während einer Funkpause – Stellungswechsel gemacht hatten. Alles Material, die aufgenommenen Funksprüche und die Peildaten gingen an die »Auswertung« der Kompanie, die, soweit das möglich war,

die Sprüche entschlüsselte und übersetzte und eine General-
stabskarte mit der »Feindlage« herstellte, die sich vermutlich von der russischen Karte der eigenen Lage kaum unterschied.

Bevor er beim Nachtdienst in einem Peilzelt von Partisanen in die Luft gesprengt wurde, saß der Obergefreite und
Theologiestudent Martin Moldaver am Empfänger neben
mir. Er hatte rabenschwarzes Haar und in seinem groben
Quadratschädel die fast wasserhellen Augen eines Stroh-
blonden: Augen, in die man nicht blicken konnte ohne das
Gefühl, daß hinter ihnen Geheimnisse verborgen waren, die
man nie erfahren würde. Er hatte etwas Unheimliches, ver-
stärkt durch das damals hoffnungslose Theologiestudium,
und das machte ihn unbeliebt. Ich mochte ihn, man konnte
die acht Stunden eines Nachtdienstes mit ihm reden, ohne
daß er auch nur eine Minute langweilig wurde. Manchmal
freilich sprach er, mit gequältem Gesicht in sich selbst ver-
krochen, stundenlang kein Wort. Er erinnerte mich an »die
wilde Schwermut« im ersten Satz von Ernst Jüngers »Mar-
morklippen«.

Eines Nachts entwickelte er mir seine Gedanken über das
Gepiepse und Gewure, das uns die Kopfhörer in die Ohren
bliesen. Die Morse-Stimmen einer Unmenge von Sendern,
die alle ihren besonderen Ton und ihren besonderen Rhyth-
mus haben, überlagern und durchkreuzen sich, sie schießen
durcheinander wie ein Feuerwerk, das man nicht sieht, aber
hört. Und die Sender, die ihre Gegenstelle suchen, wiederholen bestimmte Buchstabengruppen, es sind ihre Rufzeichen, durchsetzt mit langgezogenen Tönen »daa-daa-daa-
daaaaaaadaaaaaa«, das ist »om« für »old man«, ein interna-
tionales Kürzel, das auch von den Russen benutzt wird wie
das anschließende »ok?« Wenn man das hört, ist gar nichts
o.k. – eine Funkstelle findet die Funkstelle nicht, an die sie
ihren Spruch übermitteln muß. Klagend jagt sie ganze Stan-

gen des Buchstabens »v« in den Äther, dididi-daaa. Die Sender des Geheimdienstes NKWD erkennt man sofort an den rhythmischen Verschleifungen eines Dauertons, es klingt, als heule ein Roboterhund den Mond an.

Das winselt, kläfft und brüllt, es knurrt, meckert, wiehert, schreit, es schnattert, trillert, zwitschert, blafft und röhrt und faucht und grunzt und gackert und kullert, es heult und kreischt und quiekt und fiept, es pfeift hinauf und herunter, und manchmal sprüht es anmutig um sich und verzischt. »Hörst du das«, sagte Martin Moldaver, »es ist das Wehklagen der Welt. Es sind die Stimmen der Einsamkeit, sie lamentieren und jammern, daß es Gott erbarmen sollte. Das Signal, das ich am meisten höre, ist ›guhor: ich rufe dich schon lange Zeit vergebens‹. Ich warte darauf, daß sie alle Gott rufen und danach ›guhor‹, auch ich rufe ihn seit langer Zeit vergebens. Entweder ist Gott alles, oder er ist nicht, und wenn er alles ist, dann ist er auch ein Horchfunker, ›guhor, guhor, guhor, guhor, Gott, melde dich, gib dein Rufzeichen und tröste mich!‹« Ich wußte nicht recht, ob Martin ironisch phantasierte oder ob er es bitterernst meinte. Ich entschloß mich, so zu tun, als halte ich es für Ironie und lachte ein bißchen.

Wenn Gott alles ist, dann war er auch Partisan. Die Partisanen rollten in die nach dem Kompaß streng ausgerichteten Gräben der Erdungskabel, der »Gegengewichte«, auf denen das Peilzelt stehen mußte, ihre Eierhandgranaten. Der Schäferhund Lean, der Martin im Peilzelt bewachen und anschleichende Partisanen melden sollte, flog mit ihm in die Luft. Er war wohl seiner Gewohnheit gefolgt und hatte sich behaglich um Martins Füße gelegt. Aus dem scharfen Wachhund, mit dem der Hundeführer seit Monaten nicht mehr exerziert hatte, war ein angenehmer Fußwärmer geworden. Der Tod Martins und Leans wurde in der Kompanie nicht lange diskutiert: Pazifisten haben nun mal gegen bewaffnete

Gegner keine Chance. Martin war ein Metaphysiker des Morsens, der einzige, den ich je kennengelernt habe. Wir andern hielten uns an die eindeutigen Zeichen und dachten über sie nicht weiter nach.

Durch unsere Peilungen konnte man feststellen, wohin sich die russischen Einheiten bewegten. Wenn motorisierte Verbände zusammengezogen wurden, nannte man das einen »Schwerpunkt«, und wo sich ein Schwerpunkt bildete, war ein Angriff zu erwarten. So rasch wie möglich wurden deutsche Einheiten gegenüber dem sowjetischen Schwerpunkt zusammengezogen und von den russischen Horchfunkern, die sehr fleißige Peiler waren, sofort erkannt. Dann lösten die Russen ihren Schwerpunkt auf, und danach lösten die Deutschen ihren Schwerpunkt auf, und an irgendeinem anderen Abschnitt der Front wiederholte sich das gleiche Manöver. So hätte man einem Infanteristen das Hin und Her erklären können, von dem er fluchend meinte, es sei planlos, während es sein Leben rettete. Dies, jedenfalls, redeten sich die Horchfunker gegenseitig ein, um ihre angenehmere Existenz zu rechtfertigen.

Wenn eine Seite ihren Schwerpunkt für stärker hielt als den Schwerpunkt des Gegners, gab es einen Angriff, bei dem manchmal ganze Armeen aufgerieben wurden und damit aus dem Funkverkehr verschwanden. Nach einiger Zeit war die geschlagene Armee wieder da, frisch bewaffnet, mit frischen Truppen. Zu den großen Mythen der Nachrichten-Fernaufklärung gehört, daß sie die neu aufgestellten russischen Panzer-Armeen, die am 20. November 1942 den Einschließungsring um Stalingrad schlossen, erkannt, gepeilt und ans Oberkommando der deutschen Heeresgruppe Süd gemeldet hatten. So wenig wie an die Nachrichten-Aufklärung glaubte das deutsche Oberkommando an diese russischen Armeen, sei es aus Dummheit, sei es aus Feigheit. Das war jedenfalls die Version des Aufklärungs-Zuges unserer

Kompanie, die bei der sechsten Armee stationiert, doch außerhalb des Einschließungsrings geblieben war. Wie auch immer: nach Stalingrad wurde uns ins Soldbuch ein Befehl des Generalstabs eingeklebt, daß uns »der infantristische Fronteinsatz verboten« war, denn wir gehörten zu einer »Nachrichten-Sondereinheit im führungswichtigen Einsatz«. Wir nannten diesen OKH-Befehl unseren Lebensversicherungsschein. Man hatte uns wahrgenommen, man nahm uns ernst. Dazu war es allerdings schon ein bißchen zu spät. Wir glaubten längst nicht mehr an einen »Endsieg«, nur noch an die Endniederlage.

Heinrich, meinen Milchbruder, hatte es als Funker zur Infanterie verschlagen. In seinen Briefen verspottete und beneidete er mich als »Salonfunker« und beschrieb mir seine Situation: »Es ist rabenschwarze und regenschwere Nacht ... Oktober in den Beskiden. Im Keller eines wunderbarerweise noch nicht zerschossenen Hauses hocke ich vor zwei Kästen. Dem einen (Tornister Funkgeräte a2) entströmt das diesem Gerät eigentümliche und zum Wahnsinn treibende Rauschen, dem anderen (Tornister Empfänger b) Tannhäuser.« Wie allen Funkern waren ihm Fluchten in die Musik möglich. Er hörte Wagner, ich hörte »Some of these days«, »Dinah«, »Begin the Beguine« und dergleichen.

Ungeheure Ströme von Briefen flossen durch die von uns besetzten Länder. Liebe kann sich in Briefen nicht ausleben, Liebesbriefe können nur die Lust beschwören und vertrösten auf später. Freundschaft kann sich in Briefen erfüllen: sie tun etwas gegen die Angst, die Einsamkeit, die Verlorenheit in der Menge. Die Liebe braucht die Gegenwart des ganzen Körpers; der Freundschaft genügt der Kopf.

In Briefen an Freunde kann man schreiben, was man niemand zu sagen wagt. Ungefährlich freilich war auch dies nicht. Ende August 1944 schrieb mir Milchbruder Heinrich: »Wer heute noch Beruhigungspillen schluckt und Am-

menmärchen glaubt (– wir Deutsche sind ja ein wundergläu-
biges Volk –), wer heute noch hofft, der ist nicht heroisch,
sondern hoffnungslos verblödet. Man kann es freilich keinem für übel nehmen. Nicht jedes Gehirn kann einem elf-
jährigen Trommelfeuer widerstehen. Und nicht Glaube und
Standhaftigkeit sind es, die das schwankende Gebäude noch
zusammenhalten, sondern Angst und eine unbegründete
tierische Hoffnung. So ist es! Die Weltordnung ist faul! Und
leider ist das Faule immer das Stärkere. Das Gute unterliegt.
Es ist zum Weinen. In Tränen: Dein Heinrich.« Der selbst-
ironische Schlußschlenker war nur Stil, nicht Inhalt. Heinrich hatte mit diesem Brief die Zensur und die Versetzung in
eine mörderische Strafkompanie riskiert: Was er nirgendwo
aussprechen konnte, das mußte er einmal niederschreiben.
Das war eine Sache seiner Selbstachtung.

Im Laufe der Kriegsjahre wurden aus den Briefen, diesen
Seelentröstern, lauter Hiobsbotschaften: Berichte von zer-
bombten Städten und gefallenen Freunden. Meine Mutter
warnte mich im Dezember 1944 davor, im Urlaub zu ihr
zu kommen: »So schön wie der wäre, so gefährlich ist er
auch. Ich denke an Bordwaffen. Du denkst sicher, ich übertreibe. Bei dem letzten Angriff wurde auch ein Zug dort –
Du weißt doch wo: Täubches – angegriffen. Ich habe die
Toten gesehen.« Der Ort, den sie so vorsichtig umschrieb,
war der Bahnhof meines Geburtsorts Arheilgen. Sie wurde durch den Zufall bestätigt: ein Kumpel schrieb mir aus
dem Urlaub »Am vergangenen Freitag beschossen amerikanische Tiefflieger unseren Zug. Heizer tot, ein Feldwebel tot, mehrere Verletzte. Wo? In Darmstadt-Arheilgen,
tableau!«

Eine Freundin – Ruth Thöt – schilderte mir den Bombenangriff auf Darmstadt am 11. September 1944, bei dem in
zwanzig Minuten 12 300 Menschen ums Leben kamen:
»Wie wir die Nacht überstanden haben? Ich muß sagen,

noch annähernd gut im Verhältnis zu anderen. Wie immer waren wir im Luftschutzkeller ›Alter Bahnhof‹ und erwarteten mit Fassung den kommenden Angriff. Dem Drahtfunk konnte man deutlich entnehmen, daß diesmal Darmstadt drankommen würde. Es war sehr ruhig im dunklen Keller; die Menschen verhielten sich vorbildlich. Bei den ersten Schlägen lag alles auf dem Boden; rechts hielt ich Mutti umklammert; links krampfhaft meine Tasche. Die Erschütterungen und Einschläge waren fürchterlich zu hören, die Erde dröhnte, die Luft war ein Brummen, Surren, Sausen. Hatte ich Angst? Ich weiß nur, daß ich mich mehrmals fragte: ist dies nun deine letzte Stunde? Und ich mir antwortete: nein, ich glaube es kaum. Ich fürchtete mich nicht, ich dachte nur: das ist die Hölle. – Als es ruhiger wurde, erkannte man, daß der ›Alte Bahnhof‹ brannte. Ein Verlassen des Kellers war bei dem entsetzlichen Sturm und Funkenregen unmöglich. Alles blieb im Keller, bis das Erdgeschoß bereits lichterloh brannte und Brandgase das Atmen unmöglich machten.

Ich verlor Mutti in dem Tumult; raste als letzte im Keller suchend nach ihr herum, fand mich allein unter krachenden Bäumen liegend auf dem Steubenplatz wieder, brüllte: ›Mutti‹ in ein Feuermeer hinein, lag schließlich völlig apathisch auf der Erde und dachte: ›Das ist das Ende.‹ Die Glut war unerträglich; ich sah auf in Richtung unseres Hauses. Sah, daß dieses nur im zweiten Stock brannte und im linken Flügel! rannte wie eine Irre hin und hinauf zur Wohnung, raffte die Decken. Da krachte auch schon das hölzerne Treppenhaus hinter mir her...

Mit Hilfe von Soldaten schleppte ich, was ich konnte, in den Block Feldbergstraße, der noch steht, fand Mutti wieder und war selig!... Eine Stunde wurde gelöscht, mit dem Ergebnis, daß alles lichterloh weiterbrannte. So mußte ich zusehen, wie unsere Wohnung, Raum für Raum, ausbrannte.

Gott, mein Klavier! In diesem Tumult ringsum schlug ich noch ein paar Takte an, die letzten.«

Dieser Brief wurde zur Keimzelle des dokumentarischen Buchs »Die Brandnacht«, in dem mein Freund Klaus Schmidt, der Lokal-Chef des »Darmstädter Echo«, die Zerstörung Darmstadts rekonstruierte. Meine Aufzeichnungen konnte man für solche Zwecke nicht gebrauchen. Während meiner Kriegsjahre führte ich Tagebuch, die Bände habe ich noch. In ihnen steht kein Wort über den Krieg. Sie lesen sich wie Reisebeschreibungen eines zivilen Touristen. Es sind Notizen und kleine Aufsätze über Landschaften, Städte und Menschen. Skizzen von friedlichen Alltäglichkeiten, die es so nicht gab zwischen Kursk und dem Asowschen Meer, zwischen Charkow und dem Kaukasus, zwischen Bukarest, Budapest, Bratislava und Baden-Baden.

Dazwischen standen Gedichte von Baudelaire und Verlaine, mein Freund Helmut Lortz hatte sie mir aus Paris geschickt, und im Nachtdienst versuchte ich, sie zu übersetzen. Es machte mir Spaß, Sätze so lange abzuwandeln, bis sie möglichst mühelos sagten, was die französischen Originale sagten, und außerdem die Reimwörter an den richtigen Stellen hatten. Gelegentlich auch eigene Gedichte, meist Sonette, rachitisch und unselbständig, doch immerhin nach dem frechen Vorbild Klabund und nicht nach irgendeinem Klassizisten. Nach dem Krieg stellte sich heraus, daß damals unverabredet alle Amateur-Poeten Sonette schrieben so, wie sie nach dem Krieg Kafka-Prosa schrieben, ohne ihn gelesen zu haben. In meinen Tagebüchern verdrängte ich die Realität und floh in stilistische Exerzitien: es war der perfekteste, wie man nach dem Krieg sagte, »Eskapismus«.

In vielen Abwandlungen plagte ich mich im Tagebuch mit religiösen und philosophischen Gedankengruppen über Gott und die Welt, über den Menschen und das Universum, über das Böse und das Glück, darunter tat ich's nicht. Daß der Mensch lebt, damit er beim Jüngsten Gericht, einem apokalyptischen Abitur, benotet und gerichtet werde, hielt ich für den hybriden Einfall bornierter Schulmeister. Über meine Herumdenkerei schrieb ich als Titel »Lapis«, ich meinte damit den Stein der Weisen, ich war so töricht, ihn zu suchen. In dem chaotischen Wust meiner hochfliegenden Spekulationen steckte die simple Frage: Was ist der Zweck dieser finsteren und blutigen Veranstaltung, die man Leben nennt?

Eine Geschichte, die dieses Rätsel löst, indem sie es nicht löst, fand ich in Tolstojs Roman »Krieg und Frieden«, den ich damals mit mir herumschleppte. Da sagt ein Kind, das von einer Biene gestochen wird, der Zweck der Biene sei es, Kinder zu stechen. Ein Dichter meint, der Zweck der Biene sei es, Blütenduft einzusaugen. Ein Imker sieht den Zweck der Biene in der Produktion von Honig. Ein anderer Imker sagt, die Biene sammle den Blütenstaub für die jungen Bienen und für die Königin zur Erhaltung der Art. Ein Botaniker hält es für den Zweck der Biene, daß sie zweihäusige Pflanzen befruchtet. Ein anderer Botaniker merkt an, daß die Biene die Wanderung der Pflanzen ermögliche und betreibe. Kein Mensch kommt über die Beobachtung wechselseitiger Beziehungen zwischen dem Leben der Biene und anderen Lebenserscheinungen hinaus. Tolstojs Schlußfolgerung: »Zu je größerer Höhe der menschliche Geist bei der Entdeckung dieser Zwecke sich erhebt, um so deutlicher wird ihm die Unfaßbarkeit des Endzwecks«. Da war ich mal wieder bei Du Bois-Reymonds Urteil über die Welträtsel: »Ignorabimus« – wir werden es nie wissen.

Der Endzweck, das Ziel, bleibt unfaßbar. Und wer kein Ziel erkennen kann, der ernennt den Weg zum Ziel. Zu dieser taoistischen Weisheit kam ich damals auch, aber wenn ich meinen Weg betrachtete – Abitur, Reichs-Arbeits-Dienst, Militär, Krieg – dachte ich: Dieser Weg kann das

Ziel nicht sein. Als Ausweg sah ich nur die Kunst: die ästhetische Rechtfertigung des Lebens praktizierte ich schon, als ich sie bei Nietzsche noch nicht gelesen hatte. Das Wahre kann man nicht erkennen, es bleiben nur das Gute und das Schöne. Meinen »Lapis« warf ich zum Abfall.

Mit den Jahren wurde ich die großen Themen los, sie schlichen lautlos aus meinem Kopf, als seien sie da nie gewesen. Das fing schon im Tagebuch an. »Kraniche« beispielsweise, diese romantischen Pusztabrunnen, zu beschreiben, war ziemlich einfach – aber ein undramatischer, leichter Regen oder der Fall einzelner Tropfen oder die Maserung einer alten Holztür oder ein Apfel, das ist schon viel schwieriger. Ich schrieb, wie man Zielübungen macht. Meine Themen wurden kleiner, mein Stil besser: Religion und Metaphysik verderben die Prosa.

Wenn ich auf Wache war, hatte ich mir zur Verkürzung der Nachtstunden angewöhnt, irgend etwas auswendig zu lernen, möglichst etwas Hilfreiches. Dazu gehörten drei Sätze aus Friedrich Nietzsches Betrachtung »›Über Wahrheit und Lüge im außermoralischen Sinne‹: In irgendeinem abgelegenen Winkel des in zahllosen Sonnensystemen flimmernd ausgegossenen Weltalls gab es einmal ein Gestirn, auf dem kluge Tiere das Erkennen erfanden. Es war die hochmütigste und verlogenste Minute der ›Weltgeschichte‹: aber doch nur eine Minute. Nach wenigen Atemzügen der Natur erstarrte das Gestirn, und die klugen Tiere mußten sterben.«

Mit diesen drei Sätzen kann man sich von sich selbst entfernen: durch die Unendlichkeitsperspektive sieht man sich nur noch sehr klein. Angesichts der auf drei Sätze verkürzten Geschichte der Menschheit wird die eigene Geschichte angenehm unwichtig. Damals war es der Rückzug vor dem Pathos des Krieges in die Bedeutungslosigkeit eines abgelegenen Weltallwinkels, der von Provinzlern kurzfristig bewohnt wird. Dieser Kurzschluß mit dem Kosmos war ein magischer Akt: die einzige Waffe der Ohnmacht. Wenn das Leben auf der Erde nach wenigen Atemzügen der Natur aufhört, erhält der lästige Zwang, sich mit nichts anderem als dem Überleben zu beschäftigen, die dem Menschen angemessene komische Note. Schon wird er von der Versuchung gepackt, ins flimmernd ausgegossene Weltall zu rufen: Nun atme mal etwas schneller, Natur! Diese Mesalliance mit dem Unendlichen konnte nur wenige menschliche Atemzüge dauern, dann war sie nur noch eine glanzvolle Finsternis, eine illuminierte Trostlosigkeit: Zurück auf die Erde, marsch, marsch!

Der Nachtdienst, bei dem nicht viel zu überwachen war, weil auch der Feind schlief, gab dem Horchfunker die mit der Todesstrafe bedrohte Gelegenheit, Rundfunk-»Feindsender« zu hören. Die Horchfunker kannten sie alle, soweit sie in ihren Empfangsbereich eindringen konnten. Am nobelsten waren Beromünster und London, wo man, statt Propaganda zu machen, die Wahrheit sagte. Hugh Carleton Greene, der die deutsche Abteilung der BBC leitete, die Kommentatoren Lindley Fraser und Sefton Delmer, der jede Woche die Propaganda des Goebbels-Gehilfen Hans Fritzsche auseinandernahm, waren durch Stimme und Stil vertraute Namen.

Als Dreingabe kam von London seit Oktober 1940 fünfzehn Minuten nach der vollen Stunde Thomas Mann mit seinen politischen Predigten: man konnte mit ihnen übereinstimmen, wie aber sollte man ihnen folgen? Er empfahl dem deutschen Volk dringend, sich selbst von Hitler zu befreien. Thomas Mann hatte in seinem kalifornischen Exil gut reden und raten. Wie aber sollte ein Soldat in die Politik eingreifen? Wie ein in der fanatisierten Masse vereinzelter Zivilist, der niemand trauen darf? Einen Obergefreiten Thomas Mann, der Deutschland von Hitler befreit, konnte ich mir nicht vorstellen.

Thomas Mann zitierte im Mai 1944 Joseph Goebbels aus dem »Völkischen Beobachter«, der Parteizeitung: »Es gibt keinen Kriegsartikel, der einen verworfener Handlungen schuldigen Soldaten von Schuld lossprichrt, nur weil er sie auf Befehl seines Vorgesetzten beging.« Besser als der deutsche Reichspropaganda-Minister hätten es auch die Alliierten nicht ausdrücken können, als sie die Kriegsverbrecher-Prozesse vorbereiteten. Damals kam die Parole auf: »Genießt den Krieg, der Frieden wird fürchterlich.« Am 31. Januar 1945, als der Westen Deutschlands schon von den Alliierten besetzt war, zitierte Thomas Mann den General Eisenhower, der den Deutschen sagte: »Wir kommen als Sieger, aber nicht als Unterdrücker.« Das gab eine schüchterne Hoffnung, an die freilich kaum einer glauben konnte.

Beliebter als Thomas Mann, der strenge Moralist, war »der Chef« beim Sender »Siegfried Gustav Eins« mit seinen pornographischen Einlagen, beispielsweise über das Sexualleben junger Filmschauspielerinnen mit »ausgemergelten U-Boot-Fahrern«, beide Gruppen konnten einem nur leid tun. Der »Soldatensender Atlantik, angeschlossen Soldatensender Mittelmeer« gab Gebrauchsanweisungen für das Überlaufen und Sabotieren. So forderte eine bayrisch gefärbte Stimme die Flieger auf: »Foahrt's des Foahrg'stell aus, werft's des Kabinendach ab und wackelt's mit die Flächen, des san die drei internationalen Ich-ergebe-mich-Signale, und niemand werd auf euch schießen.« Eine berlinisch kehlige Stimme beriet die Infanterie: »Wer allein im Schützenloch den Angriff erwartet, der schraubt schon mal von seiner Panzerfaust den Kopf ab und bringt ein bißchen Wasser hinein – so ein bißchen Wasser hat ja schließlich jeder immer bei sich, und die Panzerfaust funktioniert nicht mehr, und eins-zwei-drei ist der Krieg an ihm vorübergerollt.« Solche Sätze wurden wie Witze wiederholt, aber nicht befolgt: die Lust, in einer Strafkompanie zu verrecken oder in einem russischen Kriegsgefangenenlager zu verhungern, war nicht weit verbreitet.

Man hörte von verlorenen Schlachten, von schweren Verlusten und von den deutschen Städten, die gerade von Bombern angegriffen wurden und in Flammen standen. Manchmal hörte man auch die Namen getöteter Zivilisten, und manchmal wurden diese Nachrichten durch Briefe aus der Heimat bestätigt. Als man sich in den kämpfenden Einheiten noch Illusionen machte, als man Deserteure erschoß oder erhängte, wußte jeder Funker längst, daß man mit jedem Tag der Niederlage näherkam.

Ich wurde in den Westen versetzt, wo die fabelhaften amerikanischen Funker die gemütlich gewordenen deutschen Horchfunker hochjagten. In der letzten denkwürdigen Szene, die ich im Osten erlebte, hatten gerade die Rumänen, unsere Verbündeten, vor den Russen kapituliert, am 24. August 1944. Wir wußten nicht: Waren die Rumänen jetzt unsere Feinde, oder ließen sie uns abziehen? Wir bauten unsere Empfangsstelle ab und stellten unsere Geräte in einem Halbkreis auf den Marktplatz. In der Mitte bauten drei ratlose Funker unser einziges Maschinengewehr auf. Es war eine jämmerliche Verteidigungsstellung: aus den Fenstern konnte man uns bequem abknallen, und in unserer Kompanie gab es nicht einen Mann, der mit dem MG schießen konnte.

Wir setzten unsere Stahlhelme auf, versuchten auszusehen wie richtige Soldaten und warteten. Endlich kam ein rumänischer Offizier, schritt feierlich in die Mitte des Marktplatzes, und unser Kompaniechef schritt ihm entgegen. Kurz bevor sie zusammenprallen mußten, breitete der rumänische Offizier beide Arme pathetisch zur Umarmung aus, und unser Kompaniechef folgte seinem Beispiel. Ihre Umarmung verlief ein wenig unglücklich, aber glücklich war ihr Ergebnis: wir durften abziehen, und wir versuchten, so rasch wie möglich über die Karpaten nach Ungarn zu kommen, zu Verbündeten, die noch nicht kapituliert hatten.

Verstaubte Straßen, flimmernde Hochsommerhitze, die obligaten Akazien links, rechts, überall. Ich saß auf der hinteren Klappe eines Lastwagens, der lange stehenbleiben mußte, wenn eine entgegenkommende rumänische Kolonne die Straße verstopfte: Planwagen, gezogen von kleinen, struppigen Gäulen. Wohin wollten die? Zur Front? Nach Hause?

Der Obergefreite Graf von R., Balte, Dolmetscher für Russisch, philosophierte mit schwerer Zunge: »Es gibt nichts Schöneres als eine Kiste. Eine schwere zugenagelte Kiste. Kisten spüren nichts, sie werden einfach verladen und immer gefahren. Man muß versuchen, diesen Zustand zu erreichen.« Der aristokratische Dolmetscher hatte sich besoffen, achtzig Lei kostete das Kilo junger Rotwein, das war nicht teuer. Nun war der Graf wie eine Kiste, wir haben ihn verladen, wir werden ihn, falls alles gut geht, in Ungarn wieder abladen.

In Adjut, der Stadt, die dem, was man Hauptkampflinie nennen könnte, am nächsten war, hielt auf einer Straßenkreuzung ein Artillerie-Offizier unseren Wagen an: Wir sollten einen Verwundeten mitnehmen. Auf einem Strohsack lag ein rappeldürrer junger Mann mit durchgebluteten Notverbänden, er hatte nur eine Hose an und einen Strumpf. Auf seinen Lippen klebte eine Blutkruste, er delirierte im Fieber und stank entsetzlich. In einer Art Krampf riß er an seiner Hose und versuchte, sein Geschlecht herauszuzerren. Zwei Männer hielten ihm die Arme fest, sie brauchten ihre ganze Kraft.

»So laßt ihn doch!« schrie der Graf. »Vielleicht spürt er, daß er stirbt, und will sich noch einmal das Vergnügen machen.« Der Verwundete kam mit seinem erschöpften, lappigen Fleisch nicht zurecht, aber er versuchte es immer wieder, bis endlich sein Unterleib ein bißchen zuckte. Dieses schäbige Glück wurde für mich zu einem Symbol für das bis zum Tod währende Bedürfnis des Menschen, sich auch in der schlimmsten universalen Misere eine kleine private Wohltat zu verschaffen.

Endlich wollte das auch der Graf nicht mehr sehen und kommandierte: »Legen Sie die Hände an!« Der Verwundete legte mit einem Ruck beide Hände an, schnappte erst lautlos mit den Lippen, dann aber gelang es ihm, er rief: »Jawoll, jawoll!« Der Graf lachte. Er lobte den Verwundeten wie einen Hund beim Streicheln: »Du bist ein guter Soldat, ein guter Soldat, du gehorchst noch beim Wichsen.« Jetzt imitierte der Verwundete Geschoßeinschläge. »Wumm, huuui, wumm«, machte er wie ein kriegspielendes Kind. »Wumm, huuui, wumm!« Einer rief zu mir herüber: »Hau dem Grafen doch mal in die Fresse, er soll aufhören mit der Schinderei. Kranke sind heilig.«

Das war für den Obergefreiten Graf von R. ein Signal, eine Rede zu halten: »Wenn Kranke heilig sind, dann sind wir alle heilig. Wir alle sind krank. Wir stehen auf Kommando stramm, wir schreien ›Jawoll!‹, wir machen immer weiter, auch wenn wir halbtot sind oder dringend auf die Latrine müssen wie unser wohlriechender Freund. Wenn ihr ihn euch anguckt, seht ihr euch selbst. So sind wir: fieberverrückt, ausgeblasen, hohl und dumm. Aber wir machen weiter.«

Der Lastwagen hielt mit einem Ruck. Wir standen vor einer Schule, die ein rotes Kreuz ausgeflaggt hatte. Wir trugen den Fiebernden auf seinem Strohsack hinüber, zum Verbandsplatz. Er spielte noch immer Krieg: »Wumm, huui, huui, wumm!«

Feuersbrunst
Die Geschichte mit der Unbekannten

Nach seinem ersten Bombenangriff hatte Philipp zwei
Überzeugungen: Daß er den Krieg überleben werde. Daß es
sich nicht lohnt, ihn zu überleben.

Daran zweifelte er bis Kriegsende nie. Manchmal aber
kam ihm der Verdacht, die Doppelstrategie seiner Gewiß-
heiten sei ein verdeckter Versuch, die Angst durch den Trost
zu ersetzen: Wie es auch ausgehen mag, zu verlieren hast du
nichts.

Wenn die Sirenen die Vorwarnung in die Nacht heulten,
drängten sich ihm Schreckensbilder auf. Der dunkle Himmel wird weiß durch die herabschwebenden Magnesium-
lichter, die »Christbäume« der Angreifer, und wenn sie die
Stadt überquert haben, werden Straßenzüge und ganze
Viertel brennen. Flammen werden aus den Dächern lodern,
Feuerstürme durch die Straßen fegen, der Asphalt wird auf-
kochen und Blasen werfen, und der Himmel wird rot sein
und die Stahlskelette der ausgebrannten Kirchtürme illumi-
nieren.

Kinderschwestern, einen Säugling auf dem Arm, ein Kind
an der Hand, suchen Schutz an einer Backsteinmauer, sie ist
brandwarm, und die Schwestern bauen über die schreienden
Kinder eine Art Zelt aus Wolldecken gegen den Funkenflug,
sie haben darin schon Routine. Brennende Menschen klet-
tern in eine Brunnenschale, werfen sich über sie und versuchen, an das Wasser zu kommen, das durch zwei, drei
Reihen übereinander gestürzter Leiber längst unerreichbar
geworden ist. Der Brunnen, der noch immer einen kleinen
Strahl Wasser ausstößt, sieht dennoch aus wie eine Flam-
menschale. In der Nähe liegt eine Frau mit dem mächtigen
Leib einer Schwangeren; sie hat den Brunnen nicht mehr

erreicht und ist verkohlt; ihre verkohlte Fehlgeburt liegt zwischen ihren Beinen.

Schwarze Hengste, weiß der Teufel, woher sie kommen, galoppieren heran, machen vor dem Brunnen jäh kehrt, sie sind nicht in Panik, sie galoppieren in geschlossener Formation weiter in Richtung Stadtpark, dort sind sie sicherer als zwischen den brennenden Häusern. Eine junge Frau auf einem Fahrrad fährt langsam vorüber, ein Junge sitzt auf dem Gepäckträger, ein Säugling liegt in einem Körbchen an der Lenkstange, Tränen laufen ihr übers Gesicht, sie schweigt, ihre Kinder schweigen. Den Leichen werden auf einem Sammelplatz Namensschilder umgehängt. Das Schild an dem Eimer, in dem sämtliche menschlichen Überreste aus einem ausgebrannten Mietshaus Platz gefunden haben, nennt nur die Straße und die Hausnummer.

Die Menschen, die aus einstürzenden Kellern flüchten mußten, sind auf den flammenden Straßen erstickt und verbrannt. Einige haben Arme und Beine angewinkelt, als wollten sie noch als verkohlte Leichen dem Tod davonlaufen. Ihre Münder sind offen, man sieht ihre Zähne; es sieht aus, als hätten sie sich vorm Sterben ausgeschüttet vor Lachen. Die durch eingestürzte Mauern und Geröllhalden verschlossenen Keller werden von Nachbarn und Räumtrupps aufgegraben. Aus zerborstenen Heizungsrohren spritzt heißes Wasser auf die Toten. Die Erstickten sind gedunsen. In einem Kellerwinkel liegt ein blutiger alter Mann: seine Vorstellungen von einem würdevollen Tod waren altmodisch wie das Rasiermesser, mit dem er sich, um nicht zu ersticken, die Kehle durchgeschnitten hat.

Solche Szenen aus Hamburg, Köln und Darmstadt weckten Philipp manchmal in der Nacht und verschafften ihm schlaflose Stunden, doch wenn er durch Alarmsirenen geweckt wurde, kam eine große Ruhe über ihn. Er wurde stoisch, fatalistisch, gelassen, betäubt, wie immer man es nennen mag, und beeilte sich nicht, einen Luftschutzkeller zu finden. Es kam ihm vor, als habe er mit all dem nichts mehr zu schaffen: als sei er in ein Zwischenreich geraten, in dem er nicht gestorben, aber auch nicht mehr am Leben war.

In diesem Zustand war er in Frankfurt während einer Vorwarnung. Er stand unschlüssig auf der Straße. Ein Mädchen oder eine junge Frau rannte auf ihn zu und umschlang seine Hüften mit den Armen. Sie war nicht groß, sie drängte ihren Kopf an seine Brust, sie flüsterte von unten herauf: »Ich habe Angst, ich habe Angst, ich habe Angst, ich habe Angst…«, das nahm kein Ende. Er drückte sie an sich, aber sie hielt ihn so fest, daß es nichts mehr zu drücken gab. Um die beiden eilten Passanten nach Hause oder in die öffentlichen Luftschutzkeller.

In einer Frankfurter Kaserne war Philipp vom Funker zum Horchfunker umgeschult und in eine neu aufgestellte Aufklärungskompanie kommandiert worden. Die Kompanie wartete auf die Abstellung. Es wurde vermutet, daß sie russischen Funkverkehr überwachen sollte. Dagegen hatten die Funker nicht viel: Bombennächte, jedenfalls, waren in Rußland eine Seltenheit. In Frankfurt hatten sie jeden Abend Ausgang bis zum Wecken, und fast jeden Abend gab es Fliegeralarm. »Bring mich in einen Keller«, schrie das Mädchen, das an Philipp klebte, »ich werde verrückt vor Angst.«

Die beiden standen schräg gegenüber dem Hauptbahnhof, in der Nähe des Schumann-Varietés, in dem Philipp den Abend verbracht hatte. Zum ersten Mal hatte er einen großen Clown erlebt, den Spanier Charly Rivels, und er war, als die Sirenen aufheulten, noch ganz benommen von einer Nummer. Sie beschäftigte ihn mehr als der Alarm und mehr als das Mädchen mit seiner stammelnden Angst.

Charly wollte seinen Freund in eine Wurst beißen lassen, aber er schaffte es nicht, ihm die Wurst in den Mund zu stecken. Bei jedem Versuch verfehlte er ihn um Haaresbreite. Er nahm Abstand von seinem Freund, zielte mit der Wurst in der ausgestreckten rechten Hand ruhig und sorgfältig und verfehlte den Mund doch um eine winzige Spanne. Er hielt den Kopf seines Freundes fest und näherte sich ihm millimeterweise mit der Wurst, er konnte den Mund nicht verfehlen, aber er verfehlte ihn. Er klemmte sich den Kopf des Freundes unter den Arm und quetschte ihm den Mund mit Daumen und Zeigefinger auf, endlich mußte es ihm gelingen, und im letzten Bruchteil einer Sekunde entfiel ihm die Wurst.

Ob er anschlich oder anrannte, ob er es blitzschnell versuchte oder unendlich langsam, er wurde immer enttäuscht. Verzweifelt gab er es auf, mit seinem Freund zu teilen, und steckte sich die Wurst todtraurig in den Mund: ihn verfehlte er nicht. Es war eine Szene zum Lachen und zum Weinen, und während er die Wurst kauend allein genoß, verging ihm die Traurigkeit, und er lächelte: ein bißchen tat es ihm gut, daß er mit seinen Samariterversuchen gescheitert war.

Wie kommt man auf so etwas? Und wohin führt es, wenn man es als Gleichnis nimmt? In die Hilflosigkeit des Hilfswilligen? In den Genuß der eigenen Ohnmacht? In solchen Fragen versank Philipp wie in schwarzem Schlamm. Die junge Frau zerrte an seiner Feldbluse, schüttelte seinen Körper, griff ihm zwischen die Beine, drückte und schrie: »Ich habe Angst!«

Sie blickte an ihm hoch, sie hatte dunkle Augen in einem asymmetrischen, etwas verschrobenen, sehr jungen Gesicht. Vielleicht waren es ihre Sommersprossen, die sie arglos und kindlich aussehen ließen. Ihr Haar war blond, ihre Augenbrauen waren schwarz, ein Rinnsal Speichel lief ihr aus einem Mundwinkel. Philipp sagte: »Geh'n wir«, und sie ging voran in den nächsten Keller.

Es war ein ehemaliges Weinlager, das roch man noch jetzt.

Es gab Salpeterflecken an den Wänden, die Luft war modrig und stickig. Man hatte Stützbalken zwischen den Steinfußboden und die mit Brettern verstärkte Decke geklemmt. Sehr sicher sah das alles nicht aus. Die beiden drückten sich durch die stehenden und sitzenden Menschen, denen die Müdigkeit aus den Augen hing.

Die meisten Kinder trugen Rucksäcke über ihren Trainingsanzügen. Frauen hatten ihre Pelzmäntel über den Knien liegen und hielten Köfferchen fest, in denen vermutlich sehr viel Bargeld war, die Ersparnisse, die sie den Geldinstituten nicht anvertrauen wollten. Kinder, Pelze, Geld und Papiere, das mußte gerettet werden. Man redete nicht miteinander, das kam erst, als Einschläge in der Nachbarschaft zu hören waren: Sprengbomben, Brandbomben, Phosphorkanister, Luftminen?

Das Mädchen schien sich in dem Keller auszukennen, sie zog Philipp in den hinteren, noch nicht besetzten Teil. Er war unbeliebt, weil er am weitesten von Ausstieg, Notausstieg und Radio entfernt war. Hier rochen die feuchten Wände wie frischgemischter Mörtel. Die beiden kletterten auf eine der unbenutzten zweistöckigen Pritschen, und oben drückte sich das Mädchen so fest an ihn wie vorher auf der Straße. Über die entnervende Passivität im Luftschutzkeller würde er sich heute nicht zu beklagen haben.

Als der Alarm die näherkommenden britischen Bomber ankündigte, klapperte sie hemmungslos mit den Zähnen, es war ein Geräusch, das er noch nie gehört hatte. Er versuchte, ihren speichelnassen Unterkiefer festzuhalten, aber sie drehte den Kopf weg und klapperte weiter wie in einer drittrangigen Gespenstergeschichte.

Als eine Bombe in der Nähe einschlug, die Kellerwände bebten und Sand von der Decke rieselte, schrie sie und knöpfte ihm rasch die Hose auf. »Du bist ja schon ganz da«, sagte sie, und Philipp klärte sie auf: »Dafür dauert's bei mir nie lange.« Er fühlte sich aufgefordert, eine Hand auf ihrem schweißnassen Oberschenkel hochzuschieben, sie hatte außer einem Hüftgürtel, an den die Strümpfe geknöpft waren, keine Unterwäsche an, und seine Fingerkuppen gerieten zwischen den Strapsen auf ein rauhes Stoppelfeld kurzer Haare: sie war rasiert, doch seit ein paar Tagen nicht mehr. Wer hatte sich von ihr diesen glatten polierten Kinderhügel gewünscht? Abwärts war er sehr glitschig, sie hatte da schon die eine oder andere Feuersbrunst gelöscht.

»Hör du auf«, sagte sie, »laß mich allein machen.« Mit einer verquetschten Kleinmädchenstimme ließ sie eine bettelnde Serie von »bittebittebittebitte« folgen. Sie fischte aus dem Uhrtäschchen seiner Hose ein Präservativ und verpaßte es ihm mit viel Spucke vor und nach dem Herunterrollen, zum ersten Mal machte sie das nicht. Er fragte sie: »Hast du den Tripper?« Sie sagte: »Nein. Aber ein Kind wäre für mich das schlimmste. Heutzutage ist Kinderkriegen kriminell.« Er dachte das auch, aber er sagte es ihr nicht.

Es grummelte draußen, irgendein nervöser Idiot ließ sein MG 42 sinnlos ratschen, und man hörte die Flak belfern. Philipp lag auf dem Rücken, sie saß auf ihm, räkelte und ritt sich langsam ein und regte sich dann nicht mehr. Er drehte den Kopf und sah ein paar Leute auf der anderen Seite des Ganges sitzen. Sie hielten Koffer mit ihrem Alarmgepäck zwischen den Knien und starrten auf den Boden, als wollten sie ihre Gesichter einander nicht zeigen. Eine junge Frau hob zum Stillen ihre Brüste aus dem aufgeknöpften Kleid, erst die eine, dann die andere und brachte mit der anderen ihren kreischenden Säugling zum Schweigen.

Ein Bombenteppich, der vermutlich den Bahnhof unter sich begraben sollte, kam mit einer Serie ohrenbetäubender Detonationen in ihrer Nähe herunter. Im Keller sagte niemand ein Wort, man rechnete mit dem Tod, doch man glaubte nicht an ihn, jedenfalls nicht in diesem Augenblick. Sie beugte sich herunter zu Philipp und legte sich auf ihn. Ihre Verbindung hielt stand, es war eine Art Wunder, Philipp hätte nach seinen Erfahrungen längst am Ende sein müssen. Sie zischelte ihm mit viel Speichel ihre Angst ins Ohr, richtete sich jäh auf und fuhrwerkte wie verrückt auf ihm herum. Ihre großen Brüste – Büstenhalter Nummer sechs mit C-Körbchen, schätzte er – waren für ihn unerreichbar.

Der alte Mann auf der anderen Seite des Ganges klopfte ein hartgesottenes Ei auf seinem Bänkchen auf, pickte die Schale herunter und aß es langsam, mit kleinen Bissen. Dann holte er ein Messer aus der Manteltasche, schälte sorgfältig einen Apfel, zerteilte ihn und steckte sich die Schnitzen bedächtig in den Mund, während er die beiden beobachtete.

Sie tauchte auf und ab, kam ins Zappeln und warf sich auf Philipp. Sie biß sich auf die Unterlippe und bei der nächsten Serie von Detonationen schrie sie hemmungslos: Orgasmus oder Angst oder beides? Von ihr mitgerissen, schrien ein paar Frauen. Plötzlich schrie der ganze Keller, es war wie ein elementarer Ausbruch, kurz und heftig. Danach weinten und plärrten nur noch die Kinder.

Der Alte, der still geblieben war, kaute auf seinen Apfelschnitzen und beobachtete die beiden noch immer. Sie sog die Luft ruckweise durch die Zähne, sie keuchte sich auf Philipps Brust aus und repetierte wie eine Zauberformel: »Ich bin eine Drecksau, ich bin eine dreckige Drecksau.« Bei den nächsten Einschlägen fing sie ihr Ritual von vorn an. Wieder hatte sie Grund zum Zappeln und zum Keuchen und zu ihrer Zauberformel. Weiß der Himmel, dachte Philipp, wie ich das schaffe. Er war in einem unerklärlichen Ausnahmezustand.

Manchmal, wenn ein heißer Ring vom Unterleib seinen Körper langsam hochstieg, dachte er, sobald der Ring das Herz erreicht, falle ich zusammen und bin am wohltätigen Ende. Der Ring aber stieg hoch bis über die Schultern, zog sich zusammen, wurde einen schmerzhaften Augenblick lang zu einem glühenden engen Halsband, rutschte dann den Körper hinunter und verlosch. Es kam nicht zu diesem begrenzten Schmerz, der sich in stockende Atemlosigkeit entlädt und aufhört, bevor er richtig wehtut. Sie flüsterte: »Ich muß das haben, bevor ich sterbe.« Er flüsterte: »Ich habe nichts davon. Zum Sterben ist mir das zu wenig.« Ihre unermüdlichen Wiederholungen bis zum Ende des Bombenangriffs hielt er zu seinem Erstaunen durch.

Als die Sirenen mit einem Dauerton die Entwarnung verkündeten, das vorläufige Ende der Todesgefahr, den Beginn des ruhigen Erschöpfungsschlafs für den Rest der Nacht, glitt sie von Philipp herunter. Sie sagte: »Du bist ja noch ganz da«, zog das leere Präservativ ab und verabschiedete sich mit einem flüchtigen Kuß auf sein Geschlecht. Es war der einzige Kuß in ihrer Affäre.

Dieser Dauerzustand war über Philipp gekommen wie eine Krankheit, wie die endlose Erregung der Satyriasis, über die er gelesen hatte, sie entstehe durch Psychosen und treibe den Kranken in eine durch nichts zu bändigende Brunst. Nein, er wußte: Von Psychosen und Brunst konnte bei ihm keine Rede sein, er war nur ein stumpfes Werkzeug gegen die Todesangst seiner Bunkernymphe, er war ein mechanischer Olisbos, Lady's Friend, eine Männlichkeitsprothese, eine mißbrauchte Gliederpuppe, ein bienfaiteur, ein lächerlicher Gummipeter. Er hatte nichts gefühlt, gar nichts: Werkzeuge haben keine Gefühle.

Die Kellertür ließ sich nicht öffnen, der Ausgang war verschüttet. Sie stieg vor Philipp die eiserne Leiter zum Notausstieg hoch, ihre Strumpfnähte waren verrutscht. Draußen sahen die beiden, daß der Dachstuhl des Hauses brannte, aus dessen Keller sie gekommen waren. Die Flammen züngelten hoch und arbeiteten sich zugleich in die unteren Stockwerke durch.

Auf der Straßenseite gegenüber setzten sich in der aufgerissenen Küche eines eingestürzten Hauses einige Leute mit kohlschwarzen Gesichtern und geröteten Augen an einen Tisch vor einem Buffet mit Scheibengardinen. Einer versuchte, seine beginnende Rauchvergiftung herauszuhusten. Sie waren eine Familie, aßen belegte Brote und sagten kein Wort. Aus dem Kleinholz zerschmetterter Tür- und Fensterrahmen fachten sie inmitten des großen Brandes mühsam ein Kleinfeuer zum Kaffeekochen an. Vielleicht war es diese Scheibengardinen-Gemütlichkeit, die Philipps Sorte Satyriasis endlich zusammenfallen ließ.

Auf dem mit Glas- und Ziegelsplittern übersäten Trottoir hatte man Tote ordentlich nebeneinander gelegt. Über diese aufgereihten Brandleichen, die auf Kindergröße geschrumpft waren, beugten sich ein paar Leute, meist Nachbarn. Ein alter Mann, dessen Kinn fast seine Nase berührte, hatte die Leichen durchgemustert und niemand erkannt. Er sagte das, was man damals in solchen Situationen sagte: »Wer jetzt noch lebt, ist selbst dran schuld.«

Man konnte ihn kaum verstehen, er sprach sehr undeutlich. Mit dem Zeigefinger deutete er auf seinen offenen, zahnlosen Mund und entschuldigte sich: »Ich habe in der Aufregung mein Gebiß im Bad liegen lassen«. Er fuhr sich mit dem Finger zwischen die zerknautschten Lippen, als könne er dort das Gebiß vielleicht doch noch finden. Er fand es nicht.

Der Gestank von Schwelbränden stieg in die Nase. Irgendwo detonierte eine Zeitbombe. Der Wind wirbelte eine Staubsäule hoch, sie drehte sich wie eine gigantische Schraube in den Nachthimmel. »Glück gehabt«, sagte Philipp. Zwischen ihren zu weit auseinanderstehenden dunklen Augen war viel Platz. Sehr schwierig konnte es nicht gewesen sein, sie in eine glatte Puppe zu verwandeln.

Philipp versuchte, sie zu verstehen, und schon fing sie an,

ihm zu gefallen. Er wurde sentimental und hätte gern alles nachgeholt, was sie ihm auf der Pritsche versagt hatte. Er hätte sie gern vieles gefragt und aus ihrer Episode nachträglich eine Liebesgeschichte gemacht. Unmittelbar neben Philipp stürzte ein Balkon herunter und schlug sie tot.

5
Der Friede, kriegerische Stellen

Mir geht nichts über Mich!
Max Stirner

Das Rücklicht am Motorrad des Schirrmeisters war das
letzte, was ich von meiner Kompanie sah. Es war eine helle
Nacht, ich hatte mich hinter dem Holzstapel an der Fassade
des oberbayrischen Hauses versteckt. Das Knattern des
Motorrads war noch lange zu hören. Das Kriegsende roch
nach Harz und Holz. Niemand konnte mehr daran zweifeln, daß der Krieg in den nächsten Tagen zu Ende ging. Es
war sinnlos geworden, eine Empfangsstelle aufzubauen: die
Kompanie hatte keinen Stab mehr, an den sie ihre Ergebnisse melden konnte. Sie setzte sich in Oberbayern weiter
nach Süden in Bewegung, und der Kompaniechef wußte
nicht, was er mit der Kompanie anfangen sollte. Es war
Ende April 1945, die deutschen Armeen lösten sich zwar
nicht auf, aber sie konnten auch nicht mehr kämpfen.

Schon vor einem Monat, am 26. März 1945, war Darmstadt, meine Heimatstadt, von den Amerikanern besetzt
worden. Noch giftete der Reichspropaganda-Minister
Goebbels im Rundfunk gegen Hessen, den »Verrätergau«,
der die Amerikaner kampflos empfangen hatte. Der »Verrätergau« gefiel mir: er hatte die Intelligenz und den Mut auf-
gebracht, das Blutvergießen zu beenden. Erst nach Kriegsende erfuhr ich, daß der Metzgermeister Hans Lenhardt
Darmstadt gerettet hatte.

Am Palmsonntag, dem 25. März, warteten die Darmstädter auf den ersten Schuß. Zwar waren die Reste der deutschen Truppen nach Osten abgezogen, und es gab in der
Stadt nur noch zweihundert Volkssturmleute, Kranke und
Greise, Hitlerjungen und ein paar versprengte Soldaten,

aber es gab auch noch ein Geschütz, einen Kampfkomman-
danten und die dringende Gefahr, daß ein Fanatiker den
Kampf und mit ihm den Untergang der Stadt eröffnen
könnte. Der dienstverpflichtete Metzgermeister aus Mainz-
Kastel hatte Schluß mit dem Krieg gemacht und war auf seinem Fahrrad unterwegs zu seiner Familie, bis ihm General
Pattons Sherman-Panzer den Weg versperrten. Die Amerikaner vermuteten, Darmstadt werde sich wie andere deutsche
Städte selbstmörderisch verteidigen, der Metzger aber sagte
ihnen, daß die deutschen Truppen abgezogen waren: er mußte
es wissen, er hatte Marschverpflegung an sie ausgegeben.
   Er schlug den Amerikanern einen Versuch vor: sie banden
sein Fahrrad auf einen Panzer, setzten ihn daneben und fuhren in die Stadt. Er mußte mit einem Todesschuß rechnen, er
hatte sein Leben verpfändet. Als die Probeschüsse der Amerikaner nicht erwidert wurden, gaben sie dem Metzger eine
halbe Stunde Frist, um die Kapitulation der Stadt zu erreichen. Rechtzeitig kam er mit der Kapitulationsurkunde
zurück, der Vertreter des Bürgermeisters hatte sie unterschrieben. Dreißig Jahre lang blieb er »der unbekannte
Radfahrer«, bis ihn endlich die Stadt ermittelte, um sich bei
ihm zu bedanken. Der pathetische »unbekannte Soldat«
mag sich um den Krieg verdient gemacht haben. Der
schlichte »unbekannte Radfahrer« hatte den Frieden eröff-
net. Er war, wie man sich im Hessischen bewundernd ausdrückt, »'n Kerl wie e' Pund Worscht«.
   So weit war man in Oberbayern noch nicht. Es ging das
Gerücht, die arbeitslos gewordenen Funker sollten zum
»Adlerhorst« in Marsch gesetzt werden, um Hitler und
seine Alpenfestung zu verteidigen. Ob das Gerücht stimmte
oder nicht, man durfte sich nicht länger treiben lassen,
man mußte einen zivilen Entschluß fassen. Ich war freiwillig
in die Wehrmacht eingetreten, es war Zeit, sie freiwillig zu
verlassen. Das Rücklicht des Schirrmeisters war für mich

das Schlußlicht des Kriegs. Als ich auf die Straße ging, krochen hinter Hauswänden, Türpfosten und Holzstapeln noch mehr Angehörige der Kompanie heraus: wir waren elf Deserteure, wir beglückwünschten uns und gestanden unsere Angst ein, von der SS, die übers Gebirge zog, gehenkt zu werden, um den Hals ein Pappschild, auf dem »Verräter« stand.

Mein Kumpel und ich hatten unser Versteck auf einer Almhütte vorbereitet und den Bauer, dem die Hütte gehörte, mit unseren Gewehren bezahlt. Unmittelbar hinter dem Dorf begann der Aufstieg in tiefem Schnee auf einen Plattenkalkberg von tausendfünfhundert Metern. Wir wollten nicht auf den Gipfel, wir mußten die Alm und die Hütte suchen und hatten für den Weg, den wir mit schwerem Gepäck hochkeuchten, nur wenige Anhaltspunkte. Die Hütte lag am Rand einer weiten Schneefläche. Im leeren Stall war Brennholz gestapelt. Vor dem Stall gab es einen kleinen Wohnraum und eine enge Stube mit zwei Betten, die Laken und Kissen waren in den Landesfarben weißblau kariert. Zum Komfort gehörten eine Wasserleitung, elektrischer Strom von einem kleinen Aggregat, zerlesene Bücher, zwei offenbar ungelesene Exemplare von Hitlers Buch »Mein Kampf«, zerfledderte Landkarten und ein Radio, ein Volksempfänger.

Dicke, träge Flocken hatten die Spuren unseres Aufstiegs zugeschneit, wir fühlten uns geborgen und unauffindbar. Und wir fühlten uns wie Sieger: nach vier Jahren Befehlsempfang hatten wir uns selbständig gemacht, auf eigene Verantwortung und Gefahr. Wir würden in der Alpenfestung nicht für Hitler sterben. Wir waren Deserteure, vogelfrei, aber frei und fütterten den gemütlichen Kanonenofen mit Holzscheiten. Sollten wir jetzt noch erschossen oder gehenkt werden, so war es unser eigener Tod. Aber auch ihn wollten wir natürlich vermeiden.

Unser Hochgefühl der Selbstbefreiung dauerte nur eine Nacht und bis zum folgenden Nachmittag: am 30. April, gegen 15.30 Uhr, wurde in Berlin Hitlers Leichnam verbrannt. Um diese Zeit kam bei uns die Sonne heraus, sie gleißte in schmerzender Helligkeit auf dem grellaufleuchtenden Schnee. Die Luft war so klar wie das Wasser. Es gab ein paar vereinzelte Spuren von Rehen. Wir waren die lächerlichsten Deserteure der Welt: nicht einmal einen Tag lang. Immerhin: Hitler war in den Tod desertiert, wir ins Leben.

Die Gesamtkapitulation der deutsche Wehrmacht trat am 9. Mai in Kraft, ab 0.01 Uhr, eine Minute nach Mitternacht. Von oben sahen wir, wie die amerikanischen Soldaten ins Dorf fuhren, und beschlossen, so lange wie möglich auf der Hütte zu bleiben. Eines Tages troff das Schmelzwasser vom Dach, der Schnee war feucht und schwer, die Eiszapfen wurden rasch kleiner, mit dumpfem Patschen fielen die weißen Brocken von den Fichten, der Wind sprühte feinen Schnee von den Zweigen, in unzähligen Rinnsalen floß das Wasser den Berg hinunter. Wir hatten den Zahmen und den Wilden Kaiser vor uns, die Tauern und in der Ferne den Großglockner. Wir wollten nicht ins vollgestopfte Kriegsgefangenenlager Bad Aibling.

Mit dem Frühling krochen aus den meisten Alm- und Wochenend-Hütten, die um, über und unter uns lagen, desertierte Soldaten und zivile Flüchtlinge, darunter vermutlich höhere Amts- und Würdenträger, die den Plan, mit ihrem Führer zu sterben, unterwegs aufgegeben hatten. Zusammen ergab das eine kleine Kolonie, plötzlich waren wir nicht mehr einsam. Die Amerikaner im Dorf stiegen nicht auf den Berg, warum sollten sie sich der Gefahr aussetzen, von SS-Leuten erschossen zu werden. Wer sich auf dem Berg versteckt hatte, den trieb der Hunger sowieso eines Tages herunter.

Eine erbarmungswürdig magere junge Frau kam in unsere Hütte und sah sich neugierig um. Sie trug einen blaugrauen, viel zu großen Luftwaffenmantel, die Ärmel hingen ihr bis auf die Fingerspitzen. Eine allzuweite Skimütze saß ihr auf den Ohren. Auf dem Rücken schleppte sie einen Seesack, der ihr bei jedem Schritt in die Kniekehlen schlug. Sie hatte ihr sprödes Haar mit der Schere kurzgeschnitten, Wimperntusche war neben ihrer kleinen Nase heruntergelaufen auf die Oberlippe. Die Unterlippe war das beste. Sie schielte ein bißchen, und aus ihrem sehr breiten Mund kam ein Wienerisch, dem ich nicht widerstehen konnte. Sie fragte, ob wir nur zu zweit seien und ob sie uns eine Suppe machen solle: »Da könnt's euch anessen«.

Sie kannte sich unter eßbaren Kräutern aus, suchte sie auf der Alm zusammen, kochte die Suppe, machte später aus den Blättern der blaßlila Glockenblumen einen Spinat und blieb bei uns als eine Art Mädchen für alles. Am Abend schrubbte sie sich in einer Schüssel, die sie »Woaschmuschel« nannte. Sie war nicht viel mehr als Haut und Knochen. Auf ihrer kaum gewölbten Brust stellten sich die Türmchen auf, sie legte sich zwischen uns, sie wollte den einen nicht ohne den andern, sie behandelte uns, als seien wir zwei Hälften eines einzigen Liebhabers, und tat alles so simpel und selbstverständlich, als hätte uns die Natur eigens dafür geschaffen. Wir drei waren so etwas wie der fleischgewordene Rausch der ungenierten neuen Freiheit. Es war, als müßten die Versäumnisse des Krieges rasch nachgeholt werden.

Die Wienerin erzählte nichts über sich. Das eifersuchtsfreie Leben mit ihr war so angenehm, daß wir es durch ungebetene Fragen nicht zerstören wollten. Eines Morgens war sie weg und kam nicht mehr. Sie hatte jedem von uns eins ihrer Paßbilder aufs Bett gelegt; auf die Rückseiten der Bilder hatte sie uns beiden denselben Text geschrieben: »Ich muß nach Haus. In Liebe Eure Mucki«. Nicht einmal durch zwei Bilder konnte sie uns vereinzeln.

Von Funkern, die sich auf Almhütten in der weiteren Nachbarschaft versteckt hatten, erfuhren wir, daß die Amerikaner alle deutschen Soldaten einfingen und ins Gefangenenlager fuhren, jeden Tag, allerdings nur bis fünf Uhr nachmittags, dann hatten sie Dienstschluß und waren an deutschen Soldaten nicht mehr interessiert. Wir hielten das für unglaubwürdig, aber wir mußten es ausprobieren, weil wir nichts mehr zu essen hatten. Tatsächlich konnten wir uns nach siebzehn Uhr im Dorf ungeniert bewegen.

Den ersten Amerikaner aus der Nähe sah ich bei meinem ersten Gang ins Dorf. Er lag mit einem Mädchen ein bißchen vom Weg entfernt, hatte ihre Brüste aus dem tiefen Dirndldekolleté gehoben und küßte sie langsam und sorgfältig ab. Als er mich kommen hörte, blickte er auf, und ich schrie vor Schrecken hinüber: »What are you doing? Fucking?« Das Mädchen lachte. Er umfaßte ihre Brüste wie Beutestücke, rief: »We look for SS!«

Später wurde es notwendig, den Vermerk zu fälschen, den der amerikanische Ortskommandant kranken deutschen Soldaten ins Soldbuch schrieb: »Papers checked: ok. Captain Zellman«. Ich malte das mit Hilfe eines Originals, einer Glasscheibe, einer Taschenlampe und der Erinnerung an einen Kriminalroman elfmal nach. Einen Versuch, mit Hilfe des Milchwagensystems nach Hause zu kommen, gab ich auf: man ließ sich von einem Milchwagen zur Molkerei-Zentrale mitnehmen, suchte sich dort einen Milchwagen, der nach Norden fuhr, und ging dann zu Fuß zu einem Dorf, das im Bereich einer nördlicheren Zentrale lag, und so fort.

Unterwegs kam ich an einer Barackensiedlung mit schwarzen amerikanischen Soldaten vorüber. Es waren die ersten Neger meines Lebens. Ich erinnerte mich an meine

Kindheit, als wir in Darmstadt auf die Mathildenhöhe zur Künstlerkolonie gingen und neben Bernhard Hoetgers monumentalen Schreckensköpfen, vor denen wir ein bißchen Angst hatten, auf den einzigen Neger warteten, den es in der Stadt gab. Er ging hier manchmal spazieren, und sein Anblick war uns Stunden des Wartens wert. Jetzt aber kam ein ganzer Strom von Negern aus den Baracken bei Rosenheim. Einen besonders schwarzen mit einem sanften Gesicht bettelte ich um eine Zigarette an: »How about a cigarette, boy?« Er sah mich lange an, sagte dann mild, er sei kein Boy, »I'm a man«, und ging weiter. Es war ein Lektion fürs Leben.

Lebensmittel gab es nur, wenn man einen Entlassungsschein vorzeigen konnte. Ich hatte unstillbaren Hunger und kehrte zurück zur Hütte. Endlich hörten wir, daß es in Kirchseeon ein »Separation Center« gab, in dem man offiziell aus der Wehrmacht entlassen werden konnte. So traten wir, sieben Deserteure, am 16. Juni wieder in die Wehrmacht ein. Wir behaupteten, wir seien ein versprengter Peiltrupp, man glaubte uns nicht, wollte sich aber keine Mühe mit uns machen, und am 19. Juni waren wir entlassen mit den notwendigen Papieren und der Eintragung in eine Stammrolle, von der wir annahmen, daß man sie für den bevorstehenden dritten Weltkrieg zwischen den Vereinigten Staaten und der Sowjetunion brauchen werde. Unser Mut zur Fahnenflucht war damit vollends lächerlich und zu einer ausgelöschten Groteske geworden.

Im Entlassungslager hörten wir ein funkerisches Heldenlied über das Ende unserer Kompanie. Falls das nur eine der vielen Schwindelgeschichten war, die damals blitzrasch umgingen, so wäre sie doch eine mögliche und schöne Geschichte. Unsere Kompanie hatte noch einmal den Kommando-Sender aufgebaut, den sie normalerweise zum Peilen brauchte, und einen Funkspruch gesendet. Die Auswerter hatten ihn in tadelsfreiem Englisch aufgesetzt: die Kompanie bot ihre reichen Unterlagen über die sowjetischen Armeen an. Um die Seriosität dieses Angebots zu belegen, wurde der Spruch mit dem Schlüssel des amerikanischen Oberkommandos chiffriert, der in jenen sechs Stunden gerade gültig war, und an Eisenhowers Leitfunkstelle, wie man damals sagte, »abgesetzt«. Die Amerikaner kündigten durch Funkspruch ein Übergabekommando an, sie kamen mit vier Jeeps, luden alle Papiere ein und nach langwierigen Verhören in deutscher Sprache nahmen sie ein halbes Dutzend Auswerter mit und flogen sie in die Vereinigten Staaten: zur weiteren Auswertung.

Zwei Tage nachdem ich in Kirchseeon meine Entlassungs-Papiere erhalten hatte, warf ich in Arheilgen, meinem Geburtsort, meine Packtasche vom Zug und sprang hinterher. Ich sang leise den Bing-Crosby-Schlager »Don't fence me in«, rief unterwegs in das Haus, in dem mein Milchbruder gewohnt hatte, mit wenig Hoffnung: »Heinrich, bist du da?«, und er schrie: »Ja!«, und Helmut, mein ältester Freund, war auch schon da. Beide waren zuletzt im Osten und dennoch schneller als ich. Wie kam ich zur Einbildung, ich hätte alles besonders schlau gemacht? Meine Eltern erwarteten mich, sie wußten schon, daß ich auf einer Almhütte gelebt hatte, nicht im Gefangenenlager und auf dem Weg nach Hause war.

Was es auf Lebensmittelkarten gab, war zum Leben zu wenig und zum Sterben zu viel. Die amerikanischen Soldaten hatten den Befehl, ihre Essensreste und überschüssigen Lebensmittel zu verbrennen, und sie machten das auf dem Schulhof inmitten hungriger Kinder. Den Soldaten war verboten, mit den Deutschen zu reden oder sich gar mit ihnen zu verbrüdern, »to fraternize«. Einige hielten sich nicht daran, und viele Neger steckten den Kindern etwas Eßbares zu, sie sahen in den Deutschen ähnliche »underdogs«, wie sie selbst in den Vereinigten Staaten waren.

Als es den Vereinigten Staaten notwendig erschien, die Deutschen als künftige europäische Verbündete zu gewinnen, wurde die »non-fraternization« beendet und die »fraternization« angeordnet. Freundschaft und Verbrüderung aber können nicht befohlen werden wie auf dem Kasernenhof »Ganze Abteilung kehrt!« Als es auch der PEN-Club, diese internationale Vereinigung von Poeten, Essayisten und Romanciers, für opportun hielt, die Ächtung der Deutschen zu beenden, skizzierte Erich Kästner, der deutsche Verhandlungsführer, die internationale Stellung der Deutschen durch eine Geschichte: Ein amerikanischer Vater beobachtet, wie sein Junge auf der Straße einen deutschen Jungen verprügelt. Er erklärt seinem Sohn, daß jetzt die »fraternization« befohlen und daß der Deutsche sein Freund sei. »Aber er *ist* mein Freund«, beteuerte der amerikanische Junge, »ich kann ihn nur nicht ausstehen.«

Die Hungerzeit vor der »Fraternization« war die große Zeit der Bauern: sie hatten das, was alle brauchten, im Überfluß und ließen es sich im Tauschhandel teuer bezahlen. Der aus der Stadt angeschleppte Perserteppich für den Kuhstall war übertrieben, aber sprichwörtlich. Man lebte von Hamsterfahrten über die Dörfer, vom Mitleid einzelner Bauern (die, so hieß es, schon zwei Perserteppiche im Kuhstall hatten), von Lebensmittelpaketen aus den Vereinigten Staaten, falls man dort gebefreudige, dollarstarke Verwandte hatte, und man lebte von seinem kleinen Garten und vom Diebstahl aus Beständen der Besatzungsmacht.

Die Amerikaner oder die Bauern zu bestehlen war Ehrensache der Männer. Unter den Frauen, den jungen und halbwegs attraktiven, gab es die Chance, die sich ihnen in den Notzeiten nach den Kriegen immer bietet: Wenn das elementare Bedürfnis des Essens nicht mehr gestillt werden kann, haben sie etwas zu tauschen, mit dem sie ein elementares Bedürfnis der Sieger stillen können. So war es während des Krieges in vielen von den Deutschen besetzten Ländern, wo die Soldaten auf die Suche gingen, um wie sie sagten, »einen Laib Brot zu verficken«, und so war es nun auch in Deutschland. Die amerikanische Soldatenzeitung »Stars and Stripes« nannten diese »Frauleins« zur Abschreckung »Veronika Dankeschön«, darin steckten die Initialen »V. D.«, es war die Abkürzung für »venereal disease«, die Geschlechtskrankheiten. Der Neid und die Reste des Nationalismus fielen hämisch über diese Frauen her, die doch nur eine sachliche Überlebensrechnung aufgemacht hatten: Eine Packung oder gar eine Stange amerikanischer Zigaretten, aber auch schon eine Schachtel mit den langen Zigarettenkippen der Amerikaner waren Kostbarkeiten, man konnte sie tauschen und von ihnen existieren.

Das Essen und die Liebe waren heillos miteinander verquickt. Davon handelt die Klage eines Mannes, den seine Freundin verlassen hat: »Was hilft's, daß deine Marken nun komplett sind, / daß dir allein das Restchen Rum-Verschnitt, / daß zehn Gramm Fett nun wirklich zehn Gramm Fett sind – / sie ist davon und nahm die Sonne mit. / Sie liebte, kochte gut. Ihr wart euch treu drum, / es ist vorbei. Koch selbst. Und sei kein Mann / Und wenn es geht, entwickle dich zum Neutrum, / weil man als Neutrum ohne Frauen leben kann.« Damals schrieb ich hin und wieder solche Cabaret-Verse ungeniert im Stil Erich Kästners, darunter auch die folgenden, die inzwischen nicht selbständiger geworden sind, aber durch ihre Zeitatmosphäre zitierwürdig sein mögen:

Du bist wie eine Kippe,
zerknautscht und noch leicht naß
von einer fremden Lippe,
bist abgebrannt und blaß.

Wenn ich dich auf der Gasse,
wo man dich ausgespuckt,
mit spitzen Fingern fasse,
schiel ich, ob keiner guckt.

Man muß die Augen schließen,
gibst du das Letzte her,
man könnte sich erschießen,
man schwört: Ich rauch nicht mehr.

Verbrennt man sich die Lippe,
ist blöd, wer sich beschwert:
Du bist wie eine Kippe,
verrucht und doch begehrt.

Vor dem Krieg hatte ich mein Lebensziel zu kurz gesteckt. Ich kannte die Behauptung, ein Mann könne mit seinem Leben nichts Besseres anfangen, als einen Baum zu pflanzen, ein Buch zu schreiben, ein Kind zu zeugen und – dies war in der Hitler-Jugend dazugekommen – einen Feind zu töten. Danach nahm ich mir vor: Von einem Feind nicht getötet werden; einen Baum pflanzen; ein Kind zeugen; ein Buch bei Rowohlt. Diesen Verlag verehrte ich über alle Maßen: in ihm erschienen noch in den dreißiger Jahren viele meiner Lieblingsautoren, Hemingway vor allen andern, Faulkner und Thomas Wolfe. Zu dieser illustren Gesellschaft wollte ich gehören.

Dem Tod durch Feinde zu entgehen, war mir gelungen. So pflanzte ich unverzüglich ein paar Bäume, schrieb den kleinen Roman »Nachtfahrt«, er erschien 1949 bei Rowohlt, und 1952 erschien mein Sohn. Ich war 29 Jahre alt und hatte mein Lebensziel jäh erreicht. Was nun noch folgte, konnten nur Übererfüllungen sein.

Den kleinen Roman zu schreiben war freilich viel schwieriger, als ich es mir vorgestellt hatte. Es fehlte schon an der Zeit: Wer keine Arbeit nachweisen konnte, wurde zur Trümmerbeseitigung dienstverpflichtet. Der Buchhändler Robert d'Hooghe, derselbe, der mir als Hitlerjungen die verbotenen Bücher verkauft hatte, gab mir die Adresse eines Mannes, der sich bei den Amerikanern um eine Lizenz zur Gründung einer Zeitung bewarb. Er hieß Johann Sebastian Dang, war als politisch unzuverlässiger Lehrer von den Nationalsozialisten entlassen worden, hatte wie viele mißliebige Intellektuelle in der Korrektur der »Frankfurter Zeitung« überlebt und hatte den anmutigen Biedermeier-Roman »Baptist und Barbara« geschrieben.

Dang war ein ungeheuer sympathischer Mann und führte mit mir, bevor er mich zum Thema kommen ließ, ein Fachgespräch über das Pflanzen und Fermentieren von Tabak und die Herstellung von Zigaretten in eigener Regie. Wenn er sich eine Zigarette aus selbstangebautem Tabak ansteckte, drehte er eine für mich mit. Ich sagte ihm, daß ich nicht das geringste Interesse an seiner Zeitung hatte und nur eine Bescheinigung von ihm wollte, damit ich mein Buch in Ruhe schreiben konnte. Natürlich wollte er etwas von dem Buch sehen, ich hatte das erste Kapitel mitgebracht. Er las es, lange und aufmerksam, und sagte endlich, unverhohlen ein bißchen erstaunt: »Aber das ist ja gut.« Er gab mir die Bescheinigung, ich fuhr mit dem Fahrrad beruhigt und ermutigt nach Hause und schrieb weiter.

Ich brannte auf weitere Bestätigungen und schickte ein Kapitel an »Das goldene Tor«, eine literarische Zeitschrift, die der von mir besinnungslos verehrte Alfred Döblin herausgab, der Autor von »Berlin Alexanderplatz« und »Berge, Meere und Giganten«, jetzt ein französischer Kulturoffizier in Baden-Baden. Er schrieb mir einen, wie mir schien, kostbaren Brief, daß er die Geschichte drucken wolle.

Als ich im Juli 1947 in Baden-Baden zu tun hatte, ging ich

zu seinem Amtssitz in der Villa Stephanie, dem Zentrum der Kulturpolitik in der französischen Zone. An seiner Tür stand auf einem Pappschild: »Monsieur Doblin ne reçoit pas le matin«. Das war so scheinbar unabsichtlich knittelhaft gereimt wie sein 1946 erschienenes Buch »Der Oberst und der Dichter«, er hatte es während des Kriegs im kalifornischen Exil geschrieben und darin den Oberst anklagen lassen: »Sie haben die Methoden, die sie später an andern Völkern exekutiert, zunächst am eigenen Volk probiert. Sie haben Deutschland enthirnt, entmündigt und entmannt und das Resultat zynisch weiter Deutschland genannt...«, die Sätze gingen mir durch den Kopf wie ein Leierkasten, und das sollten sie ja wohl auch mit Döblins Segen.

Nun war es Mittag in der Villa Stephanie, und Döblin war nicht da. Zwei Sätze aus seinem kurzen Brief drehten sich wie ein Brummkreisel betäubend in meinem Kopf und forderten von mir eine Tat: »Ihre Geschichte hat mir ausgezeichnet gefallen. Wir werden Sie bald in der Zeitschrift ›Das goldene Tor‹ bringen.« Der Brief war im April geschrieben, und jetzt war es Juli, ich hatte ein Vierteljahr lang nichts mehr gehört. Verzweifelt entschloß ich mich zu einem Urfrevel: ich ging zu Döblins Wohnung und klingelte so lange an der Tür, bis er aufmachte, die Hosenträger hingen herunter, das Hemd war halboffen, das Haar zerrauft und das Gesicht eine Illustration des Begriffs »unwirsch«. Ich hatte ihn aus dem Mittagsschlaf gerissen und hochgejagt vom Sofa. Stammelnd fragte ich nach meiner Geschichte. Er sah mich eine Zeitlang ausdruckslos an, dann brüllte er: »Is' gedruckt!« und warf die Tür zu.

Ich glaubte es nicht, bis ich »Das goldene Tor«, Heft 7, 1947, in der Hand hatte. Im Anzeigenteil wurden Briefmarken, Wappen, graphologische Gutachten, Charakteranalysen, Gedankenaustausch und Ehepartner angeboten, anderes gab es damals nicht zu verscheuern. Im redaktionellen

Teil stand meine Geschichte »Begegnung – tief unten« als Vorabdruck aus einer Erzählung, die später »Nachtfahrt« genannt wurde und damals noch den Titel trug »Antonius wird nicht heilig gesprochen«. So ermutigte mich Alfred Döblin, der große Epiker, der Verwandler alter und Erfinder neuer Mythen, zu einer Sorte Literatur, für die ich, wie ich erst zwei Jahre danach bemerkte, kein Talent hatte.

Das Manuskript schickte ich nach Stuttgart, an den Rowohlt-Verlag, der von Heinrich-Maria Ledig geleitet wurde. Rowohlt war der einzige Verlag, der von allen vier Besatzungsmächten eine Lizenz hatte. Die anderen drei Teilverlage saßen in Baden-Baden, Hamburg und Berlin. Ledig war ein außerehelicher Sohn des alten Ernst Rowohlt, aber das wußte ich damals noch nicht. Vater und Sohn hüteten ihr Geheimnis, das alle Welt kannte, sogar voreinander: der Vater nahm an, der Sohn wisse es nicht, und umgekehrt. Ich war vermutlich der einzige, der dieses kuriose Verhältnis nicht kannte.

Schon gegen Ende 1945 stand Hans Dang vor der Tür, der Mann, der in Darmstadt eine Zeitung machen wollte, und sagte: »Ich lade Sie ein, als Volontär in die Zeitung einzutreten, die Lizenz kommt in den nächsten Tagen.« Ich erinnerte ihn daran, daß ich an der Zeitung nicht interessiert war. »Aber Sie will ich haben«, sagte er, »die andern dreißig nicht, sie haben mir alle erzählt, daß sie schon immer, schon im Mutterleib den Wunsch hatten, Journalist zu werden. Sie sind der einzige, der mir das nicht gesagt hat. Ich habe Ihnen einen Gefallen getan, nun tun Sie mir einen Gefallen. Sie können ja, wenn es Sie langweilt, jederzeit aufhören.«

So trat ich in das Blatt ein, und in der ersten Nummer, am 21. November 1945, erschien mein erster Beitrag, ein versponnenes Feuilleton, unaktuell und schreiend unwichtig: wichtig vielleicht doch, weil dieses Stückchen Prosa von Anfang an klarmachte, daß im Feuilleton andere Vorstellungen von Wichtigkeit und Aktualität herrschten als in allen anderen Ressorts. Als die Feuilleton-Ressorts später diesen Grundsatz nicht mehr ernst nahmen, schwanden sie in vielen Tageszeitungen dahin.

Paul Rodemann, der zweite Lizenzträger, ein verkitschter Schreiber aus Offenbach, hatte zu unserem Kummer die Zeitung »Darmstädter Echo« getauft. »Wenn die Zeitung nur ein ›Echo‹ wird, brauchen wir sie gar nicht zu gründen«, brummelte Dang. Es war der Beginn eines Dauerstreits zwischen den beiden, bis die Amerikaner entschieden, daß nur mit drei Lizenzträgern eine Mehrheit durch Abstimmung möglich sei und die dritte Lizenz an Hans J. Reinowski gaben. Die beiden andern, durch ihre Kämpfe ermüdet, überließen Reinowski, den sie beide schätzten, praktisch die Macht. So wurde er zum eigentlichen Gründer und Gestalter der Zeitung.

Den Vorabdruck aus »Nachtfahrt« im »Goldenen Tor« hatte Ledig gelesen und mir geschrieben, ob er das Ganze haben könne. Er redete mich mit »Lieber Meister« an, das war natürlich Ironie, aber es schmeichelte mir doch. Er akzeptierte »Nachtfahrt« doch nicht ohne Bedingungen: Das Buch mußte kürzer, er mußte zu einem Büchlein werden, denn kein Leser halte meine verwirrende Erzähltechnik längere Zeit durch. Es mußte klarer werden, und das sollte durch Stichwörter am Kopf jeder Seite, die man »lebende Kolumnentitel« nannte, und durch Kursivsatz der irrationalen Partien erreicht werden.

Ich fuhr an den Tegernsee, wo der Rowohlt-Lektor Hans Georg Brenner lebte, der mir beim Überarbeiten half. Von ihm habe ich mehr über das Schreiben gelernt als von jedem anderen Menschen. Es faszinierte mich, wie meine Sätze unter seinen Ratschlägen durchsichtiger wurden, heller und lesbarer. Ich warf ganze Absätze klaglos in den Papierkorb, und wenn man mich am Ende gefragt hätte, ob ich nicht

besser auf das ganze Buch verzichten sollte, hätte ich zuge-
stimmt. Zum Glück für meinen Autorenstolz und meine Ei-
telkeit aber fragte mich niemand. Über die neue Fassung
schrieb mir Verleger Ledig zwar »Aber, mein Bester, Sie
werden mir wohl ungeniert zugeben, daß im vorliegenden
Fall das verlegerische Risiko ebenso phantastisch ist wie das
Büchlein selbst«, aber er druckte es.

Mein Lektor Brenner ermunterte mich, die wohl meistge-
lesene und meistgeliebte Schriftstellerin der Welt zu besuchen, Hedwig Courths-Mahler, die ganz in der Nähe, in
ihrer Villa am Tegernsee lebte, zusammen mit ihren beiden
Töchtern Margarete Elzer und Friede Birkner, die ebenfalls
»Frauenromane« schrieben. Von Friede Birkner gab es
schon mehr als zweihundert Romane. Als die Bücher der
Mutter zum erstenmal erschienen, zwischen 1905 und 1943,
sagte man: Sie schreibt für Dienstmädchen, aber sie wird
heimlich auch von der gnädigen Frau gelesen. Unmittelbar
nach dem Krieg hatte ich in Reutlingen, im Keller eines
angesehenen Verlags Manuskripte der Hedwig Courths-
Mahler betrachtet und ihre kleine, geduldige Handschrift
studiert. Die Handschriften waren in dicken Schachteln gestapelt und das eigentliche Fundament dieses soliden Hauses, nicht der Beton und nicht die Mauern und auch nicht
seine beliebte lyrische Blütenlese »Das klassische Vergiß-
meinnicht«.

Frau Courths-Mahler, damals einundachtzig Jahre alt,
ließ sich grundsätzlich nicht interviewen, aber ich habe sie
vorüberhuschen sehen, eine hoheitsvolle Erscheinung mit
weißem, hochgestecktem Haar und einem fußlangen braunen Kleid. Ihre gelbe Dogge sprang an mir hoch, es war wie
in einem ihrer Romane. Ihre Tochter Margarete Elzer sagte:
»Einundachtzig Jahre haben immer recht«, und sie erzählte, ihre Mutter schreibe an einem neuen Roman. Sein
Titel traf 1948 punktgenau die damalige Massensehnsucht

und meine Sehnsucht auch: »Die Flucht in den Frieden«. Das war genial. Sie war so erfolgreich, weil sie wußte: Ohne gelegentliche Austritte aus der sozialen Wirklichkeit hält kein Mensch die soziale Wirklichkeit aus. Der junge Mann mit seiner »Nachtfahrt« und der Hybris der Avantgarde verließ ihre Villa ein wenig beklommen.

Hans-Werner Richter lud mich ein zu Tagungen der »Gruppe 47«. Die Eingeladenen lasen aus ihren neuen Arbeiten vor, und danach wurden sie kritisch auseinandergenommen. Das war ein oft grausamer Vorgang, durch den man aber auch etwas lernen und selbstsicherer werden konnte, indem man beispielsweise das Schreiben aufgab. Richters erste Romane waren politisch gut gemeint und quälend langweilig. Er wurde geschätzt und geliebt als ein Genie der leicht distanzierten Freundschaft. Er allein entschied, wer wieder eingeladen wurde, und die Eingeladenen hatten allen Grund, sein Fingerspitzengefühl zu rühmen; die Nichtmehr-Eingeladenen hörten auf, für die Gruppe zu existieren.

In Jugenheim las ich 1948 aus »Nachtfahrt« eine Parodie auf die Gruppe 47 mit ihrer entweder kaltschnäuzigen oder weinerlichen literarischen Ausbeutung von Kriegserlebnissen. Niemand fühlte sich getroffen, alle hatten sie ein ganz anderes Bild von sich selbst, ich war bitter enttäuscht. In Marktbreit las ich 1949 die (hier als nächste gedruckte) Geschichte »In der großen Pause«. In Bad Dürkheim wurde 1951 die gesamte Lesezeit den »Jungen« eingeräumt, zu denen ich schon nicht mehr gehörte: die Gruppe entdeckte damals Heinrich Böll.

Die meisten Gruppenmitglieder waren – wie Böll – auf sanftmütige Weise rabiate anarchistische Träumer und hatten kein Verständnis für die Forderungen der politischen Praxis. Politisch gehörte Hans-Werner Richter zur »heimatlosen Linken«, zu der sich viele Gruppenmitglieder zählten.

Das war eine beliebte, weil bequeme Position: Man durfte sich »links« fühlen und war, da man in keiner Partei eine »Heimat« fand, zu nichts verpflichtet. Ich ahnte diese Zusammenhänge, aber ich wollte sie nicht wahrhaben und gab meiner Verständnislosigkeit die Schuld, wenn mir die Gruppe rasch unbehaglich erschien.

Die Gruppe 47 brachte mir nicht viel außer einer legeren Kameraderie mit Schriftstellern, deren Namen ich aus der Zeitschrift »Der Ruf« und der deutschsprachigen amerikanischen »Neuen Zeitung« kannte, und außer einer unsäglichen Langeweile, wenn sie ihre pathetisch klobigen Sachen vorlasen. Allein Alfred Andersch hörte ich, entzückt von seiner distanzierten Ironie, gern zu. Im übrigen mußte ich ein literarisches Interesse heucheln, das ich zu meinem Erstaunen nicht besaß. Ich fragte mich, ob ich mich und meine Talente, falls man von denen überhaupt reden konnte, nicht falsch einschätzte. Vielleicht war ich zum Schriftsteller nicht bestimmt?

Bei der Antwort auf diese Frage half mir die Gruppe 47: Sie brachte mich auf den nüchternen Gedanken, daß der Journalismus moderner, in seiner Weltsicht realistischer und in seinen begrenzten Zielen praktisch wirksamer sei als das altmodische, schwerfällige Schreiben von Romanen. Ich bat Hans-Werner Richter, mich künftig nicht mehr einzuladen, und entschied mich für die Zeitung.

»Nachtfahrt« ist eine Parabel, eine gleichnishafte Geschichte, aufgebaut aus realistischen Details. Davon versprach ich mir eine doppelte Wirkung: Das Gleichnis mußte man mit dem Verstand entschlüsseln, und der Realismus, hoffte ich, werde die Gefühlswelt treffen. Mit verzagtem Hochmut erwartete ich eine kleine, aber exquisite Leserschaft. Zwischen dem 1. Juli 1949 und dem 31. März 1950 wurden 307 Bücher verkauft, ich erhielt pro Exemplar 39 Pfennig. Es gab ein paar Totalverrisse und viele wohlgefällige Rezensionen: als »junger Autor« traf man auf viel Nachsicht und guten Willen. Von Arno Schmidts Büchlein »Leviathan«, das ich bewunderte und das zur selben Zeit wie »Nachtfahrt« bei Rowohlt erschienen war, wurden noch weniger Exemplare verkauft. Für uns beide war es ein schwacher Trost, daß die Bücher nach der Währungsreform auf schlechtem Vorwährungsreform-Papier gedruckt wurden und daß auch die Leser nicht mehr an die Zeit vor der Währungsreform erinnert werden wollten.

Arno Schmidt, ein geborener Schriftsteller, blieb bei diesem Geschäft und führte es schließlich erfolgreich weiter. Mir war der »Saldo zu Ihren Gunsten«, den mir der Verlag mitteilte, doch ein bißchen wenig: Die Zigaretten, die ich während des Schreibens geraucht hatte, kosteten wesentlich mehr, als das Geschriebene einbrachte. Im April 1950 schrieb mir Ledig: »Immerhin bin ich erstaunt, daß wir doch schon etwas über 550 Ex. verkauft haben. Mein Pessimismus ist also erstaunlich widerlegt worden. Ich hoffe, Sie verlangen nicht sofort Abrechnung, sonst würde mir ganz blümerant.« Natürlich verlangte ich keine Abrechnung, aber möglicherweise schließlich für den ganzen Verlag aufkommen, das wollte ich auch nicht.

Ledig hatte seinen Brief unterschrieben mit »Ledig-*Rowohlt*«, sein Vater hatte ihn endlich adoptiert. Neben seinem Teilnamen »Rowohlt« hatte Ledig mit Bleistift vermerkt: »absteigende Linie!« Auch das war ein unnötiger Pessimismus: unter Ledigs Leitung stieg der Rowohlt-Verlag schließlich gewaltig auf – eine glückliche Entwicklung, zu der ich nur durch Schreibenthaltung beigetragen habe.

In der großen Pause
Die Geschichte von den Abitursoldaten

November 1946. Die Abiturienten lungerten um den Fahrradständer. Der Regen, der in den Tälern des Wellblech-
dachs zusammenlief, klatschte dicktropfig auf den Boden
und schmatzte in den Trichtern, die er sich im Laufe der
Jahre in den Sand gebohrt hatte. Eine lange Reihe tiefer
Trichter, die nie gestört worden waren, denn der Aufenthalt
am Fahrradständer war während der Pause verboten, und
nachmittags war der Schulhof verödet.

»Wer hat was zu rauchen?« fragte Horst. »Mein Frau muß
jeden Augenblick vorbeikommen. Sie bringt bestimmt ein
paar Zigaretten mit.«

Es war die große Pause – fünfzehn Minuten – zwischen
der zweiten und der dritten Stunde, zwischen Englisch und
Mathematik heute. Horsts Frau kam oft in der großen
Pause. Dann standen sie ein wenig abseits, Horst hielt ihre
Hände, das Einkaufsnetz baumelte zwischen ihnen. Manch-
mal küßten sie sich auch. »Es gibt keine Vorschrift«, sagte
Horst, »die den Abiturienten das Küssen ihrer Frau auf dem
Schulhof verbietet!« Sie hatten im dritten Kriegsjahr gehei-
ratet, als Horst Kompanieführer wurde.

Erich, der Jüngste, zog seine rote Militär-Butterdose aus
der Tasche, schraubte sie auf, stopfte sich eine Pfeife und
reichte sie weiter. Er lehnte mit dem Rücken an einem Fahrradsattel und wippte leise, daß die Sattelfedern quietschten
und die Krücke, die er an die Lenkstange gehängt hatte, gegen den Rahmen schlug. Die andere Krücke bohrte er in
einen der Regentrichter, die Tropfen zerplatzen auf dem sil-
berbroncierten Metall.

»Jetzt geht's los, meine Herren«, sagte Ludwig. Er stand
mit eingezogenem Genick, die Ellenbogen an den Hüften,

das Mathematikheft in beiden Händen. »Die Parabel ist der geometrische Ort aller Punkte, die von einer festen Geraden und einem festen Punkt gleichen Abstand haben.«

»Zum Speien«, sagte Jakob, »ihr benehmt euch wie die Pennäler.«

»Sind wir das nicht?« fragte Ludwig. »Wir sind ein Sonderlehrgang, aber wir sind Pennäler. Unser Kriegsabitur wird nicht anerkannt, weil wir es ein Jahr zu spät gemacht haben. Und jetzt passen wir uns wieder mal den herrschenden Verhältnissen an. Das könntest du inzwischen gelernt haben. Drei Jahre Kommiß.«

»Hat er gelernt«, sagte Erich. »Er hält die Zigarette in der hohlen Hand, weil er Angst hat vor der Protze.« Erich nahm einen tiefen Zug aus der Pfeife und blies eine Rauchwolke in die Richtung des Schuleingangs, wo Dr. Protz, der aufsichtsführende Herr, die Hände auf dem Rücken, unter dem gläsernen Vordach hin und her pendelte.

»Vor der Protze ist das kein Kunststück«, sagte Horst. »Er nimmt Rücksicht auf uns, der alte Herr, er übersieht uns.«

»Entsetzlich«, sagte Jakob. »Wie die Pennäler.« Er drehte sich rasch um, steckte die Hände in die Hosentaschen, stand ein wenig abseits, den Rücken uns zugewandt. Eine tiefe Rinne furchte seinen dünnen Hals.

Philipps Schuhe füllten sich mit Wasser. Er hatte sie von seinem Vater, und sie waren eine Nummer zu groß. Ludwigs Schuhe, amerikanische Halbschuhe mit dicken Nähten, waren wasserdicht: er hatte eine Zeitlang in einem Magazin der Amerikaner gearbeitet, abends bei Dunkelheit die gestohlenen Halbschuhe angezogen, mit Dreck verschmiert und war glücklich am Posten vorbeigekommen. Horst trug weiche Schaftstiefel mit breiten Sohlen und einer Lederzunge an den Absätzen, Offiziersstiefel, immer noch brauchbar. Erich brauchte nur noch einen Schuh, orthopädisches Zeug, es sah ein bißchen hölzern aus, war aber dicht. Jakob hatte seine Kommißtreter an mit den hochgewölbten Kappen, wichseverkrustet, ewig grau.

»Wo's eine feste Gerade gibt und einen festen Punkt«, sagte Philipp, »ist der feste Punkt bestimmt F, focus, der Brennpunkt. An irgendeinem Punkt brennt's immer, da helfen alle festen Geraden nicht. Und wenn's nicht brennt, wird 's mit Hilfe von Schußparabeln angesteckt.«

»Spinner«, sagte Erich.

»Embryo, das verstehst du nicht«, sagte Ludwig, »du hast den Krieg versäumt. Du hast Glück gehabt und den Knochen beim ersten Bombenangriff verloren. Luftwaffenhelfer!« Er lachte.

»Weg ist er auf jeden Fall, der Knochen«, sagte Erich und klopfte die Pfeife an der Krücke aus.

»Bei uns ist auch allerlei weg«, sagte Ludwig.

»Beispielsweise die Parabel.«

»Ich weiß genug über die Parabel«, sagte Horst. »Artillerie. Kriegsschule. Der Krieg ist der Vater aller Dinge.«

»Heraklit. Amen«, sagte der schmächtige Jakob.

Der Wind brachte die Regenfäden in Unordnung, blies sie schräg über den gelben Platz. Der Kies wurde dunkler, auf den großflächigen Wasserlachen zerplatzten die Blasen. Von den Blättern der Linden hüpften dicke Tropfen, unkontrolliert, regellos, sorglos. Dr. Protz blickte zum Himmel, der weiße Vollbart wölbte sich über seinem Hals. Das nackte, schwarze Dachgebälk auf dem Schulhaus wurde wieder einmal gewaschen. Sie hatten eine Betondecke eingezogen. Auf die oberen Flure platschte das Wasser und lief in breiten Rinnsalen die Treppe hinunter. Das Klassenzimmer des Sonderlehrgangs lag im Keller. Vor den Fenstern führten Schächte in die Welt, die mit trübem Licht durch das obere Drittel der Scheiben eindringen konnte.

Manchmal liefen Beine draußen vorbei, sichtbar bis zum

Knie, Perspektive des Sehschlitzes, Betonbunker. Einmal hatte dort Ilse auf Horst gewartet, war auf- und abgegangen, bis zum Knie. Die Lehrgangsteilnehmer, die ihr Abitur nachholten, hockten im Halbdunkel hinter Tischreihen auf wackligen Schemeln und waren von den jüngeren, regulären Schülern nicht mehr zu unterscheiden. Sie schrieben ab aus Büchern und Heften, sie riefen »Volle Deckung!«, wenn der Alte kam, und »Alle Mann auf Tauchstation« und duckten sich, und Ilse ging oben auf und ab, Horsts Frau. Sie quiekten und lachten: Mehr Ernst, meine Herren! Sie haben dem Tod ins Auge geblickt.

Über den Schulhof kam Walter gelaufen. Er hatte Bücher unter der Windbluse, hielt sie mit der linken Hand fest, die rechte ruderte in großen Schwüngen. Der Regen lief über seine nackten Knie. Er trug kurze Hosen wie damals, als sie den »Reifevermerk« erhielten, der jetzt nichts mehr galt. Walter schrie: »Wie groß ist die kleine Halbachse...« Sein Mund stand offen, als er über eine breite Pfütze sprang.

»Wie klein ist die große Halbachse«, alberte Erich.

»Weiß jemand was über die lineare Exzentrizität?« fragte Horst. Er war plötzlich sehr aufgeregt.

»Kindische Frage«, sagte Walter.

»Dann erklär mir's doch«, sagte Horst.

»Tritt ihm die Leutnantsstiefel in den Hintern«, schlug Erich vor und angelte nach seiner Krücke.

»Jetzt darfst du's«, ermunterte ihn Jakob, »beim Kommiß wären dafür fünf Jahre fällig, Vollzugsanstalt Torgau.«

»Macht jetzt keinen Quatsch!« schrie Horst. »Was ist lineare Exzentrizität?«

»Gedachte Linie vom Hühnerauge des Schützen in den Hintern des Vorgesetzten«, sagte Erich.

»Mein Frau«, sagte Horst. Er war blaß geworden und hatte eine Gänsehaut bekommen. Die Bartstoppeln stachen senkrecht aus der Haut, die Kaumuskeln zuckten. Er drehte sich rasch um und stakte mit großen Schritten über den Hof. Er wippte beim Gehen.

»Offiziers-Fatzke«, sagte Erich.

Horst nahm Ilse das Einkaufsnetz ab und den roten Schirm. Sie stand dicht vor ihm, er hielt den Schirm zu hoch.

»Sie hat eine schönen Hinterhof«, stellte Erich fest.

»Was weißt du schon davon«, sagte Ludwig, »mit deinen achtzehn Jahren.«

»Oho«, protestierte Erich. »Ich habe in Wien promoviert, bei Madame Rosa im ersten Bezirk.«

»Arschloch«, sagte Ludwig.

Erich ließ die Krücke fallen und warf sich auf das Fahrrad, daß der Sattel quietschte.

»Jetzt ist er beleidigt«, sagte der schmächtige Jakob , »wie ein Pennäler. Entsetzlich.«

»Vom Kreis weiß ich nichts mehr«, klagte Walter. »Wenn er wiederholt, macht er mich fertig.« Er legte seine Hand auf Philipps Schulter und fragte ihn: »Weißt du noch etwas vom Kreis?« Philipp starrte in eine Pfütze. Dort hockte, klatsch-naß, ein Knäuel Papier, Butterbrotpapier, zweckentfrem-det, hat nie Butterbrot zu sehen bekommen, und wurde zu-sammengehämmert, ins Wasser gehauen, zu Tode getunkt. Philipp ging langsam vorwärts, trat in die Pfütze, eiskalt schoß es ihm die Waden hoch, er fühlte die Hand nicht mehr auf seiner Schulter, rechts von ihm, hundert Meter weg, Vi-sier einhundert, standen Horst und Ilse unter dem roten Schirm. Philipp dachte: Seine Stiefel sind dreckverschmiert, man kriegt immer dreckverschmierte Stiefel, wenn man die Stellung abgeht, bis man ganz abgeht, verschwindet von der Bühne, exit wie bei Shakespeare. Die Wache ist zu Ende, es kommt die Ablösung, die Füße drehen sich nicht mehr, wo der Abschnitt zu Ende ist, sie laufen weiter, befreit, die Kniegelenke zittern, befreit, die Stalltür knarrt, ich taste mich hinein, es ist warm und dunkel, ich stolpere über

Beine, Vorsicht, in die Wand sind Ringe eingelassen, für das Vieh und brauchbar für das Koppel mit den Patronentaschen, ich bücke mich, Zeltbahn, Zeltbahn, Loch, das ist Stroh, ich schiebe mich dazwischen, krieche in das Futteral der Decke, die Packtasche unter den Kopf, das Kochgeschirr ist hart, aber ich bin müde, ich habe jetzt Pause, große Pause, bis ich wieder geweckt werde, und ich will nie wieder geweckt werden, man stirbt zu leicht, wenn man wach ist. Ich bin jetzt eingeschlafen, ich träume von der Schule, sie ist ein bißchen abgebrannt, das Dach ist ausgebrannt, das nackte, schwarze Gebälk wird wieder mal vom Regen gewaschen, große Wäsche muß gelegentlich sein. Unter dem Glasdach pendelt hin und her Dr. Protz, die Protze mit weißem Vollbart, er kann das alles nicht so recht kapieren, soll im Sanatorium gewesen sein, die letzten Jahre, man hat ihn wieder geholt, weil er politisch unbelastet ist, man muß ihm das erklären. Ich gehe jetzt über den Schulhof, um ihm das zu erklären. Entschuldigen Sie bitte einen Augenblick. Herr Doktor, ich möchte Ihnen das erklären. Dr. Protz beugt sich vor. Er sagt: Sie wissen doch, daß das Rauchen im Schulhof verboten ist. Ich sage: Natürlich weiß ich das, aber das ist im Moment nicht so wichtig, Herr Doktor. Die Protze sagt: Warum haben Sie dann geraucht, Sie machen mir Unannehmlichkeiten. Ich sage: Sehen Sie, Herr Doktor, wir haben uns das so angewöhnt. Horst, zum Beispiel, steht dahinten mit seiner Frau. Das ist auch so eine Gewohnheit, die er nicht mehr lassen kann. Dr. Protz sagt: Wir sind hier in einem Gymnasium und bereiten das Abiturium vor. Ich sage: Aber wir haben doch jetzt große Pause, Herr Doktor. Wir sind abgelöst. Wir schlafen jetzt. Das ist doch nicht so schwer zu verstehen. Sie verstehen doch auch die lineare Exzentrizität. Sehen Sie, da ist zum Beispiel Walter: seitdem er wieder eine kurze Hose trägt, hat er alles vergessen, was gewesen ist, Schießerei und Blut und Dreck. Und Ludwig,

das ist der Dunkle, der Untersetzte, der Alte, neunund-
zwanzig Jahre alt, der ist auch wieder so wie in kurzen Hosen. Ich bin nicht anders, und Horst, der Verheiratete, der ist
genauso, Pennäler, sagt Jakob verächtlich, das ist der mit
dem dünnen Hals, mit der tiefen Furche, und er schüttelt
sich vor Ekel, auch das, Herr Doktor, müssen Sie begreifen,
wir sind alle wieder ziemlich kindisch geworden, wir sind
aus den Koordinaten gerutscht, wir haben eine beachtliche
Verschiebungstransformation erlebt, unsere lineare Exzentrizität nähert sich dem Unendlichen. Dr. Protz sagt: Aber
seien Sie doch endlich still, man kann das ja nicht mehr hören, das ist doch überhaupt nicht so wichtig. Ich sage: Vergessen Sie Erich nicht, Herr Doktor, achtzehn Jahre alt,
Luftwaffenhelfer, amputiert, seine erste Hilfe danach war
Madame Rosa, er liegt jetzt über dem Fahrrad und heult. Dr.
Protz sagt: Lassen Sie ihn heulen, darum habe ich mich nicht
zu kümmern, ich gebe hier Mathematikunterricht. Das ist
nicht herzlos, das ist gesund. Ihr Abitursoldaten habt alle
einen Koller, ihr seid butterweich. Ich sage: wir sind es nie
gewesen, Herr Doktor, schon nicht in der Hitler-Jugend.
Die Protze sagt: Aber ihr seid es jetzt, und vielleicht holt ihr
es nur nach. Weint euch aus, hockt euch auf die Hosen,
macht euer Abitur. Ich sage: Dazu gehört ein spezifischer
Mangel an Erfahrung. Den haben wir nicht mehr. Die
Protze sagt: Dann laßt das Abitur, es ist nicht so wichtig. Ich
schreie: Einverstanden, Herr Doktor, aber wir sind hier in
der Schule, weil wir nicht wissen, wohin wir gehören, wenn
es klingelt und die Pause zu Ende ist. Die Protze sagt: Das
wird sich finden, ganz gewiß.

Die Klingel schrillte, Philipp erschrak, er sagte: »Die
Pause ist zu Ende.«

Walter schüttelte ihn. »Pennst du, oder willst du nicht
antworten? Was weißt du noch vom Kreis?«

Das Papierknäuel war in der Pfütze ersoffen, es trieb

quallig im Wasser, es war jetzt ganz zart und mußte, wenn man es anfaßte, zwischen den Fingern lautlos zerreißen. Philipp hatte einen ekelhaften Geschmack im Mund. »Nichts«, sagte er, »vom Kreis habe ich nie etwas gewußt.«

Erich stopfte sich eine Pfeife, Ludwig fischte die letzten Tabakskrümel aus der roten Dose und rollte eine dünne Zigarette. »Ich hab eine Idee für Bio«, sagte Erich. »Wenn's die Böhler wieder mit der Vererbung hat, frage ich sie, ob sich die Unfruchtbarkeit der Mutter auch auf die Tochter vererbt.«

Ludwig und Walter lachten. »Das letzte Mal hat sie's ihm aber ganz schön gegeben«, sagte Ludwig. »Er hat sie gefragt, wie die Befruchtung praktisch zustandekommt, und sie hat geantwortet: Das wissen Sie besser als ich.«

»Ich könnte ihr ja mal Nachhilfestunden geben«, sagte Erich, und Jakob sagte angewidert: »Pennäler.« Er ging langsam durch den Regen davon.

Ein Pilz mit hellrotem Dach wanderte zum Hoftor. Ilse nahm Horst die Tasche ab. Der Pilz schwenkte nach unten und verdeckte ihre Köpfe und Schultern.

»Kein Mensch will mehr etwas vom Kreis wissen«, klagte Walter.

Erich steckte die Pfeife ein, hängte sich in die Krücken und schwang sich zum Eingang. Walter und Ludwig trotteten hinter ihm her, mit eingezogenen Köpfen, die Hände in den Hosentaschen. Horst kam mit langen Wiegeschritten über den Schulhof. Philipp lief zu Jakob hinüber und packte ihn am Ärmel. »Komm mit in den Bunker«, sagte er.

Als sie unter den Linden waren, schüttelte ein Windstoß die Blätter. Dicke Tropfen schlugen ihnen ins Gesicht. Hinter der Tür wartete Dr. Protz. »Die Herren vom Sonderkursus«, sagte er, als sie an ihm vorübergingen. »Sie haben es nicht nötig, sich zu beeilen. Die große Pause kann den Herren nicht lange genug dauern.«

6
Zeitung oder In den Tag hinein

> Wir alle sind Possenreißer:
> wir *überleben* unsere Probleme.
> E. M. Cioran

Goethes Humanität, Ausgabe für Weimarer Hofdamen, damit fing das Darmstädter Theater wieder an: »Iphigenie auf
Tauris«, der klassizistische Wunschtraum vom Tyrannen,
der sich reiner Menschlichkeit und verzichtender Liebe unterwirft. Neun Monate davor hatten die Amerikaner Darmstadt besetzt und in den zwölf Jahren davor hatte sich nicht
ein einziger Barbar der reinen Menschlichkeit und der ver-
zichtenden Liebe unterworfen. Bomber und Panzer hatten
das Ende des Krieges und der Tyrannen erzwingen müssen.
»Iphigenie auf Tauris« war den gerade gemachten Erfahrungen weltenfern, was wollte man im Dezember 1945 mit diesen Versen aus Gips und Gold?

»Heraus in eure Schatten, rege Wipfel des alten heil'gen
dichtbelaubten Haines, wie in der Götter stilles Heiligtum..« Still war es ja geworden in der Stadt: in der Nacht
vom 11. zum 12. September 1944 hatte die Royal Air Force
in zwanzig Minuten jede Straße und fast jedes Haus zerstört, das ergab mehr als tausend Leichen in der Minute.
»Moral-bombing« nannte dies der britische Bomberchef Sir
Arthur Harris, und in dieser Nacht waren auch das Große
und das Kleine Haus des Darmstädter Theaters im Feuer-
sturm ausgebrannt, und jetzt der alte heil'ge dichtbelaubte
Hain! Nein, das Theater konnte mich nicht interessieren.

Der Schauplatz des Darmstädter Theaters war die ba-
rocke Orangerie, man hatte sie mit einem Orchestergraben,
einem Bühnenpodium und Stühlen aus verschiedenen
Wirtshäusern ausgestattet. Schatten, rege Wipfel, dichtbe-

laubte Sträucher gab es in Darmstadt 1945 überall: der Wald der Umgebung war gerade dabei, die Stadt ohne Einwohner zu vereinnahmen, er wucherte auf den Schutthaufen der verlassenen Grundstücke. Am Tag der »Iphigenie«-Premiere, am 15. Dezember 1945, gab es noch die Sperrzeit, kein Deutscher durfte zwischen 22.30 und 5 Uhr auf die Straße, der zivile Reiseverkehr war zugunsten von Kohletransporten eingestellt, da und dort wurden Schwarzhändler ausgehoben und Typhusfälle registriert, aber die Vereine, Fußball und Männergesang standen bereits in voller Blüte. Wen scherte es, was die taurische Iphigenie den Überlebenden Spezielles zu sagen habe? Mir, jedenfalls, sagte sie nichts.

Ein Vierteljahr danach, an zwei aufeinanderfolgenden Abenden, am 30. und 31. März 1946, sah ich in der Orangerie »Antigone« von Jean Anouilh und »Wir sind noch einmal davongekommen« von Thornton Wilder, beide inszeniert von Karl-Heinz Stroux. Am Tag der Anouilh-Premiere war die Ausgangsbeschränkung aufgehoben worden, gab es in Darmstadt zwei Selbstmorde durch Erhängen, fahndete die Kriminalpolizei vornehmlich nach Schwarzhändlern und Tabakdieben und wurden die Hausbesitzer aufgefordert, ihre Häuser ohne Maurer, in »Selbsthilfe« aufzubauen. Erich Kästner, der Feuilletonchef der von den Amerikanern in deutscher Sprache herausgegebenen »Neuen Zeitung«, war zu den Premieren gekommen, er schrieb über Darmstadt: »Heute sind die Straßen sauber aufgeräumt, ›peinlich‹ sauber, ist man versucht zu denken. Die vernichtete Stadt liegt da wie ein totes Schmuckkästchen. Die Trambahn fährt von einem zum anderen Stadtende wie über einen feiertäglich geharkten Friedhof.«

Dieser Friedhof war der rechte Ort für die todessüchtige Antigone, die nur im Grab das bleiben kann, was sie ist: der kindliche, trotzige Traum von der Reinheit der Welt. Und der Friedhof war auch der rechte Ort für die Katastrophen-Revue »Wir sind noch einmal davongekommen«: auf der Bühne krochen die Schauspieler nach dem Krieg aus den Kellern wie ihre Zuschauer gerade aus den Kellern gekrochen waren, da traf jeder Satz bis hin zur notwendigen Erfindung der Grassuppe, auf die man keinen Durchfall bekommt.

Bei Anouilh ein Aufbegehren gegen einen Diktator. Die aufbegehrende Antigone ist auch hysterisch, und der »aufgeklärte Diktator« Kreon ist auch intelligent; er hat das wenigstens versucht, was Diktatoren nicht zu versuchern pflegen: »die Ordnung unserer Welt etwas weniger sinnlos zu gestalten.« Beide, das Mädchen und der Diktator, haben auf ihre Weise recht, beide sind zu ihrem Schicksal verdammt, kein Zweifel, es ist eine unvermeidliche Tragödie, es ist rabenschwarzer Pessimismus.

Bei Wilder übersteht der Mensch, repräsentiert durch Mister Antrobus und Familie, die Eiszeit, die Sintflut und den zweiten Weltkrieg. Mr. Antrobus sorgt dafür, daß in den Katastrophen das Wichtigste gerettet wird, Homer und die Bibel, das Alphabet und das Einmaleins. Nach jeder Katastrophe sind die Menschen bettelarm und fangen unverdrossen wieder von vorn an. Das Schlimmste: Auch Kain, der mörderische Sohn Adams, ist davongekommen – das Böse, wie wird man mit ihm fertig?

Das war 1946 das größte Problem. Wenn Kain auf der Bühne hören mußte: »Der Krieg ist ein Vergnügen, verglichen mit dem, was uns jetzt bevorsteht: den Frieden zu sichern, mit dir in der Mitte«, dann dachten die Zuschauer an die wie sie davongekommenen Mörder. Die Zuschauer konnten naturgemäß nicht denken an ihre noch nicht geborenen Söhne: ein Vierteljahrhundert danach werden sie, Mao zitierend, öffentlich fragen, wann endlich man die pazifistischen Theaterstücke absetzen und den Krieg als legitimes Mittel der Politik anerkennen wolle. Und in den neunziger Jahren wird es unter den Söhnen antisemitische, fremdenfeindliche, neofaschistische Fanatiker geben, die Todesdrohungen und brutale Gewalt nicht scheuen. Der moderne Bühnen-Kain dagegen wurde irgendwie und ganz unwahrscheinlich durch Psychoanalyse geheilt: Der Optimismus Thornton Wilders war grenzenlos, er war auch so etwas wie der Glenn Miller des Theaters.

Größer hätte der Gegensatz zwischen zwei Stücken nicht sein können. Beide beschäftigten mich länger, als ich es je für möglich gehalten hätte. Daß die Menschen bei Anoulih von Hause aus nichts sind und sich als Existenialisten erst durch das, was sie tun, selbst erschaffen, und daß die Menschen bei Wilder von Hause aus Christen sind und das auch bleiben, das verstand ich damals nicht. Der Existentialismus war nur ein französisches Gerücht, und vom Christentum hatte mich der Krieg weit entfernt.

Am nächsten von allen biblischen Figuren war mir der mit Gott hadernde, aufsässige Hiob. Ein Gedicht von Knut Hamsun, das ich im ersten Kriegsjahr abgeschrieben hatte, drückte etwas naiv und altmodisch, aber einigermaßen aus, wie mir damals zumute war:

> Du sagst mir, Gott ist gut.
> Ich sage, er hat mich geschaffen,
> und schlimm ist, was er mir tut.
>
> Du sagst, daß Gott alles sieht,
> dann sieht er auch alles Böse,
> was mir von ihm geschieht.

Nach dem Krieg störte mich das anklägerische Pathos dieser Verse, es war bei mir längst einer uferlosen Resignation gewichen. Wenn mich jetzt die gnostische Frage quälte, wie das Böse in des guten und allmächtigen Gottes Welt zu verstehen sei, gab ich mir die agnostische Antwort: Ob es einen Gott gibt, das weiß ich nicht, und ich werde es nie erfahren.

Ich hätte gern mehr über den Hintergrund der Stücke von Anouilh und Wilder gewußt, aber es gab darüber in Deutschland keine Literatur. Doch wichtiger als ästhetische Fragen, wichtiger als der Fatalismus Anouilhs, der Katastrophen-Pessimismus und der Erziehungs-Optimismus Wilders, Kain sei heilbar, wichtiger war ein ziemlich neues Freiheitsgefühl, das man damals im Theater hatte und das inzwischen bestenfalls zum Gegenstand mitleidigen Lächelns geworden ist. Die religiösen Fragen legte ich ab wie eine Akte, die man vermutlich so rasch nicht wieder braucht: weder zur Zustimmung noch zur Ablehnung.

Über Anouilh und Wilder erzählte ich hingerissen allen meinen Freunden und Bekannten: über die beiden grundverschiedenen, entgegengesetzten Geschichten, die ich da im Theater gesehen hatte; über die Schauspieler, die diese Geschichten lebendig machten; über die Gedanken, die sich hinterher ergaben. Es machte mir Spaß, das alles meinen Zuhörern möglichst farbig vor Augen zu führen, und ich kam zögernd auf den Gedanken, diese Mischung von Erzählung und Erklärung sei eigentlich die Grundlage für die Theaterkritik.

Für überheblich hielt ich es, wenn der theaterferne Kritiker den Regisseuren beibringen wollte, wie sie zu inszenieren hatten. Statt dessen meinte ich, der dem Publikum nahe Kritiker müsse den Theaterleuten erzählen, wie und auf welche Weise sie bei der Vorstellung gewirkt hatten. Bei diesem Grundsatz bin ich, als ich tatsächlich Theaterkritiker wurde, vierzig Jahre lang geblieben.

Mit der Theaterkritik fing ich 1946 an, mit »Emil und die Detektive«, dem Jugendstück von Erich Kästner. Die ersten harten Nüsse, die ich knacken mußte, waren Sartre und

Dürrenmatt, 1950. Dürrenmatt mißfiel besonders dem Lizenzträger Hans J. Reinowski. Nach der Premiere der »Ehe des Herrn Mississippi« saß er in einer Wirtschaft mit einer größeren Gesellschaft zusammen und schimpfte über Stück und Aufführung. Als ich zur Tür hereinkam, rief er: »Da kommt mein Theaterkritiker, vermutlich wird er schreiben, daß ihm das furchtbare Zeug gefallen hat, und ich muß das auch noch in meiner Zeitung lesen.« Ich sagte: »Das wird sich nicht vermeiden lassen.« Er sagte: »Das habe ich mir doch gedacht«, und damit war jede weitere Debatte über die Freiheit der Theaterkritik in dieser Zeitung überflüssig.

Johann Sebastian Dang, der Lizenzträger, der mich eingestellt hatte, machte mich im Geburtsjahr meines Sohnes, 1952, am 1. September, zum Leiter des Feuilletons und verließ die Zeitung. Er wollte seinen autobiographischen Roman »Der bunte Mantel« zu Ende führen. Darin schilderte er seine Schreibmethode: »Vieles faltete er ein bißchen umständlich auseinander, faltete es wie ein Lehrer, der von allen verstanden sein will.« Auch ich wollte von allen verstanden werden, aber Dangs lange Sätze, seine gehäkelten Perioden, deren Charme in ihrer durchsichtigen Umständlichkeit bestand, waren sein ganz persönlicher Stil. Ich dachte: Jetzt sitze ich als Zeitungsmann dort, wo er sitzen sollte, und er sitzt als Schriftsteller dort, wo ich sitzen wollte.

Die Zeitung hatte mich längst aufgefressen, ich gestand es mir nur noch nicht ein. Aber schon genoß ich die unverzügliche Reaktion, die nur bei der Zeitung möglich ist: ob Erfolg oder Mißerfolg, in beiden Fällen erlebt man rasch die Wirkung. Die Zeitung kennt nicht die weltfremden Welten vieler Romane, sie lebt vom Alltäglichen, vom Nahen, vom sofort zu Bewegenden. Der Traum vom Roman, an dem man ein Jahr lang arbeitet und dessen feststellbare Wirkung aus ein paar meist miserabel geschriebenen Rezensionen besteht, mein Traum vom Schriftsteller war verblaßt.

Meine Stärke als Theaterkritiker war, daß ich beim Leser so geringe Kenntnisse voraussetzte, wie ich selbst hatte. Vor jeder Premiere las ich, von Angst geschüttelt, fieberhaft, vor allem die Texte der Dramatiker und die Klassiker der Kritik: Lessing, Börne und Heine; Fontane, Brahm und Jacobssohn; Kerr, Ihering und Diebold; Friedell, Musil und Polgar. Was ich dort fand an erhellenden Einsichten und witzigen Formulierungen, das zitierte ich unerschrocken. Ich dachte: Was mich belehrt, das können auch die Leser gebrauchen. Dabei blieb ich ein Erzähler, der sinnliche Eindrücke braucht, bevor er mit Begriffen umgehen kann. Das Schreiben von Kritiken, so schwer es mir immer fiel, entwickelte sich zu einer Leidenschaft.

Die zweite Leidenschaft, die Neugier auf die Welt, ließ sich mit dem Beginn der fünfziger Jahre stillen. Heute werden schon die Säuglinge an die Adria und nach Mallorca geflogen, das Reisen ist selbstverständlich geworden, damals war es eine Sensation. Das erste Visum, das von den Franzosen vergeben wurde, war ein Sammelvisum für die Volkshochschule im April 1951, man mußte froh sein, wenn man in Paris ein Hotel bekam, in unserem Fall war es ein ehemaliges Bordell.

Man stieg die Métrotreppe hoch, nahm mit den Augen gerade noch ein bißchen Jugendstil mit und stand mitten in Saint-Germain-des-Prés, einem magischen Ort, lief zum Café de Flore oder zum Café des Deux Magots und wartete auf Sartre. Meist aber schrieb er, den Touristenblicken entzogen, im ersten Stock des Cafés. Er wohnte im vierten Stock eines Eckhauses in der Rue Bonaparte mit Ausblick auf das Café des Deux Magots, und machmal saß er da tatsächlich neben Simone de Beauvoir und schielte über seine Kaffeetasse hinaus auf die Terrasse, wo die »Existentialisten« ihre Bärte zur Schau stellten. Es waren die ersten Bärte nach dem Krieg, was hatten sie zu bedeuten? Es ist nur eine

»attitude«, sagte mein französischer Freund schulterzuckend. Die »Existentialistinnen« trugen das Haar lang und waren alle schwarz gekleidet, das war keine Trauerpose, sondern eine Notlösung: Sie hatten ihre nicht zueinander passenden Kleidungsstücke, diese dürftigen Hinterlassenschaften der Kriegsjahre, schwarz gefärbt, weil nur Schwarz alle anderen Farben zudeckt.

Sartres Philosophie, soweit ich sie zu verstehen meinte, läuft darauf hinaus, daß der Mensch, indem er frei handelt, seine eigenes Wesen erfindet und selbst inszeniert. Er ist eine leere Existenz, ein Mensch ohne Eigenschaften: er wird das, was er wird, durch das, was er tut. Er ist zur Freiheit verurteilt und somit für jede seiner Taten verantwortlich. Sartres allein auf die Gesellschaft bezogenen sittlichen Forderungen sind von eisig puritanischer, ja lebensvernichtender Strenge, damit wollte ich nichts zu tun haben. Wohl aber gefiel mir die »schwarze Muse des Existentialismus«, Juliette Greco mit dem hüftlangen schwarzen Haar, ich hörte und sah sie im »Club de la Rose Rouge«. Mit inständig gedehnten Vokalen sang sie »Dans la Rue des Blancs Manteaux«, den Text hatte ihr Sartre geschrieben. Vor ihrem Mund verhäkelte sie damals schon mit zarten Fingern das unsichtbare Garn ihrer dunklen traurigen Lieder. In »Existentialisten«-Kellern wie der »Rose Rouge« oder dem »Tabou« schleuderten die Männer ihre Partnerinnen beim Boogie-Woogie über die Schultern. Von seinen bärtigen Anhängern distanzierte sich Sartre: »Es ist so weit gekommen, daß man unter Existentialismus ›Sich-Ausleben‹ versteht.« Der Philosoph, der Chansons schrieb, der erzieherische Denker auf dem Markt, wann hatte es dies nach der Antike noch gegeben?

Wann schrieb er seine dicken Bücher? Sein Hauptwerk »Das Sein und das Nichts« war schon 1943 erschienen, ich konnte es nicht lesen. Die boshafte Bemerkung, daß es nur auf einem Übersetzungsfehler in Heideggers »Sein und Zeit« beruhe, tröstete mich über meine Unfähigkeit nicht hinweg. Als ich auf dieser ersten Paris-Reise auf dem Boulevard Saint-Germain saß, um wie alle Touristen Sartre wie ein Monument zu bestaunen, erzählte mir mein französischer Freund, daß Sartre, von Jean Genet um ein Vorwort gebeten, schon fast tausend Seiten über Genet als den Musterfall eines Existentialisten geschrieben habe und nun Genet um ein Vorwort bitten wolle. Das Buch, immerhin sechshundert Seiten stark, ist ein Jahr danach, 1952, erschienen: »Saint Genet. Komödiant und Märtyrer«.

Es war die Zeit der Pariser Theater-Avantgarde: in Ionescos »Stühlen« verkündet ein taubstummer Redner lautlos seine Botschaft vom Nichts; ein Stück von Adamov führt sein Programm schon im Titel »Alle gegen alle«; in Julien Greens »Süden« entdeckt ein Offizier zwischen vielerlei Fronten seine Homosexualität; in »Kean« macht Sartre aus dem alten Komödianten einen neuen Existentialisten zwischen vorgefundener Realität und selbstgeschaffener Rollen-Existenz; aus dem Nachlaß von Giraudoux steigt sprühend zwischen Theologie und Komödie »Lucretia« auf; Becketts Clowns-Vagabunden warten zum ersten Mal vergeblich auf Godot, und Anouilh dekretiert: »Wir sind komisch: wir alle, auch unsere sogenannten Helden.«

Mit diesem Trommelwirbel neuer Theaterstücke begannen die fünfziger Jahre, begann das nach dem Krieg aufregendste Jahrzehnt, das später als muffig verleumdet wurde. Wer allerdings Stücke wie »Die Affenhand« oder »Die Vergewaltigung« sehen wollte, blutig durchsiebte Leichen, abgehackte Hände und Köpfe, herausgerissene Zungen und ausgestochene Augen, der mußte mit der Métro Pigalle zum »Grand-Guignol« fahren, zum Spezialitäten-Theater des Schreckens, während heute das alles im heimischen Stadttheater und im Fernsehen offeriert wird.

Sartres Theaterstücke wurden oft in winzigen improvisierten Notunterkünften gespielt. Ein Besucher, der sich in eine der engen Stuhlreihen gequetscht hatte, mußte noch einmal heraus, weil ihn ein kleines Bedürfnis plagte. In einem finsteren Flur tastete er sich an feuchten Mänteln vorbei zu einer Tür, hinter der in einem fast dunklen Raum auf einem Tisch eine große Vase stand. In äußerste Not geraten, bediente er sich der Vase, tastete sich zurück, an den feuchten Mänteln entlang zum Zuschauerraum, zu seinem Platz und fragte leise seinen Nachbar: »Hat's schon angefangen?« Der Nachbar flüsterte zurück: »Typisch Sartre. Ein Mann kommt auf die Bühne und pißt in eine Vase.« Anfang der neunziger Jahre pißt Cordelia, die Tochter des Königs Lear, auf der Bühne eines Stadttheaters lautverstärkt in einen Eimer.

Der heilige Genet, der eine Art negative Theologie entwickelte und die Schönheit des Verbrechens besang, hatte sein »Tagebuch eines Diebes« veröffentlicht und einen soliden Ruf als Verbrecher zu verlieren. Zu den boshaften Geschichten des Boulevard Saint-Germain gehörte damals: Genet, eingeladen in einen literarischen Salon, hatte gerade eine kleine Dose eingesteckt, als die Hausherrin, eine Herzogin, zu ihm trat und ihm einen großen silbernen Tafelaufsatz mit den Worten überreichte: »Aber, Monsieur Genet, ich habe das eigens für Sie vorbereitet.«

Literatur und Gesellschaftsklatsch sind ein unseriöses Gemisch, doch auch Leitfossilien der Epochen mit ihren Mißverständnissen, Vorurteilen, Abwehr-Reaktionen. Und brauchbar als Waffen gegen das Verkünderpathos gewisser Dichter, Philosophen und Propheten.

Ich hatte eine Freundin, die ich eigentlich seit meiner Geburt kannte: Anna Elisabethe Müller, ein Mädchen aus der Nachbarschaft. Wir konnten uns jahrelang nicht ausstehen und verliebten uns gegen Ende unserer zwanziger Jahre unversehens ineinander. Ich dachte: sie hat ein gutes Herz, ist intelligent und ungewöhnlich schön. Als Hochzeitstermin setzten wir ein Datum fest, das leicht zu behalten ist, den 15.5.50. Bevor wir zum Standesamt gingen, versicherten wir uns, wir seien beide aufgeklärte Egoisten, die gut sein werden zu sich selbst und zueinander und dabei den andern nie verletzen wollen. Wir beide sagten nicht: Ich liebe dich. Wir beide sagten: Ich liebe uns. Wir versprachen uns, daß wir für immer zusammenbleiben wollten, wie wir das von unseren Eltern kannten, und wir hielten unser Versprechen. Glück gehabt? Glück gehabt!

Wir ließen uns aus familiären Gründen kirchlich trauen und hatten dafür, um Neugierige zu entmutigen, die entlegene Kapelle des Jagdschlosses Kranichstein gewählt. Wir fuhren in einem gemieteten Wagen und sahen unsere Freunde kilometerweit über die Felder kommen. Das alte Harmonium hatte Nebenluft und schnaufte so komisch, wie uns zumute war. Als Bub hatte ich bei Trauungen oft »gehemmt«: zwei Buben sperren den Ausgang der Kirche mit einer Kordel, und der neue Ehemann griff in die Tasche und warf zu seiner und seiner Frau Befreiung eine Handvoll Kupfermünzen auf die Erde. Mir fiel das ein, als wir die Schloßkapelle ungehemmt verließen: es wäre wohl der erträglichere Teil der Zeremonie geworden.

Zwei Jahre danach brachte ich meine Frau, als die Zehn-Minuten-Wehen einsetzten, zum Marienhospital, fuhr zurück in eine Kneipe, »Zur alten Schmiede«, und versuchte, meine Angst zu betäuben. Damals trank ich noch Schwarzwälder Kirsch, kombiniert mit Bier, Pfungstädter Export. Danach schlief ich tief und traumlos und fuhr am Morgen, am 12. August 1952, um Viertel nach sieben auf der Couch hoch, senkrecht und erschrocken. Noch nie war ich ungeweckt so früh aufgewacht. Ich rasierte mich, um den Anruf, vor dem ich mich fürchtete, noch ein wenig hinauszuschieben. Um halb acht klingelte das Telefon, der Arzt sagte »gratulor«, die Mutter sei wohlauf, und es sei ein Junge, zur Welt gekommen vor einer Viertelstunde.

War das seine erste Tat, daß er mich sofort weckte? Oder war das einer jener Zufälle? Wie auch immer, er weckte mich später noch: nicht nur aus dem Schlaf, auch aus dem Halbschlaf, in den man leicht versinkt, wenn man nur seine eigene Generation im Auge hat. Ich habe von ihm viel über die dreißig Jahre Jüngeren gelernt, über ihre Ängste und Obsessionen: von ihren Schwierigkeiten, sich anzupassen, bis zu ihren unangepaßten Beatles, von swinging London, durch das wir miteinander flanierten, bis Mick Jagger, auf den sich der Sohn am Londoner Flughafen stürzte und ihn für die Schülerzeitung interviewte. Wir wurden im Laufe der Jahre mehr Kumpane, mehr Freunde als Vater und Sohn.

Natürlich hatte ich erbarmungslos notiert, wie er sprechen lernte, und war entzückt über seine Neuschöpfungen wie beispielsweise »Rauchbach« für Kondensstreifen oder »abheiraten« für scheiden. Ich registrierte, wie er anfing, sich nicht mehr »er«, sondern »ich« zu nennen, und wie er erst die Namen der Farben lernte und dann die Farbunterscheidungen. Und ich lachte, als er zum ersten Mal die Anrede »gnädige Frau« hörte und fragte: »Ist das die Klosterfrau Melissengeist?« Oder, wenn er beim vielgebrauchten Wort »Theaterstück« nachfragte: »Stück? Is' das kaputt?« oder, als er den zu seinem Vorteil verdrehten Satz sagte: »Ich hab' dir doch versprochen, daß du mir Bonbons kaufst.« Wie üblich hörten mit dem ersten Schultag die kuriosen Mißverständnisse und die schönen Erfindungen auf. Das einzige, was er in die Welt der Erwachsenen und in den Beruf unverlierbar mitnahm, war seine frühe Lust an Buchstaben- und Wortkombinationen, an Reimen, ungenierten Kalauern und spielerischem Witz.

Der Wahn des Reisens fing an in Marseille. Ich tat, was

alle Touristen taten: bei einem tiefen Teller der »einzig wahren Bouillabaisse« starrte ich hinaus auf den alten Hafen, und durch den Kopf ging mir der Anfang des »Grafen von Monte Christo«. Hier war 1815 der Dreimaster »Pharao« langsam und traurig eingefahren, gesteuert vom Lotsen und von Edmond Dantès, dem späteren Grafen von Monte Christo. Am Quai des Belges steht sein Name an sämtlichen Anlegestellen. Für 150 Fr. tuckert ein Motorboot hinüber zu seinem Gefängnis. Natürlich kletterte ich in eine dieser Barkassen. Sie fuhr zum Hafen hinaus, die Basilika Notre-Dame de la Garde verschwand mit ihrer gleißenden Madonna auf der Turmspitze in dünnen Nebelschwaden, aus denen nun die robusten Rundtürme und der Leuchtturm des Château d'If auftauchten. Grüne Tangwälder in Ufernähe, Anlegen, Aufstieg zum Gefängnis, auf das Dach der Festung: ein schwindelnder Blick in die finstere Röhre des Innenhofes mit der traurigen Zisterne in der Mitte und den Gitterstäben ringsum.

Zweieinhalbtausend Protestanten waren hier gefangen. Hinter den Gittern saßen so gescheite Köpf wie der Graf Mirabeau, wie der Stratege General Kléber, kein Mensch will das wissen. Es interessiert allein die winzige, niedrige, stockdunkle Zelle des Grafen von Monte Christo; das durch eine Petroleumlampe dürftig beleuchtete Loch, das er in die Wand gekratzt hat zur Nachbarzelle des Abbé Faria. Durch dieses Loch ist er gekrochen, hat den toten Abbé aus dem Leinwandsack geschnitten und in seine Zelle geschoben, hat sich selbst in den Leichensack eingenäht und über die Klippe ins Meer und in die Freiheit werfen lassen.

An keiner Stelle der Insel ist das Meer so tief, daß der bleiche Graf nicht auf den Klippen zerschellt wäre; aber er hat ja nie geschmachtet, nie gelebt, er ist dem fleißigen Kopf des älteren Dumas entsprungen – niemand will das wissen. Mit Mirabeau und Kléber ist kein Mensch auf diese Insel zu locken. Die Barkassen fahren zum Grafen von Monte Christo, der, nie geboren und unsterblich, in Büchern, Kinos und um das Château d'If spukt. Die Schiffer kassieren das Kleingeld der Legende. Sie leben von einem bescheidenen Triumph der Einbildungskraft über die Logik, der Phantasie über die Wirklichkeit, der Literatur über die Geschichte. Und – dachte ich speziell für mich weiter: ein Triumph des Feuilletons über die Redaktionen für Nachrichten und Politik. Ich fühlte mich in meiner Berufswahl bestätigt, das war ein überraschendes Ergebnis, das ich vom erbarmungslosen Rachegrafen nicht erwartet hatte. Seitdem habe ich auf allen Reisen auch alle üblichen Touristen-Attraktionen besucht. So abgeklappert sie sein mögen, es hat seinen Grund, daß sie so abgeklappert werden, und man kann nie wissen, was sie zu sagen haben: durch sie reden die Mythen und Legenden.

Ich kaufe in Luxor einen Skarabäus
Die Geschichte vom Echten
und vom Trug der Zeit

Es ist schwierig, in Ägypten etwas zu tun, das nicht jemand schon vorher getan hat: die Ägypter hatten in fünftausend Jahren zu viel Zeit, alles auszuprobieren. Auch der Tourismus ist im Land der Pharaonen keine neue Erfindung. Die Pyramiden standen schon zur Zeit des dritten Amenophis auf den Reiseprogrammen. Touristen nehmen gern ein kleines Andenken mit, sei es echt, sei es gefälscht. So konnte sich schon früh das Dorf Gurna auf die Beschaffung von Andenken beider Kategorien spezialisieren. Wie die Bewohner europäischer Grenzdörfer Schmuggler sind, so sind die Bewohner von Gurna Grabräuber und Fälscher. Sie stehen in dem Ruf, falls es verlangt wird, auch künstliche Mumien zu produzieren. Heute gibt es Meisterfälscher in vielen ägyptischen Dörfern.

Das beliebteste Andenken ist der Skarabäus. Dieser Mistkäfer war den Ägyptern heilig. Mit seinem Schaufelkopf und seinen Vorderbeinen, die wie ein Rechen gebildet sind, dreht er eine Pille aus Kot; sie kann so groß werden wie ein Apfel. Vielleicht haben die Ägypter den Skarabäus deshalb mit dem Sonnengott gleichgesetzt, weil er diese Kugel umherrollt wie nach dem alten Weltbild die Sonne um die Erde rollt, und weil sie glaubten, der Skarabäus pflanze sich nicht auf die übliche Weise fort, sondern werde in diesen Mistkugeln von den Sonnenstrahlen gezeugt. Jedenfalls haben sie aus allen möglichen Materialien – Nilschlamm, Stein, Fayence – Skarabäen aller Größen als Amulette und Grabbeigaben hergestellt. Für den Siegelring wird in die Unterseite des künstlichen Käfers die Namenskartusche des Besitzers eingegraben, Hieroglyphen in einem Oval; der

Skarabäus wird längs durchbohrt, in einen Ring gefügt und kann nun, in Farbe getaucht, auf dem Papyros als Siegel abgerollt werden.

Wie alle Grabbeigaben wurden Skarabäen schon zur Zeit der Römer gefälscht, denn in den ersten Jahrhunderten der römischen Kaiserzeit war es schick, sich ägyptisch einzurichten mit Mosaiken, Sphinxen, Teppichen, Obelisken und Skarabäen. Heutzutage bieten auf den Gräberfeldern von Memphis und Theben fliegende Händler Skarabäen an, doch haben sie den Mut verloren, sie als echt auszugeben. Ende der fünfziger Jahre war das anders. Damals glaubten diese Händler noch an die Torheit der Touristen, zupften sie am Ärmel beiseite und zeigten ihnen verstohlen einen in Zeitungspapier gewickelten Skarabäus, für den sie ungeniert den doppelten Preis eines echten Stücks forderten und manchmal auch erhielten. Damals boten staatlich konzessionierte Antiquitätenhändler Skarabäen an, deren Echtheit sie mit steinerner Miene versicherten: »Nicht hundert, nein zweihundert Prozent echt!«

Damals war ich versessen auf einen echten Skarabäus. Größer war zu jener Zeit mein Lebenskummer nicht. Den Skarabäus hielt ich für ein Symbol der schönen Sinnlosigkeit. Ich betrat in Luxor, in der Hauptstraße am Nil, den Laden eines Händlers, den man mir empfohlen hatte, und kam mir ziemlich gerissen vor, als ich zu ihm sagte: »Ich möchte einen schönen falschen Skarabäus kaufen.«

Verblüfft blickte er mich an und behauptete nach einer längeren Pause: »Ich verkaufe keine falschen Skarabäen«.

»Aber Sie besitzen doch falsche Skarabäen! Hier ist eine ganze Vitrine voll. Was machen Sie mit ihnen?«

»Ich verschenke sie.«

»Dann schenken Sie mir ein paar.«

Er verbeugte sich, zog einen Kasten aus einer Schublade und stellte ihn geöffnet auf die Vitrine. »Echte Skarabäen«, grollte er, »dreitausendfünfhundert Jahre alt!« Dann warf er aus einer anderen Schublade eine Handvoll Skarabäen verächtlich auf den Tisch. »Nehmen Sie, soviel Sie wollen! Skarabäen aus Gurna. Acht Tage alt.«

»Die sind nicht schön«, sagte ich, »ich will nicht irgendeinen falschen Skarabäus, ich will einen schönen.«

»Warum wollen Sie keinen echten?«

»Ich möchte ganz sicher sein, daß ich genau das erhalte, was ich will. Kaufe ich einen falschen, dann bin ich sicher, daß er falsch ist. Kaufe ich einen echten, so werde ich mich bis an mein Lebensende fragen, ob er nicht doch falsch ist.«

»Ich bin kein Betrüger«, sagte er, und dagegen konnte man, ohne sehr unhöflich zu werden, nicht gut etwas einwenden.

»Das glaube ich Ihnen«, erwiderte ich also, »aber woher wissen Sie, daß Ihre echten Skarabäen nicht schon zur Römerzeit gefälscht worden sind?«

»Das sehe ich«, behauptete er und klemmte eine Lupe ins Auge.

Damit war ich in einer Sackgasse. Ich versuchte es andersherum. »Ich brauche keinen echten Skarabäus, weil mir in Ägypten die Zeit gleichgültig geworden ist. Dreitausend Jahre vor Christus oder dreihundert Jahre nach Christus, was heißt das hier schon. Zu allen Zeiten sind die Skarabäen von den gleichen Leuten aus den gleichen Materialien mit den gleichen Methoden hergestellt worden. Es ist ein solides Handwerk, man übt es heute so sorgfältig aus wie damals. Von Kunstwert zu reden, wäre Unfug. Das Alter einer Handwerksarbeit aber interessiert mich nicht.«

Der Händler schob mir die Schachtel mit den echten Skarabäen unter die Nase. »Sie sind schön«, sagte er. Und das war richtig.

»Was kostet«, fragte ich, »ein schöner falscher Skarabäus? Nicht einer von den rasch fabrizierten, sondern ein Skara-

bäus, den ein talentierter Fälscher mit Geduld und Sach-
kenntnis hergestellt hat, ein Mann, der alle Tricks für eine präzise Imitation kennt. Von ihm will ich einen Skarabäus: Ich kaufe keine verstrichenen Zeiträume, ich kaufe
einen schönen Mistkäfer, hergestellt nach Originalrezep-
ten!«

»Ein falscher Skarabäus, wie Sie ihn beschreiben«, sagte
der Händler und lächelte zum ersten Mal, »kostet zehn bis
fünfzehn Pfund.«

»Und was kostet«, fragte ich, »ein echter Skarabäus aus
der 18. Dynastie, einer von den billigeren Sorte aus gebrann-
tem Nilschlamm und ein bißchen beschädigt?«

Jetzt lachte der Händler, bevor er die Summe nannte:
»Der ist natürlich billiger, vier bis acht Pfund.

»Ich freue mich sehr«, sagte ich, »daß wir in der Beurtei-
lung der ägyptischen Handwerksarbeit übereinstimmen.«

»Ich kann Ihnen einen Skarabäus von einem solchen
Mann beschaffen«, sagte der Händler und deutete ein Kom-
plizengrinsen an.

»Jetzt«, sagte ich und grinste zurück, »möchte ich einen
echten Skarabäus, aus Nilschlamm und ein bißchen beschädigt.«

Ich kaufte ihn. Er hat einen Falken und einen Fruchbar-
keitsgott in der Kartusche, und der Händler diktierte mir
das übliche Zertifikat: »G. H. kaufte von obiger Firma einen
Skarabäus, gefunden auf dem anderen Ufer des Flusses, aus
der 10. Dynastie, 1500 Jahre vor Christus. Obige Firma ga-
rantiert die Echtheit. Sollte der Skarabäus nicht wirklich
echt sein, so verpflichtet sich obige Firma, den doppelten
Preis zurückzuzahlen...« Es folgten der Namenszug von
rechts nach links und eine eindrucksvolle Marke, neben das
Bild irgendeines Ramses geklebt. Abschließend sagte der
Händler: »Solche Dokumente stellen eigentlich nur Firmen
aus, die falsche Skarabäen verkaufen.«

Erst auf der Straße, unter der Palmenallee am Nilufer, wurde mir klar, daß es mir mit Hilfe des Händlers gelungen war, mich selbst hereinzulegen: ich kann nicht einmal sicher sein, einen echten falschen Skarabäus gekauft zu haben.

Ich setzte mich auf eine Bank und sah den Schiffern zu. Über ein schmales Brett balancieren ihre Fahrgäste in die Falluka, das Boot mit den hohen weißen Dreieckssegeln. Der Schiffer, ein tiefschwarzer Nubier, steht im Wasser, den Saum seiner weißen Galabia zwischen den Zähnen, und schiebt das Boot vom Ufer los. Der Schiffsjunge läßt das Schwert hinunter, der Schiffer setzt sich aufs Ruder, steuert mit dem Gesäß und zerrt das Segel zwischen Backbord und Steuerbord hin und her: langsam kreuzt er.

Die Schiffer machen sich eine der genialsten Erfindungen der Menschheit zunutze: Im Zickzackkurs segeln sie mit Hilfe des Windes gegen den Wind. Allmählich fing ich an, meinen Skarabäus liebzugewinnen. Machen nicht die Fälscher wie die Schiffer noch heute die gleichen Handgriffe wie ihre Vorfahren zur Zeit der Pharaonen? Diese Fälscher sind eben keine Fälscher, denn sie machen genau das, was ihre Ahnen in der Römerzeit und vielleicht schon unter der 18. Dynastie betrieben haben. Ihre Arbeit ist heute so gut, wie sie damals gewesen ist.

Echt oder falsch, das ist europäisch gedacht. In Ägypten ist es eine unsinnige Alternative. Schön oder nicht schön, das ist die ägyptische Frage. Und mein Skarabäus, falls er falsch ist, hat mehr Sorgfalt, Intelligenz und Kenntnisse verlangt als ein echter: Mit wieviel Liebe wurde er ein bißchen angebröckelt und gealtert!

Doch was heißt hier »ägyptisch gedacht« – ich bin ein unrettbarer Europäer und werde bis an mein Lebensende gewisse Zweifel an der Echtheit der Imitation behalten. Vielleicht ist sie gar keine. Auf jeden Fall verschafften mir die Szenerie und die Umstände des Kaufs ein verrücktes

Glücksgefühl; es war so intensiv, daß es mir vorkam, als sei es nicht von dieser Erde.

Dies jedenfalls dachte ich noch immer, als ich, das Zertifikat des Antiquitätenhändlers mit seinem Namen, seiner Adresse, seiner Lizenznummer in der Tasche, 1981, mehr als zwanzig Jahre nach dem Einkauf in Luxor seinen Laden suchte. Ich erkannte das Schaufenster mit dem verstaubten Pharaonen-Nippes sofort wieder. Skarabäen, freilich, gab es dort nicht mehr, und dem auf die Scheibe gemalten Namen des Inhabers waren die Worte hinzugefügt: »and his son Mohamed«.

Diesmal war meine Frau dabei, für die ich damals den Skarabäus gekauft hatte, sie trug ihn an einer Kette um den Hals, und wir reisten luxuriös auf einem Sheraton-Schiff. Diese übergroßen Hausboote sind rechteckige Kästen mit stumpfem Heck und leicht angeschrägtem Bug, vierstöckige Hotels, gekrönt vom Sonnendeck. Wer nilabwärts fährt, der befährt die ägyptische Mittelachse zwischen Leben und Tod: zwischen den Stätten der Verstorbenen westlich des Nils und den Städten der Lebenden östlich des Nils. Wenn er bei der mythologischen Unterrichtung aufgepaßt hat, dann weiß er: Über ihm liegt wie eine schmale langgestreckte Brücke die Himmelsgöttin Nut. Ihr Kopf ruht im Westen, und dort verschluckt sie jeden Abend die Sonne, die nachts durch ihren Körper zieht und am Morgen aus ihrem im Osten liegenden Schoß neu geboren wird.

Auch beim Antiquitätenhändler kamen wir uns vor wie auf einer Symmetrie-Achse zwischen Lebenden und Toten. Der Sohn war nicht mehr der Jüngste. Sein Vater – sagte der Sohn – sei längst über Siebzig und komme nur noch selten ins Geschäft. Ich erzählte ihm bis in alle Einzelheiten, wie ich vor zwanzig Jahren mit seinem Vater handelseinig geworden war, und er lachte oft und bestätigte ein paar Mal: »Ja, so ist er, mein Vater.« Nichts sei einfacher, meinte er am

Ende meiner Geschichte, als ein Echtheitszertifikat für eine Fälschung auszustellen. Echte Antiquitäten dürften im übrigen aus Ägypten nicht mehr ausgeführt werden. Wenn man Glück habe, könne man für kleinere Stücke eine Ausnahmegenehmigung erhalten.

»Heute«, sagte er, »ist es fast unmöglich, an echte Sachen heranzukommen. Für einen Skarabäus, wie Sie ihn bei meinem Vater gekauft haben« – er vermied es sorgfältig, von einem »echten« Skarabäus zu sprechen – »müßten Sie jetzt mindestens dreihundert Mark zahlen, falls er Ihnen überhaupt angeboten wird. Er knipste ein paar matte Glühbirnen in seinen Vitrinen an, wo Schalen mit Münzen, Fayence-Nilpferdchen, Holzpuppen, Totenschiffen und Tänzerinnen durcheinander und übereinander standen.

»Sehen Sie sich um«, sagte er, »achtzig Prozent meiner Sachen sind Imitationen.« Er zog mich verblüffend in sein Vertrauen und erregte meinen Argwohn, daß er damit eine günstige psychologische Basis für ein kleines Geschäft aufbauen wollte. Schon kramte er einen Pappkarton hervor und aus dem Karton ein paar in Zeitungspapier gewickelte Grabbeigaben. Er sagte mit der Gelassenheit seines Vaters: »Das ist echt.«

Er zeigte auf zwei kleine Osiris-Figuren: die eine war möglicherweise aus Bronze, doch verwittert bis zur Unkenntlichkeit; die andere eine Fayence, die gerade aus dem Brennofen gekommen sein könnte. »Ich will Ihnen nichts verkaufen«, sagte er, »im Andenken an meinen Vater aber mache ich Ihnen einen guten Preis. Die Bronze kostet zweihundert Mark, die Fayence vierhundert Mark, und ich gebe Ihnen beides zusammen für fünfhundert Mark.« Das kam doch überraschend, und um mir ein wenig Zeit zum Nachdenken zu verschaffen, sagte ich ihm, ich müsse das Geld erst besorgen, heute könne ich ihm nur einen Scheck geben.

»Kein Besorgen, keinen Scheck«, sagte er, »cash – sofort,

Deutsche Mark, bar. Ich habe es nicht nötig, zu verkaufen, in Luxor bin ich ein reicher Mann.« Und schon packte er die Sachen wieder ein, steckte den Karton weg, knipste das Licht in den Vitrinen aus und blickte mich mit seinen Bernsteinaugen durch die Tür hinaus, auf die Straße.

Kein Handel mehr. Kein Spiel mit seinem Preis und mit dem Wert, den ich den Antiquitäten, unabhängig von ihrer Herkunft, aus subjektiven Gründen zumessen könnte. Kein Vergnügen mehr an der Frage: echt oder unecht. Keine Unterscheidungen mehr zwischen Schönheit und Alter der Antiquitäten. Keine Philosophie über die Qualität der Arbeit und den davon unabhängigen Preis verstrichener Zeiträume.

Zahle oder verschwinde! – das ist der neue Ton einer neuen Generation und einer neuen Situation. Auch die neue Geschäftsmoral hat ihren Preis: cash. Verrückte Glücksgefühle kommen dabei nicht auf.

7
Spanischer Traum

Wir sind die Blindenführer
unserer Träume.

Ramón Gómez le la Serna

Anfangs der fünfziger Jahre fuhr jedermann nach Italien und kaum jemand nach Spanien: Italien schien das Verwandte, Spanien das Fremde. Wir – der Maler Eberhard Schlotter, Dorothea, seine Frau, und Anna, meine Frau, und ich – wollten nach Spanien. Da sich niemand eine Landkarte angesehen hatte, hielten wir es für einen geringen Umweg, nach Spanien über Wien zu fahren. Österreich hatte noch keinen Staatsvertrag, der Schwarzenbergplatz hieß noch Stalinplatz, und den T 34, der dort stand, nannten die Wiener das »Befräiungsbanzerl«. Es waren die Zustände, die jedermann aus dem Film »Der dritte Mann« kennt. Die vier Besatzungsmächte beherrschten abwechselnd die Innenstadt, den ersten Bezirk, und als wir dort waren, im August 1954, waren gerade die Russen dran. Der »Strohkoffer«, ein weiträumiger Keller in der Ballgasse 10, war das Stammlokal des Wiener Art Clubs mit seinem Präsidenten Albert Paris Gütersloh; es verkehrten dort H. C. Artmann, Gerhard Rühm, Oswalt Wiener, Konrad Bayer, die »Wiener Gruppe«, dreizehn Jahre vor ihrem Ruhm.

Wir kannten sie damals nicht, aber dreizehn Jahre danach entstand Eberhard Schlotters Lithographie für H. C. Artmanns »tök ph'rong süleng«, den Halbschlaf der Mistress Caruthers betreffend. Damals war die Neue Darmstädter Sezession die erste deutsche Künstlergruppe, die nach dem Krieg in Wien ausstellte, und Eberhard wollte seine Bilder hängen sehen in der Wiener Secession mit ihren Mosaikschalen vorm Eingang, ihren Medusenhäuptern über der Tür, ihren Ornamenten aus Schlangen und Lorbeerbäumen.

Die Wiener zählten Eberhard damals zur deutschen »modernen Sachlichkeit«; die Deutschen suchten ihn dreizehn Jahre später bei den »Wiener Phantasten«.

Wir wollten nach Spanien, aber wir übernachteten im Gasthof Dockl in Bruck an der Mur, im Albergo Miralaghi bei Trient, im Hotel Napoleon in Nizza und bei Madame Didier in Arles. Wir wollten nach Spanien, aber wir wechselten Mark in Schillinge und Schillinge in Lire und Lire in Francs und am achten Reisetag endlich Francs in Peseten und fuhren nach Spanien von Le Perthus nach La Junquera, aber, genaugenommen, wollten wir nach Andalusien. Was immer wir wollten und wo immer wir waren, Eberhard holte zwischendurch sein Zeichenpapier aus dem Wagen und sagte: »Ich geh nur ein bißchen aquarellieren«, es wurde der leitmotivische Satz dieser Reise.

Wir wollten nach Andalusien, aber wir blieben an der Costa Brava, in Calella de Palafrugell, und nachts bei der Sardana fragte uns ein katalanischer Professorensohn, ob wir wirklich nach Spanien wollten, und wir sagten, wir seien doch längst in Spanien, er aber bestand entrüstet darauf, wir seien in Katalonien, und das sei etwas ganz anderes, und er jedenfalls würde nie nach Spanien fahren, was könne man dort schon suchen? Wir wollten dennoch nach Spanien, aber wir lungerten herum auf den Ramblas von Barcelona, der katalanischen Kapitale, und weil Sonntag war, fuhren wir über die Avenida de José Antonio zur Plaza Monumental, um unseren ersten Stierkampf zu sehen. Es war ein Anfängerkampf, eine Novillada, die Männer mit dem Degen, die Espadas, dürfen den Titel Matador de Toros noch nicht führen, doch war an diesem Sonntag einer unter ihnen, den die Plakate als aufsteigendes Idol der Massen rühmten: nuevo idolo de multitudes. Er war damals neunzehn Jahre alt, und wenn im Hotel Balmes sein Kampfname »Chamaco« erwähnt wurde, jubelten die Zimmermädchen.

Zwei Jahre später wurde er Matador, blieb es sechs Jahre lang und war, obwohl Andalusier mit dem Beinamen »Der Löwe von Huelva«, am Ende doch nur eine katalanische Provinzgröße gewesen. Damals wurde er verehrt wie der Gott, den er für seine Berufswahl verantwortlich machte. Befragt, weshalb er Torero geworden sei, antwortete Chamaco, der sich gern beim Beten in der Arena-Kapelle fotografieren ließ: »Danach müssen Sie Gott fragen!« Chamaco gehörte zu den Horror-Matadoren, die großen Publikumsmassen durch ihre absurden Einfälle und ihren Todesmut imponieren. Ihren barocken, effekthascherischen Stil der Regelwidrigkeiten hat schon im ausgehenden 18. Jahrhundert der große Pepe-Hillo praktiziert, aber zur herrschenden Mode gemacht hat ihn erst der Mexikaner Carlos Arruza in den vierziger Jahren unseres Jahrhunderts.

Über solche ästhetischen und historischen Fragen wußte ich damals nichts. Ich lernte es erst, als ich nach vielen Spanien-Reisen mit vielen Nachmittagen in den Großstadt-Arenen ein schmales Buch über die Fakten und Abläufe der Corrida schrieb, über die Fragen, die sich die Anfänger unter den Zuschauern stellen und über die man damals in deutscher Sprache nichts lesen konnte. Es heißt »Stierkampf«, ist üppig bebildert durch Helmut Lander und hält sich mit denkbar geringen Verkaufszahlen seit 1970 auf dem Buchmarkt.

An jenem Sonntag in Barcelona, 1954, verlangten die Zuschauer, »música!« brüllend, einen Pasodoble, wenn Chamaco halbierte und geviertelte Banderillas setzte. Waffenlos kniete er mit dem Rücken zum Stier auf der Muleta, und er ging mit dem erhobenen Degen so dicht zwischen die Hörner, daß die Stiere nach dem ersten Stich tot zusammenbrachen, als habe sie ein elektrischer Schlag gefällt. Wenn er seine Ehrenrunden um den Kampfplatz lief, flatterte eine weiße Taube auf seiner hoch erhobenen rechten Hand. Man warf ihm oft lebende Tauben mit zusammengebundenen Füßen, die man auf der Rambla kaufte, als Geschenke in die Arena. Er hob sie auf und küßte sie, ein Andalusier in Katalonien.

Wir wollten nach Andalusien, wir hatten dreitausend Kilometer hinter uns, wir waren das Autofahren müde, wir waren überhaupt müde, aber wir machten einen Abstecher nach Peniscola, zur Insel am Stiel, zum Kastell mit den muschelgepflasterten Gassen, zum Exil des abgesetzten Gegenpapstes Benedikt Nummer 13, und der Gestank aller Fische, die dort seit Hannibal verfault, und aller Esel, die dort seit Hannibal geschissen hatten, hing noch zwischen den weißen Häusern, und niemand wagte, von Hotels und Touristen auch nur zu träumen. Wir wohnten bei Fischern, die uns ihre Ehebetten vermieteten. Irgendwann kamen wir dann doch nach Valencia, und am Strand von Cullera waren wir so scharf aufs Meer, daß wir uns die Kleider vom Leib rissen, und als Anni und Dorothea dabei einen Augenblick lang nackt waren, schrien die spanischen Sonnenbader nach der Polizei. Am Abend in Gandia, als wir uns von den Salaten zu den Trauben und Melonen durchgearbeitet hatten, wußten wir nicht mehr so recht, ob wir tatsächlich noch nach dem fernen Andalusien wollten.

Am nächsten Morgen fuhren wir auf der Route nach Alicante durch Olivenhaine und Orangengärten, und es war uns so gleichgültig wie die Weinterrassen an den heißen Hängen, die Feldsteinmauern um die Huertas, die grünen Kakteen und schwarzen Ziegen, der Felsklotz im Meer, Penon de Ifach, vierhundert Meter hoch vulkanisches Gestein, na wenn schon, wir haßten Andalusien und wir haßten das Auto, außer Eberhard natürlich, denn es war seins, und an diesem fünfzehnten Reisetag nach präzise 3582 Kilometern sagte Eberhard um 11.55 Uhr: »Wenn niemand mal halt sagt, fahre ich jetzt immer so weiter bis nach Alicante und

Almeria und Malaga und Gibraltar.« Eberhard wollte diesen Satz vermutlich nicht sagen, er hatte nur ein schlechtes Gewissen wegen Wien, aber da sagte Anni schon: »Halt«, und Altea war entdeckt, unser spanisches Paradies, wir wußten es nur noch nicht.

Wir hielten in der Generalisimo vor dem Haus Nummer 3, dem Restaurante »La Marina«, und aus der Tür trat Francisco Perez Painceira, er hatte einen Rohrstuhl um den Hals gehängt, trommelte auf den Sitz und sang: »Besame, besame mucho . . .«, und als er unseren Wagen sah, wechselte er das Lied und sang: »Ein Prosit der Gemutlichkeit.« In Düsseldorf hatten sich seinetwegen zwei Mädchen die Pulsadern aufgeschnitten, quer und ungefährlich wie immer in solchen Fällen, das erzählte er später. Jetzt fragten wir ihn, wer er sei. Er sagte: »Paco«. Wir fragten ihn, wo wir seien, er sagte: »Altea«. Altea war entdeckt, Altea wußte es nur noch nicht.

Wie immer und bei allen großen Entdeckungen war ein anderer schon vorher da. Paco, der die »Marina« gemietet hatte, in die wir sofort einzogen, brachte ihn an: er bewohnte eine Etage in der Casa Polopi, er malte abstrakte Bilder, besaß eine mit Leukoplast reparierte Brille, kein Gebiß, eine Frau und zwei Buben, er war Berliner, hieß Peter Steinforth und wurde in Altea »cangrejo«, der Krebs, genannt. Peter hatte sich die Welt in Altea übersichtlich eingerichtet. Sie reichte von einer Bar im Norden, die entsprechend der weltpolitischen Lage und der gefährlichen Schnäpse, es war Absinth, Nordkorea genannt wurde, bis zu einer Bar im Süden, die aus entsprechenden Gründen Dien Pien Phu hieß, dieser nordvietnamesische Stützpunkt war gerade vor einem Vierteljahr vom Vietmin den Franzosen entrissen worden, und in Altea wurden solche Siege des Antikolonialismus gefeiert.

Die Menschen dazwischen waren entweder Peters Freunde, hieben sich zur Begrüßung auf die Schulter und nannten sich Krebse, cangrejos, oder sie waren irgendwelche Leute und wurden cangrejos peludos genannt, haarige Krebse. Dazu gab es eine Geschichte: Peter hatte sich bei einer Fiesta am Wettbewerb der Festwagen beteiligt und für sein Blütenschiff, das er mit zwitschernden Mobiles aus Vogelkäfigen geschmückt und »cangrejo« genannt hatte, den zweiten Preis erhalten, und der zweite war der erste Preis, weil den ersten Preis, unabhängig von der Schönheit seines Festwagens, immer der Sohn des Bürgermeisters erhielt, zweifellos ein cangrejo peludo.

Ein cangrejo war beispielsweise der einzige Taxifahrer im Dorf. Er transportierte uns hin und her, zwischen Nordkorea und Dien Bien Phu, und meist saßen dabei sechs Leute in und zehn Leute auf seinem Taxi. Um unsere erste Fahrt mit ihm zu feiern, kassierte er am Ziel von jedem Mitfahrer einen Duro, fünfzig Pfennig, trug das Bündel Scheine zwischen Daumen und Zeigefinger vor sich her in die Bar, legte es sanft auf die Theke und sagte: »Für meine Gäste.« Cangrejos waren die Besitzer der Bar Lledo und der Bar Moderno, sie boten zum Cognac Muscheln, gebratenen Tintenfisch, gefüllte Oliven, aber auch eine selbstgedrehte Zigarette an, und ein Veterano oder Soberano kostete zwanzig Pfennig, der geschmuggelte Absinth nur zehn. Der Postbeamte kam in der Schlafanzugsjacke von seinem Schalter herüber, um eine Horchata zu trinken. Ein dicker Kerl rollte mit dem Fahrrad in die Bar an die Theke, sein Gipsbein weit ausgestreckt, er hatte einen dreifachen Bruch durch einen Motorradunfall, doch war er eine robuste Natur: in der Werkstatt beulte er die Autos mit bloßen Händen aus.

Ein cangrejo peludo dagegen war ein Verrückter, der alle Gäste in der Bar zu sich nach Hause einzuladen pflegte, zum Feigenessen; irgendwann waren sie seiner Einladung gefolgt, und am nächsten Tag hatte er sie bei der Guardia civil wegen Diebstahl angezeigt. Ein cangrejo peludo war der bettelnde Flötenspieler, der während der Siesta mit seinen beiden Hunden um die Wette heulte, bis man ihm ein paar Centavos auf die Straße warf. Bei dieser Erpressung verdiente er offenbar ganz gut: bei einer Fiesta im Nachbardorf war er schon auf dem Marktplatz, als wir dort ankamen, obwohl wir ihn unterwegs überholt hatten. »Ich bin ein alter Mann«, erklärte der Bettler, »ich kann nicht mehr so weit laufen, ich habe mir ein Taxi genommen.«

Nach Andalusien wollten wir nicht mehr, wir blieben in Altea. Wir gewöhnten uns an, »buenno« am Vormittag, »buenna« am Nachmittag und »bonna nite« zur Nacht zu sagen. Wir kauften Alpargatas, blaue Leinenschuhe mit Hanfsohlen, sprangen über die Bewässerungsgräben der Huertas und schlenderten lautlos ans Meer. Die Pupillen wurden klein, als seien sie mit einer Stecknadel gestochen, in der hellen Hitze. Das Meer war grün am Strand, violett am Horizont und pures Azur dazwischen, blau wie die Azulejos, die maurischen Kacheln auf der Kuppel der Kirche: sie allein, hoch über Altea, schien von Menschen erbaut; die Wohnhäuser dagegen, diese weißen Kuben, waren offensichtlich Naturprodukte: von dem erhitzten Boden ausgeschwitzte und hochgetürmte Kristalle – in Spanien ist der Kubismus ein Naturalismus. Schaumkronen auf den Wellen liefen so rasch ans Ufer, als hätten sie eine geschäftliche Verabredung, aber das verlief sich dann zwischen dem Geröll – allenfalls brachten sie die alte Information neu heraus, daß der Stein vom Wasser und das Harte vom Weichen besiegt wird. Und Eberhard kauerte wieder irgendwo im Dorf an einer Straßenecke in der Hocke, der Zeichenblock lag auf dem Pflaster, er musterte einen Balkon mit verkniffenen Augen, wie immer aquarellierte er ein bißchen.

Wir lagen in den Schaukelstühlen der »Marina«, zwischen uns der Spiegel, der Hutständer und die weißen Blumenständer, Paco trommelte im scharfen Zweiviertel-Takt auf einen Stuhlsitz und sang »A lo loco... auf die verrückte Tour«, den Baiao der Saison. Er hatte gerade einen Eimer mit Fischen in der Garage versteckt, er tat das für einen holländischen Gast, der die Fische als Alibi brauchte: angeblich fing er sie des Nachts, er fuhr aber statt dessen mit Paco nach Alicante in den Puff. »Sie muß ins Bett«, sagte der Holländer von seiner Frau, »sie hat viel Geld, das sieht man ihr gar nicht an.«

Paco kannte Deutschland, er definierte es mit dem Satz: »Viel Kartoffel und Spinat, nix Wein, nix Olive.« Wenn es uns gelang, ihn zu verblüffen, sagte er: »Ich kack ins Meer«, es war keine Drohung, es war der Ausdruck seiner Bewunderung.

Abends gingen die Sardinenfischer zum Meer, die Basttaschen mit Wein und Brot ans blaue Hemd gedrückt. Die alten Weiber saßen auf der Straße und klöppelten, Gesicht zur Wand, Rücken zur Promenade. Die Mütter trugen ihre Säuglinge im gestärkten Taufkleid vor sich her über den Paseo. Im stechenden Licht einer Karbidlampe schillerten die zum Verkauf ausgestellten, zuckenden Fische, die Tintenfische, Muscheln und Langusten in irrealen Farben. Die Gitter, die sich vor den Fenstern wölbten, sahen aus wie leere Käfige, von Riesenvögeln verlassen. Peter sagte: »Spanien hat keine Realität. Spanien ist ein Traum.« Er sagte es zu einem Autoschlosser, und der sagte bitter: »Ein Traum, ja. Aber nur für die andern.«

Nach spätestens vier Jahrzehnten war der Traum ausgeträumt, für die einen und für die andern.

Kunst ist das, was Künstler machen
Die Geschichte vom erfundenen Maler

Paco verlangte, daß man seine Bilder bewunderte. Was er hören wollte, war ein begründetes Lob. Da er abstrakt malte, war das nicht so einfach. Nicht einmal die Kunstkritiker wußten so recht, wie sie über die Abstrakten schreiben sollten.

Eigentlich hieß er Franz, aber in dem spanischen Fischerdorf, in dem er ein paar Jahr verlebt hatte, nannte man ihn Paco, und dabei blieb er nach seiner Rückkehr. Von der Decke und an den Wänden seines Ateliers hingen Mitbringsel: poröse Krüge, die das Wasser durch Verdunstungskälte in der Hitze frisch halten, Kalebassen aus Andalusien, Töpfe mit dickblättrigen Feigen-Kakteen, mit Glaskugeln besetzte Fischernetze, gebrauchte Banderillas aus der Madrider Stierkampfarena.

Paco und seine Frau Marianne hatten als lebendes Strandgut Thea mitgebracht, ein elternloses junges Mädchen, das an der spanischen Levante so pleite war wie Oskar, der elternlose schwule Junge, der ebenfalls zu Pacos Reisegepäck gehörte. »Ich hätte Thea als meine Tochter adoptieren oder heiraten können«, behauptete Paco gelegentlich, »aber ich bin dann doch bei meiner Alten geblieben.« Oskar hatte das, was man Charme nennt: wenn er lächelte, hellte er Gottes finstere Welt ein wenig auf. Thea und Oskar wurden wie Auslaufkatzen gehalten. Sie durften streunen, wie sie wollten, und wenn sie da waren, konnten sie mitessen. »Das wichtigste an der Tafelrunde des Königs Artus«, belehrte Paco, »waren nicht die Abenteuer und Heldentaten der Ritter. Das wichtigste war die Tafel, an der es immer etwas zu essen gab.«

Thea und Oskar verschwanden manchmal ein paar Tage,

miteinander und auch getrennt. Man hielt es für möglich, daß sie in Frankfurt auf den Amateurstrich gingen, aber noch nie hatte sie jemand dort gesehen. Befragt, was sie zusammen machten, sagte Thea: »Ich versuche, ihn rumzukriegen. Von hinten ist er schon ganz gut.« Das war vermutlich genauso gelogen wie das meiste, was Thea sagte. Wenn ihr etwas einfiel, was sie für hübsch hielt, und das geschah oft, dann log sie. Paco schätzte das sehr, er nannte es Theas Kunstmärchen.

Zu den Standardscherzen Oskars gehörte es, daß er seine Hände mit ihren langen Fingernägeln wie Krallen gegen seinen Gesprächspartner krümmte und mit Fistelstimme drohte: »Ich warne vor mir! Ich bin eine Schwuchtel, ich bin tückisch!« Aber das war nur eine Abwehr-Pose, die er bei Jean Genet auf einem Photo gesehen hatte. Ob Schwuchtel oder nicht, Oskar mit dem sanften Gang war bis zur Selbstaufgabe hilfsbereit.

Oskar und Thea machten sich in Pacos Atelier nützlich. Sie kümmerten sich um die beiden Kinder, die Marianne mit in die Ehe gebracht hatte, holten morgens die Asche aus den Öfen und versorgten sie tagsüber mit Kohle und Briketts. Wenn er Lust hatte, kochte Oskar, das waren Festabende. Wie sie zu viert miteinander einig wurden, wußte niemand, aber es wurde gern diskutiert. Und wie viele Frauen, die sich nicht gerade die Augen auskratzten, gerieten Marianne und Thea unter lesbischen Verdacht.

Die mit gutem Gewissen füllige Marianne saß im Atelier meist am Rand wie ein Monument der Unverdrossenheit und Lebenszuversicht. Sie beteiligte sich an den Kunstdiskussionen nie, an allgemeinen Gesprächen selten, am Klatsch mit heiterer Gelassenheit. Mit dicken Nadeln strickte sie unentwegt Westen und Pullover, sie waren alle überlang, überweit, überschwer. Wer Mariannes Produkte trug, kam durch jeden brennstoffarmen Winter.

Pacos Eintrittsriten und Erwartungen entfielen an den Abenden, an denen wir, ein paar Kollegen und Freunde Pacos, an unserer Gemeinschaftsproduktion arbeiteten oder, genauer gesagt, herumspielten. Zu dieser kollektiven Bemühung war es eines Nachmittags gekommen, als wir uns, wie so oft, über die Unzulänglichkeit der Kunstkritik einig wurden. Als Belege las Paco aus einem Artikel des damals einflußreichsten Kunstkritikers Martin Fehsen-Veld vor.

Fehsen-Velds Satz »Das abstrakte Spiel mit sogenannt gegenstandslosen Formen, Rhomben und Scheiben erhält durch deren farbige Sinnlichkeit allerdings eine nicht-abstrakte, mitunter prachtschwere Dingqualität« schrieb Paco mit blauer Farbe auf eine grundierte, leere Leinwand. Dazu wünschte er sich: »Das sollte Fehsen-Veld mal über meine Sachen schreiben. Prachtschwere Dingqualität, sowas habe ich auch, das läßt sich beweisen.«

Etzel Wettkapf, ein Maler und Theoretiker auch er, entrüstete sich mit der Behauptung: »In der Kunst läßt sich überhaupt nichts beweisen« und leitete damit eine der langen, sinnlosen, schönen Diskussionen ein, wie sie in Pacos Atelier üblich waren. Niemand zitiert so gern wie Maler, die über ihre Arbeit nachdenken. Wenn sie irgendwo einen Satz gefunden haben, der etwas sagt, was sie selbst nur unvollkommen sagen könnten, so lernen sie ihn unverzüglich auswendig und ziehen ihn in prekären Situationen wie ein As aus dem Ärmel.

Wenn es um abstrakte Malerei und ihre Kritiker ging, dann war Albrecht Fabri, der Autor des berauschend paradoxalen Essaybands »Der schmutzige Daumen« aus dem Jahr 1948, als theoretischer Hausgott unvermeidbar. Mit seinem Satz über den Künstler: »Er lernt, sich als Form, er verlernt, sich als Inhalt ernst zu nehmen«, mit seiner Kapriole »Zuerst die Leinwand mit Farbe bedecken, dann auf ihr das Bild suchen« rechtfertigten die Abstrakten ihre Malerei, die sie als formale Entdeckungsreisen betrieben.

Eines Abends füllt Paco die Gläser mit billigem Rioja. »Wollen wir nicht mal versuchen, in der Kunst doch etwas zu beweisen?« fragte er, ohne eine Antwort zu erwarten. »Wir werden die Leinwand, auf die ich Fehsen-Velds Satz geschrieben habe, mit Farbe bedecken und dann auf ihr das Bild suchen. Wir werden sogenannte gegenstandslose Formen, Rhomben und Scheiben durch ihre farbige Sinnlichkeit dazu bringen, ihre prachtschwere Dingqualität zu offenbaren. Wir benutzen Fehsen-Velds Satz als Rezept, nach dem wir ein paar Bilder malen, und wir bringen Fehsen-Veld dazu, daß er über sie schreibt.«

»Was verstehst du unter ›wir‹?« fragte ich Paco. »Ich, beispielsweise, kann nicht malen.«

»Wir alle«, sagte Paco, »wie wir hier sitzen, malen die Bilder miteinander, in Gemeinschaftsarbeit, und wir fangen noch heute abend an. Die prachtschwere Dingqualität ist unser Ziel, und auch für ein auf Sympathie beruhendes Verständnis werden wir sorgen. Wir werden einen Maler erfinden, der aus wärmster Sympathie besteht.«

»Ich stehe Modell«, rief Thea begeistert, zog sich das T-Shirt über den Kopf, stieg aus den Jeans, riß den Slip herunter, setzte eine giftgrüne Langhaarperücke auf und posierte neben der Staffelei. Sie war gerade auf ihrer grünen Tour, sie hatte Achselhaare und Schamhaare, Finger- und Fußnägel und die Spitzen ihrer Brüste giftgrün gefärbt.

Seitdem Paco ihr einmal gesagt hatte, ihre fleischfarbene, kontrastlose Blondheit sei langweilig, färbte sie alle ihre Haare. Hennarot, königsblau, kardinalsviolett hatte sie schon hinter sich und vor schwarz scheute sie zurück: schwarzgefärbt käme sie sich vor, als bestehle sie alle dunkelhaarigen Frauen. Da sie das Bedürfnis hatte, ihre Farben zu zeigen, lief sie am liebsten nackt herum.

Paco hielt ihr eine kleine Rede: »Du weißt, daß wir alle dich lieben. Aber du machst schon wieder Überstunden in einem Beruf, der hier niemanden mehr interessiert. Abstrakte Maler brauchen kein Modell, das ist bedauerlich, aber nicht zu ändern. Auch die Bildhauer können mit dir nichts anfangen: Die einen brauchen kein Modell, weil sie ihre plastischen Ereignisse aus Metall zusammenschweißen, und die andern verlangen heutzutage große, schlampige Titten. Du hast eine Figur für unsere Großväter, für Jugendstil und Art Déco: Du bist eine Knäbin mit deinen winzigen, zu hoch angesetzten Brüsten, und deinen Hintern findet man nicht mal, wenn du nackt herumläufst. Du bist ein Modell für die Kunst von vorgestern. Zieh dir was drüber, Kindchen, und geh von der Staffelei weg, wir wollen jetzt arbeiten.« Sie zog sich nichts drüber, setzte sich auf den Stuhl neben mir und fragte hoffnungslos: »Wie kriegt man große, dicke, schlampige Titten?«

Paco wollte die Spielregeln während des Malens erläutern, und ich solle anfangen. Ich malte in die linke obere Ecke kleine giftgrüne Kringel, sie bewiesen, daß man ein Modell auch für Abstraktionen nutzen kann. Paco tat so, als verstehe er das nicht und ließ mich nach fünf Minuten ablösen von Konrad, dem Chirurgen. Er erhielt den Auftrag, das zu zerstören, was ich gemalt hatte. »Und so geht das weiter«, bestimmte Paco, »jeder zerstört seinen Vorgänger. Nur so können wir verhindern, daß wir ein dilettantisches gegenständliches Bild malen. Jetzt werdet ihr mal sehen, wie schwierig es ist, abstrakt zu sein. Unser Kopf will keine Abstraktionen, er will seine gewohnten Bilder durch den malenden Arm auf der Leinwand loswerden.«

Konrad, unser aller Leibarzt, war im Atelier wohlgelitten auch deshalb, weil er von seinen Reisen aparte Sachen mitbrachte. So die damals fast überall verbotenen »Wendekreis«-Romane von Henry Miller, sie waren in der Pariser

»Obelisk Press« anfangs der fünfziger Jahre als Taschenbücher erschienen. Konrad konnte hemmungslos lachen über Henry Millers berauschte Behauptung: »There is a bone in my prick six inches long.«

Er beschaffte auch das gedruckte Drehbuch von Jean Cocteaus Film »Orphée«, über den Oskar spottete: »Seht euch nur mal die beiden Todesboten an, wir ihre Hintern auf den Motorradsätteln liegen, zwei brutale Kerle mit irritierenden Grübchen im Kinn, mit Trapezkörpern in schwarzem Leder, um die Hüften eng geschnürt durch überbreite, helle Gürtel – das Jenseits, in das sie die Todesopfer transportieren, kann doch nur beruhigend schwul sein. Ich freu' mich drauf.«

Unsere Lieblingssequenz war eine andere: Auf der Terrasse des Pariser »Café de Flore« wird die neue Zeitschrift eins blutjungen Lyrikers herumgezeigt. Orphée protestiert: »Aber ich sehe nur leere Seiten«, und ein Herr kommentiert: »Das nennt sich Nudismus«. Auch diese Szene eröffnete – wie Henry Millers Bücher – die fünfziger Jahre, wir wußten das nur noch nicht.

An der Staffelei ging Konrad mit Rot gegen meine grünen Kringel vor. Seine chirurgische Spezialität waren Säuglingsoperationen, er war es gewöhnt, mit der Lupe und winzigen Schnitten zu arbeiten. »Hör doch mit dem Kleinkram auf!« bat ihn Paco. »Mach mal irgendwas, das auf die Größe der Leinwand reagiert, und wenn's nur ein Oval ist.« Konrad hatte sichtlich Mühe, die kleinen Formen, die seine empfindsame Hand malen wollte, auf Leinwandgröße auszuweiten.

»Wie gefällt dir mein Grün?« fragte mich Thea.

»Grün ist eine kalte Farbe. Du wirst frieren, da unten.«

»Die kalten Farben machen mich nicht kälter, die warmen nicht wärmer. Was ich auch mache, bei mir bleibt alles so, wie es ist. Ich mache alles, aber keiner will was von mir.«

Dazu fiel mir nichts ein. Ich fragte sie: »Warum läßt du dich von Paco so schlecht behandeln?« Sie protestierte: »Aber er behandelt mich nicht schlecht! Wenn ich zu ihm und Marianne krieche, sind sie sehr lieb zu mir.« – »Wie lieb?« fragte ich. – »Weil ich fast immer lüge«, sagte sie, »wirst du es mir doch nicht glauben. Paco und Marianne haben nur den einen Fehler, daß sie mich nie rufen.« – Ich fragte: »Möchtest du denn gerufen werden?« – Sie sagte: »Eigentlich immer.«

Nach Konrad trat Etzel Wettkapf an die Staffelei, ein damals schon renommierter Maler, der daran dachte, mit Pacos Hilfe vor den deutschen Abstraktionen nach Spanien zu fliehen. Er malte so konservativ, als wolle er der spanische Dürer oder der deutsche Goya werden, und bevor er das schaffte, rettete er sich mit seiner akademischen Malerei in einen gelackten Surrealismus und porträtierte Herren der Industrie, die ihn untereinander weiterempfahlen. Er hatte das im Krieg mit deutschen Offizieren trainiert, nach dem Krieg mit amerikanischen. Mit der Sicherheit des Fachmanns warf er die großen Formen, an denen Konrad gescheitert war, auf die Leinwand.

Gegen diese Professionalität protestierte Paco und verlangte: »Wir brauchen jetzt den Unbegabtesten.« Sofort meldete sich Thea: »Das bin ich! Sie zog sich zum Malen einen Kittel über und versuchte, Wettkapfs routinierte Formen durch kindliche Rhomben zu unterdrücken. Und Oskar malte darüber traditionelle Formen des Weihnachtsgebäcks. Paco erinnerte uns an unser Ziel der prachtschweren Dingqualität, aber es konnte bisher nicht einmal von Fehsen-Velds farbiger Sinnlichkeit die Rede sein. Und so ging das weiter, bis wir alle ziemlich betrunken waren und nach Hause wollten.

Mit wechselnder Besetzung malten wir ein paar Abende lang an zwei Bildern. Wir begriffen, daß wir die Leinwände zwar chaotisch verschmieren, aber kein Bild vom Chaos malen konnten. Irgend etwas mußte geschehen, damit man ein als abstrakt beabsichtigtes Gemälde erkennen konnte. Paco wollte es uns am letzten Abend zeigen.

Am Abschlußabend wurde ich von Keith begleitet, der wie manche französischen Filmstars der dreißiger Jahre angeblich keinen Vornamen hatte. Er verdiente als Assistent des Dramaturgie-Assistenten ein paar Mark am Stadttheater, und aus steuerlichen Gründen trat er zweimal in der Spielzeit in winzigen stummen Rollen auf. Das alles interessierte ihn wenig, denn er bereitete, sagte er, den Siegeszug der konkreten Kunst vor. Ich fragte ihn, ob er male, und er winkte verächtlich ab: »Ich male nicht und ich schreibe nicht, das ist doch langweilig. Ich beschäftige mich mit Objekten.« Er hatte das erste Ergebnis seiner, wie er sagte, »Konkretisierungen« in einer dicken Tüte dabei und wollte uns alle damit beschenken.

Als wir den kleinen Ateliergarten betraten, sahen wir Thea, nackt wie meist, neben der Ateliertür im Gras hocken. »Du Ferkelchen«, sagte ich, »mußt du das hier machen?« – »Ich höre immer«, sagte sie, »die Männer sehen den Frauen gern beim Pinkeln zu.« – »Da hast du recht«, sagte Keith zu ihr und »Wie kann man nur so ein Spießer sein!« zu mir.

Im Atelier war schon eine chaotische Diskussion über unseren fiktiven Maler in Gang. Wir einigten uns über einige Hauptpunkte. Er sollte knapp über zwanzig sein, frühreif und elternlos wie Thea und Oskar, deren Väter gefallen und deren Mütter durch Bomben umgekommen waren. Er sollte eine ostischen Namen haben, der überall leicht auszusprechen war. Wir kamen auf Radic und beschlossen, wie Keith auf irgendwelche Vornamen zu verzichten. Radic konnte man Raditz, Radik oder Raditsch nennen, man würde immer wissen, wer gemeint war.

Einige wollten den Ostflüchtling Radic auf einer Kunstakademie in der DDR studieren lassen, aber die Mehrheit wollte keine durch Fehsen-Veld leicht nachprüfbaren Fakten, lieber Andeutungen, unter denen er sich mancherlei vorstellen konnte. So schickten wir den sechzehn Jahre alten Radic nach Paris, wo er sich auf eine Weise, die wir nicht zu erklären brauchten, durchs Leben schlug. Da sich Fehsen-Veld unter Pariser Künstlern auskannte, transportierten wir Radic weiter nach Tanger und trieben das vorsichtshalber ins Allgemeinere: »Lebt in Marokko.«

Wir schickten ihn vorher eine Zeitlang nach Brest, das macht Gedanken über Marineschüler und Jean Genet. »Nach Brest«, sagte Paco, »ist Marokko nur ein anderes Wort für tiefbraune Araberjungen mit Lippen wie Pumpstationen, mit muskulösen Hintern und Schwänzen wie die Hengste. Sollten Fehsen-Veld unsere Bilder nicht interessieren, so wird er unserem Maler kaum widerstehen können.« Das fand allgemeinen Beifall, nur der neben mir stehende Keith lachte nicht mit.

»Ich zeig' euch jetzt mal einen Trick«, verkündete Paco. Er klebte einen weißen, rechteckigen Papierbogen, wie er ihn für Skizzen verwendete, im Hochformat in die linke obere Ecke auf die nasse Farbe unseres Gemeinschaftswerks, bügelte ihn mit der Handkante fest und zog ihn dann sorgfältig ab. Denselben Bogen klebte er im Querformat in die rechte untere Ecke unseres Gemäldes. Dort hinterließ er Formen und Farben aus der oberen Ecke. Auch aus der unteren Ecke nahm er Formen und Farben auf, die er an einer anderen Stelle unseres Bildes abdruckte, und so fuhr er fort. Das gleiche Verfahren führte er mit einem zweiten Papierbogen vor. Schließlich zeigte er uns die beiden Bögen: sie sahen aus wie unvollendete abstrakte Bilder. »Mit Passepartouts«, sagte Paco, »sind das Vorstudien zu unserem Bild. Und so werden wir sie in die Ausstellung hängen.«

Noch verblüffender waren die Veränderungen unseres

Gemäldes. Durch die Behandlung mit den Papierbögen hatte es Struktur bekommen. Die irgendwo vom Papier aufgenommenen und anderswo auf der Leinwand aufgedruckten Farben und Formen bildeten eine Art Beziehungsnetz mit reichen Variationen. Kein Zweifel, das war nicht mehr das Zufallsgeschmiere eines halben Dutzends Dilettanten, da spürte man eine individuelle Kraft und ihren gewollten Ausdruck.

»Das Desiderable ist gelungen«, konstatierte Paco, »aber natürlich gibt es auf unserem Bild noch viele Stellen, an denen ein Fachmann wie Herr Fehsen-Veld Amateurarbeit wittert. Diese Stellen werde ich morgen in aller Ruhe professionell herrichten. Bei unserem ersten Bild habe ich das schon gemacht.« Er zeigte es uns, auch die Vorstudien, und erwartete uneingeschränktes, rauschendes Lob. Es wurde ihm zuteil.

Nur schwach bewegt zeigte sich naturgemäß Etzel Wettkapf, der diese Art der Herstellung von Kunst kannte und verachtete. Er holte zu ein paar Sätzen aus, um sich an ihnen zu berauschen. »Natürlich guckt man die meisten abstrakten Bilder gern an«, dozierte er, »aber vorsichtshalber fragt man nicht danach, woher das Wohlgefallen kommt. In den angeblichen Abstraktionen wesen getarnte Geschlechtsorganismen, gestückelte Röhren und Höhlen, sanfte Hügel und dunkle Hohlwege, bewachsene Dünen und nackte Dickblattgewächse, quellende Schenkel und Schinken, platzende Keulen, dampfende Lenden und verschrumpelte Skrota, blaßrosa Mammae, signalrote Mamillen, phallisches Blaurot und vaginales Violett, eine sexuelle Orgie aus fragmentiertem Fleisch.« Es war Etzels Lieblingsthema, er war in Fahrt gekommen und hatte sich genossen.

»Deinen ästhetisierten Rorschachtest haben wir nun oft genug gehört«, quittierte Paco. »Und wenn es so wäre, was wäre daran auszusetzen? Nach Bayreuth fährt man auch

nur, um an Wagners musikdramatischen Ejakulationen teil-
zunehmen.«

»Ach, ach, ach«, stöhnte Keith, »hört doch auf mit dem
Quatsch! Was ihr da treibt, Kunst studieren, Leinwände be-
malen, Bilder herstellen, Kritiker fürchten und provozieren,
das ist doch spätestens seit Dada hoffnungslos vorbei. Ihr
seid begeistert von der Zeitschrift der leeren Blätter in Cocteaus »Orphée«, aber keiner von euch hat die Courage, die
Konsequenz aus seiner Begeisterung zu ziehen. Ihr seid
provinziell, erzbrav, langweilig, altmodisch. Werft doch mal
euren traditionellen Kunstkrempel in die Rumpelkammer.
Heutzutage will sich niemand mehr anstrengen, nicht einmal die Mitglieder des Kunstvereins. Ihr müßt endlich damit anfangen, euch auch nicht mehr anzustrengen. Entspannt euch, macht etwas Einfaches und sagt: Das ist Kunst!
– Was ist Kunst? Diese alte Streitfrage wird neu beantwortet: Kunst ist das, was Künstler machen. Die Leute werden
euch dankbar sein, daß Kunst so einfach ist. Darf ich auch
mal an euer Kollektiv-Picture ran? Ich will nur eine Applikation anbringen, damit jeder erkennt, daß man die neue
Weltstunde nicht mehr auf alten Uhren ablesen kann.« Er
zerschlug seine Taschenuhr mit einem Hammer und drückte
die Bruchstücke in die nassen Farben des Bildes.

»Die Hauptsache«, sagte er, »ist der Bildtitel. Ich schlage
vor, das erste Bild nennen wir ›Melancholischer Rückblick
der Abstraktion auf sich selbst‹. Das zweite heißt ›Kriegeri-
scher Einzug der Sachen in die befreiten Köpfe‹.«

»Deine Titel sind ganz schön«, sagte Paco, »aber diese
Collagen haben die Dadaisten doch längst hinter uns gebracht.«

Keith dozierte: »Wer etwas Neues zum ersten Mal macht,
der braucht zu viel Kraft, um durchzukommen, und oft
schafft er das nicht. Nur die Leute, die das Neue zum zweiten Mal machen, haben Erfolg, und das geht mühelos, das

Erfinden hat man ja schon vor ihnen besorgt. Heute erfindet man nicht mehr, man findet. Das hat so ähnlich schon Picasso gesagt, er hat sich aber nicht daran gehalten, vom Tafelbild ist er nie ganz losgekommen. Euer Gott ist Picasso, mein Gott ist Marcel Duchamp. Er findet im Zivilisationsschutt seine »Ready Mades«, er hat ein Pissoirbecken zur Kunst erklärt, er weiß, daß es nur auf die Erklärung ankommt, nicht auf das Objekt. Ihr wollt euch ausdrücken, Duchamp will von sich weg.«

Jeder hatte so viel zu Keiths Behauptungen zu sagen, daß keiner etwas sagte. Keith holte aus seiner Papiertüte schwarze Hefte hervor, auf deren Titelseite eine große rote »1« geklebt war. Wir blätterten und sahen, daß zwei Dutzend Seiten abwechselnd nichts als weiß oder schwarz waren. »Die zweite schwarze Seite«, sagte Keith, »hat schon eine ganze andere Qualität als die erste. Die Seiten sind nur scheinbar gleich: wir machen sie verschieden, indem wir sie betrachten und an alles mögliche denken.« In die letzten schwarzen Seiten hatte er Schlitze geschnitten, durch die man ein Wort auf der folgenden weißen Seite lesen konnte. Die Wörter ergaben einen Satz von Duchamp: »Nihilismus ist unmöglich: Nichts ist Etwas«.

»Das«, sagte Keith, »ist mein erstes Buchobjekt, ich werde es in zwanzig, dreißig Jahren, wenn ich berühmt bin, sehr teuer verkaufen.«

»Für ein Buch«, sagte ich, »hat es ein bißchen wenig Text.«

»Aber das reicht doch«, behauptete Keith, »kein Mensch will mehr lesen. Alle werden glücklich sein, daß nicht mehr drinsteht.«

»Der Aphorismus«, sagte ich, »stammt nicht mal von dir.«

Keith lachte: »Du hast das noch nicht kapiert. So wird das sein in Zukunft: es lohnt sich nicht mehr, etwas zu sagen oder zu machen, es ist alles längst gesagt und gemacht. Literatur braucht man nur noch zu zitieren, und auch die Kunst wird nicht mehr produziert, sie wird reproduziert.«

»In dieser glücklichen Zeit leben wir noch nicht«, sagte Paco, »und wir haben gerade nicht nur Kunst, wir haben einen Künstler produziert.«

Marianne, Pacos Frau, bewegte in diesem Augenblick der plötzlichen Stille ihre Stricknadeln so heftig, daß es auffiel. Sie arbeitete an einem schweren Plaid, das über ihren stabilen Knien lag. Ich sagte zu ihr: »Du hast aus uns eine einzige Wollfamilie gemacht. Stattest du uns jetzt mit Reise-Utensilien aus?« – »Für euch«, sagte sie, »habe ich noch nie etwas gemacht. Ich stricke nur für den Frieden im Haus. Wenn meine Hände nicht beschäftigt wären, könnte ich mich nicht beherrschen. Ich würde von Pacos Gesicht so gern die Selbstgerechtigkeit herunterkratzen.« Sie steckte ihr Strickzeug in das Plaid und lächelte sanft.

Radics zwei Gemälde und drei Skizzen wurden in der Ausstellung gezeigt, das Gemälde mit Keiths Applikation erschien im Katalog, für den ich Radics Kurzbiographie redigiert hatte. Als sich Fehsen-Veld überraschend zur Vernissage anmeldete, brachte es Paco fertig, daß Oskar die Rolle Radics übernahm. Als Radic sollte er sich nur dem Kritiker Fehsen-Veld vorstellen und nicht lange bleiben, damit kein anderer die Täuschung bemerkte.

Bei der Vernissage waren dieselben Leute da, die immer da waren. Sie standen in der Mitte der Ausstellungsräume mit dem Rücken zu den Bildern in kleinen, rasch wechselnden Gruppen und sie redeten, was sie immer redeten. Die vom Hängen der Bilder und ihren Streitigkeiten übermüdeten Künstler warfen scheinbar uninteressierte Blicke zur Konkurrenz und warteten ungeduldig auf ein frisch gezapftes Bier und auf den Schinken und die Würste des rustikalen kalten Büffets. Von irgendwoher hörte man Hammer-

schläge. In einzelnen Kojen wurden noch Bilder umgehängt.

Ein elegant gekleideter Herr von romanischem Typus
schritt die Bilderfronten ab und machte sich Notizen. Es
war Martin Fehsen-Veld, der Kritiker. Sobald er an Radics
Werken vorüber war, gesellte sich Oskar zu ihm und stellte
sich als Radic vor. Fehsen-Veld verzog süßsauer den Amo-
rettenmund, Oskar aber, der imstande war, durch sein Lächeln mit Gottes finsterer Welt ein wenig zu versöhnen,
wurde lächelnd auch mit Fehsen-Velds Unwillen fertig. Der
Kritiker wollte sich mit dem Künstleer noch an diesem
Abend verabreden, der aber schützte eine Afrika-Reise vor,
die morgen beginnen sollte. Er versprach, sich nach der
Reise bei Fehsen-Veld zu melden, und ging.

Niemand hatte diese Szene bemerkt, alle aber drehten
sich verhohlen um, als Thea mit Keith die Ausstellung
durchstreifte. Er hatte ihr geraten, sich mit einem besonders
penetranten gelbstichigen Rot zu färben. Ihr rotgefärbtes
Haar wurde kontrapunktiert durch die rotbemalten Spitzen
ihrer Brüste, die durch eine transparente weiße Bluse alar-
mierend leuchteten.

»Theas Bluse«, sagte Keith später, beim Büffet, »ist hier
die einzige Ausstellung, für die sich die Leute interessieren.
Und das mit Recht. Durch ihre Farbe ist Thea nicht mehr
ein gelangweiltes passives Modell, sie ist das aktivierende
Kunstwerk selber, das einzige moderne Kunstwerk in dieser
Ausstellung. Ihr irrt euch, wenn ihr meint, Thea sei von
gestern, sei Jugendstil oder Art déco. Thea ist die Kunst
von morgen.« Niemand wunderte sich, daß Thea ein paar
Tage später mit Keith verschwand. Sie hinterließen keine
Adresse.

Oskar hielt sein weltbeseligendes Lächeln zurück, als er
Paco bei der Ausstellungseröffnung sachlich mitteilte, er
werde nie mehr den Radic spielen, nicht eine Sekunde lang.

Das Täuschungsmanöver komme ihm inzwischen doch sehr spießig vor: Paco verrate den Ernst der abstrakten Malerei an ein billiges Gelächter über einen schwulen Kritiker. Oskar verlangte, Radic dürfe nie mehr aus Afrika zurückkehren. Als Oskar die Überredungsversuche Pacos auf die Nerven gingen, verschwand auch er ohne Nachricht und Adresse. Wenn er Hunger bekomme, meinte Paco, werde er zurückkommen. Aber da täuschte er sich.

Paco suchte jeden Tag am Kiosk die Zeitung nach FehsenVelds Kritik durch, vergeblich. Sein Versuch, einen Kritiker zu düpieren und als unseriös zu entlarven, war mißlungen, was sollte er nun noch mit Radic? Er veranstaltete ein Atelier-Fest zur Ermordung Radics und teilte um Mitternacht seinen Gästen mit, er habe Nachricht aus Afrika: Radic war in der Morgenfrühe zum Schwimmen an einen See gegangen, der im Dschungel wie eine jenseitige Idylle silbern glänzte, und ein Krokodil hatte ihn gefressen. Seine Hose, sein Hemd, seine Schuhe lagen am Ufer. Mehr war nicht übrig von seinem sanften Gang und seinem weltversöhnenden Lächeln. Die ausgelassene Totenfeier dauerte bis in die Nacht des folgenden Tages.

Paco konnte es sich nicht versagen, die Todesnachricht exklusiv an Fehsen-Veld zu übermitteln und in einem Brief Radics künstlerische Frühreife und sein jähes afrikanisches Ende zu schildern, die Morgen-Idylle am Dschungelsee, das Krokodil und das Kleiderhäufchen am Ufer. Was ihm Fehsen-Veld antwortete, las uns Paco vor: »Ich bitte um Vergebung, daß ich mich über das grausige Ableben des talentierten jungen Malers nicht in Gram verzehre. Sein Tod bestätigt ja nur den Zustand, in dem er sich immer befunden hat. Herr Oskar, der seit einiger Zeit in meinem Haus zu Gast ist, läßt Sie grüßen, und seinem Gruß schließe ich mich gern an. Ihr Fehsen-Veld.«

Damals wurden die Kioske noch nicht von Brüsten überschwemmt. Nicht einmal die amerikanische Zeitschrift »Playboy« wagte es, einen weiblichen Oberkörper unverbrämt auf der Titelseite zu zeigen. Eine deutsche Zeitschrift, die von anarchistischen Sympathien und Nuditäten mühsam lebte, hatte den verzweifelten Mut, Theas giftgrüne Brüste abzubilden.

Das führte zu Indizierungen und zu einem Prozeß. Viele Zeitschriften zeigten jetzt ihren Lesern ganzseitig das makellose Streitobjekt, und ein Kommentator, der über diese »Brüste der Nation« schrieb, lieferte damit den Slogan, der Thea rasch berühmt machte. Keith hatte ihr ein Kleid entworfen, dessen Oberteil sie mit einem Handgriff öffnen konnte, um jedem Interessenten die Brüste der Nation offenzulegen.

Keith goß diese Brüste und seinen Hintern in Gips ab, versah seinen Gipshintern mit Brustwarzen, legte für eine Ausstellung beide Abgüsse nebeneinander in eine tiefe Kiste auf roten Samt und sorgte durch einen schräggestellten Spiegel über der Kiste dafür, daß man das Doppel-Objekt schon aus großer Entfernung sehen konnte. Er nannte es »Homerische Invention I: Achilles und Lenchen«. Dieses Objekt verschaffte ihm den Sprung ins interpretationsfreudige Feuilleton, doch legte er noch immer größeren Wert auf die Prozeß-Berichte der viel mehr gelesenen Nachrichten-Seiten.

Er erinnerte sich, wie Thea am letzten Malabend neben Pacos Ateliertür gekauert hatte, fotografierte sie in dieser fröhlich indezenten Hocke und übermalte die Abzüge mit traditionellen Tätowierungs-Motiven und mit eigenen Einfällen. So setzte er ihrem Geschlecht eine runde Hornbrille auf und nannte das Blatt: »Henry Miller amüsiert sich über die Seite 16 seines Buches ›Tropic of Capricorn‹.«

Auch dieses Blatt wurde zum Gegenstand eines Prozesses. »Die Natur ist obszön, da stimme ich Ihnen zu, meine

Herren«, sagte Keith in der Verhandlung, »wo aber eine Hornbrille ist, da ist auch Kunst.« Was Thea entblößte, vermehrt um eine Brille – daraus machte Keith ein Erkennungszeichen für ihre Kunst, ein Signet, ein, wie man heute sagen würde, Logo.

Ein tödlicher Hinterwand-Infarkt ersparte es Martin Fehsen-Veld, dem großen Kritiker und Theoretiker der abstrakten Malerei, über Keith und Thea schreiben zu müssen: Formulierungen wie »Die neue Dinglichkeit der Dinge« mußte nicht mehr er erfinden.

Keith und Thea schafften ihren Einbruch in die Feuilletons der großen Blätter durch eine sogenannte Installation. Keith ließ sich ein gewaltiges Kreuz aus transparentem Plexiglas anfertigen. Die nackte Thea betrat das Fußbrett unten am Mittelbalken und steckte ihre Hände in die Haltegriffe am Querbalken. Dann wurde das Kreuz in einem angedeuteten Sakralraum aufgerichtet.

Thea hatte die von ihr schon immer bevorzugten Partien lackschwarz gefärbt und dazu ein pechdunkles Augen-Make-up aufgelegt. Manche Besucher deuteten die Liebesmale unter ihrer rechten Brust als die verfremdete Seitenwunde, als einen Lanzenstich des barmherzigen Eros. Vor ihr Kreuz, um das man herumgehen konnte, wenn man Thea durch die gläsernen Balken von hinten sehen wollte, hatte Keith eine Abendmahl-Szenerie gebaut. An einem wuchtigen Glastisch saßen zwölf nackte Schaufensterpuppen und sahen einander nicht an. In der Mitte der Tischplatte lag ein gigantischer Hamburger und stand eine meterhohe Flasche Coca Cola.

Die Installation hieß »Die gekreuzigte Venus wartet auf Tannhäuser, der durch einen Verkehrsstau aufgehalten wird«. Sie wurde von liberalen Kritikern als Ikone der Erotic Art, von konservativen Priestern als gotteslästerlich, von abtrünnigen Pastoren, die unter der Langeweile ihres Gottesdienstes litten, als tiefreligiös gedeutet und vom »Museum of Modern Art« unverzüglich angekauft. Wechselnde Modelle hängten sich dort ans gläserne Kreuz und sorgten für die ständige Erneuerung des Publikumsinteresses.

»Kunst muß man kaufen wie junge Aktien«, sagte der von einer Zeitschrift interviewte Keith, »und man muß sie verkaufen, wenn sie auf dem Höhepunkt ihres Marktwerts ist. Die Abstrakten sind ausgereizt. Nun ist es Zeit, daß sich die Sammler und Mäzene uns ein wenig mehr zuwenden. Sie werden ihre Bestände an klassischer Moderne verringern müssen, damit sie uns aufstellen und bezahlen können.« Keith war nun so seriös, teuer und gefragt, wie er es noch heute ist.

8
Theaterkritik oder
Wie man wird, was man ist

> Der Endzweck der Wissenschaft ist
> Wahrheit, der Endzweck der Kün-
> ste hingegen Vergnügen.
>
> Gotthold Ephraim Lessing

Da auch die Demokratie gelernt werden muß, wurden die
vierziger und fünfziger Jahre zu Schulzeiten für Erwachsene. Zu ihrem Pensum gehörten Umgangsformen, Regeln
und Tricks in Theorie und Praxis. Zum Glück für die spätere
Bundesrepublik gab es noch genügend Leute, die schon in
den zwanziger Jahren demokratische Grundsätze gelernt
und ausgeübt hatten und die nun als unauffällige Lehrkräfte
dienen konnten. Besonders die Theater, die traditionsge-
mäß von einem Intendanten diktatorisch beherrscht wurden, mußten nachsitzen und einiges lernen, was sie nur ungern lernen wollten.

So kam es vor, daß Stadttheater-Intendanten, die das Ver-
bot der Theaterkritik durch die Nationalsozialisten genossen hatten, sich nun an den Bürgermeister wandten, damit
dieser einen ihnen ungenehmen Kritiker mundtot mache.
Wer von den Amerikanern aus politischen Gründen eine
Zeitlang in einem Interniertenlager gefangengehalten
wurde, der war für die Einübung demokratischer Verhält-
nisse nur selten besonders geeignet. Viele Theaterleute hatten nicht begriffen, daß es jetzt eine freie Presse gab: Die
Zeitungen waren von staatlicher Bevormundung nicht nur
unabhängig, sie hatten auch das Recht, öffentliche Einrich-
tungen öffentlich zu kritisieren, und die Behörden und auch
die Intendanten haben gegenüber der Presse eine Informa-
tionspflicht. Das konnte den wohl berühmtesten aller Thea-

terleiter damals nicht hindern, zu seinen Pressekonferenzen nur die Kritiker zuzulassen, die ihm paßten. Kritikern, die ihn nicht lobten oder wenigstens neutral behandelten, entzog er die Informationen: ein unverwüstliches Verfahren, das immer mal wieder ausprobiert wird.

Lernen mußten auch die Kritiker: ihre Unabhängigkeit zu bewahren und ihre Macht maßvoll zu gebrauchen. Nichts ist verständlicher und natürlicher als die Neigung der Theaterleute, die Kritiker zu beeinflussen. Sie betrachten das als eine Art Notwehr, der fast alle Mittel erlaubt sind. Das schlimmste Mittel ist die Liebenswürdigkeit: das geht vom schmeichelhaften Druck durch Komplimente bis zur charmant aufgenötigten Freundschaft.

Relativ harmlos sind Pressekonferenz und Premierenfeier. Bei der Pressekonferenz will der Regisseur den Kritiker voreingenommen machen, indem er erzählt, was er sich vor der Aufführung gedacht hat. Bei der Premierenfeier will der Regisseur hören, was der Kritiker nach der Aufführung denkt, und versucht dann, ihn behutsam zu lenken oder wenigstens zu irritieren. Verführt durch die komplimenthungrigen und auf Bestätigung dringenden Augen der Theaterleute, sagt der empfindsame Kritiker dann Dinge, die er noch gar nicht denken kann. Der robustere Kritiker sagt: »Ich sage das jetzt mal einfach so, aber ich kann nicht dafür garantieren, daß ich das auch schreiben werde.« Zu den robusteren gehörte ich nicht.

Gelernt habe ich für mich, daß ich am besten die Pressekonferenzen und die Premierenfeiern meide und mich von den Theaterleuten allein bei der einzig legitimen Gelegenheit beeinflussen lasse: bei der Aufführung. Nur von ihr will ich erfahren, was sich die Regisseure ausdenken und warum sich die Schauspieler wie präsentieren. Ich will nur das sehen und hören, was auch die Zuschauer sehen und hören. Das hat mich um manche Bekanntschaft mit Regisseuren und

Schauspielern gebracht, mir aber die bitter notwendige innere Unabhängigkeit und den Neugierblick des Zuschauers bewahrt.

Was sollte man auf der Bühne anfangen mit der neuen Freiheit? Die meisten Theater, soweit sie sich nicht nur auf Unterhaltung beschränkten, betrachteten sich als Informationsstätten: alles Neue zu spielen, erschien ihnen genug. Zu den wenigen Theaterleitern und Regisseuren, die es zu Beginn der fünfziger Jahre für notwendig hielten, auf die seelische Situation der Überlebenden und der Heimgekehrten zu reagieren, gehörte Gustav Rudolf Sellner. In den Nachkriegsjahren erschien es ihm zu wenig, dem Lärm des Tages den Abendlärm beliebiger Aufführungen hinzuzufügen. Gegen die hektische Selbstbetäubung der Wiederaufbaujahre setzte er die Ruhe und die Selbstbesinnung seines Schauspiels. Er entwickelte es von 1951 bis 1961 in Darmstadt, in dem primitiven Behelfstheater der Orangerie.

Wer damals im Parkett saß, hatte enge Bekanntschaft mit Gewalt und Tod gemacht. Nur durch Gewalt und Tod in der Tragödie, meinte Sellner, sei dieses Publikum zu erreichen. Er beschäftigte es mit den Grundfragen der menschlichen Existenz, und das hieß damals auch: des Existentialismus. Wozu leben wir? Was tun wir? Was vermögen wir? Wie sehen wir uns und wie gehen wir mit uns um? Sellner suchte Antworten nicht in den Zeitstücken welcher Couleur auch immer, er suchte sie in den Klassikern. Kein Ibsen, kein Strindberg, kein Hauptmann, auch kein Tschechow, sondern Sophokles, Shakespeare und Kleist. Er war der letzte Regisseur, der noch an die Katharsis glaubte, an die Erschütterung und Reinigung durch die Tragödie, an die schon Goethe nicht mehr glauben konnte. Sellner spielte die Klassiker, um auf sie zu hören, auch dann noch, als er schließlich den Sophokles von dem amerikanischen Dichter Ezra Pound bezog, der die »Frauen von Trachis« in Verse aus amerikanischem Jargon übersetzt und damit den Weg zu neuen Formen antiker Dramen freigesprengt hatte.

Der greise, schon leicht verwirrte Ezra Pound war zu seinen »Frauen von Trachis« angereist von Meran, wo er damals lebte. Ein Theaterleiter war so hingerissen von dem Abend, daß er nach einem Winterurlaub in Venedig Ezra Pound besuchen wollte. Die Frau, die an die Tür kam, sagte, Mr. Pound sei noch im Bett. Der Besucher versicherte seine Bereitschaft, zu jeder anderen Stunde des Tages wiederzukommen, aber die Frau blieb dabei: »Ich sage Ihnen doch, Mr. Pound ist noch im Bett.« Sie fröstelte in der Januar-Kälte und wandte sich dem Haus zu. Rasch sagte der Besucher: »Aber irgendwann wird er doch mal aufstehen!« Dem stimmte die Frau zu: »Das ja. Aber nicht vor Ende März.«

Sellner verarbeitete die Werke der Vergangenheit mit theatralischen Mitteln der Gegenwart. Vieles von dem, was später selbstverständlich war, wurde von ihm systematisch ausprobiert: die Tilgung der letzten Reste des Hoftheaters; die Abschaffung des Guckkastens; die »Entrümpelung«, das Leer-Räumen der Szene; der Bühnenraum, der für jede Inszenierung vollständig neu gebaut wird; die Schauspieler, die sich als Darsteller fühlen, nicht als Versteller; die Neigung der Szenerie und der Requisiten, sich in Zeichen und Signale zu verwandeln. Zeitgenössische Künstler wie der abstrakte Maler Willi Baumeister oder der in Kuben denkende Bildhauer Fritz Wotruba arbeiteten für Sellners Bühne.

Franz Mertz, der Hauptbühnenbildner, machte die Bühne zum begehbaren Symbol, zum Environment, lange bevor es diesen Begriff gab. Höchst vergänglich dagegen war der Regie-Manierismus Sellners: er spannte die Schauspieler auf den oft schrägen Bühnenböden in eine bedeutungsvolle Choreographie ein. Man sprach vom »instrumentalen Schauspieler« und spottete über seinen »gefrorenen Expressionismus«, und Gründgens urteilte: »Wenn er den Laban in sich totschlagen könnte, wäre er ein sehr guter Regisseur.« Mit dem »Laban« meinte er den ungarischen Tanztheoretiker Rudolf Laban, den Lehrer der Mary Wigman: er war der Erfinder des modernen Ausdruckstanzes, der durch die Bewegung von Kraft in Zeit und Raum bestimmt wird.

Sellners Theater war formal modern, in den Inhalten aber nicht das, was man damals progressiv nannte. Es diente zum letzten Mal in diesem Jahrhundert der totgesagten Tragödie. Sie ist das Herzstück des konservativen Denkens und wird beherrscht von der schuldlosen Schuld, die nicht wenige Deutsche nach dem Krieg in sich spürten. Man konnte mit Schillers Ironie darüber lachen: »Die höchste Harmonie: Oedipus reißt die Augen sich aus, Jokaste erhenkt sich. / Beide schuldlos, das Stück hat sich harmonisch gelöst.« Sellner lachte darüber nicht, er verkörperte die Paradoxie eines konservativen Avantgardisten. Sein Theater war näher bei der Philosophie als jedes andere: immer wurde der Mensch existentiell gesehen, nie nur soziologisch. Man suchte nicht die Veränderungen der Welt, man suchte das in allen Veränderungen gleichgebliebene Sein. Der Hausgott der Darmstädter Orangerie war Heidegger, nicht Marx.

Im Jahr 1952 besuchte ich Gottfried Benn in seiner Berliner Wohnung, Bozener Straße 20. An einem Sonntagvormittag stand er nach einer Diskussion über moderne Lyrik auf dem Kurfürstendamm und wurde von einem ausländischen Journalisten gefragt, weshalb bei einem so wichtigen Streitgespräch nur zwei Lyriker auf dem Podium gesessen hatten. »Ach, wissen Sie«, sagte Benn, »Dichter gibt es eben nicht so viele wie Frisöre.«

Ich dachte, da kommst du nicht weiter und sprach Frau Dr. Ilse Benn an, die sich ein wenig von der Gruppe entfernt hatte. Sie war eine Zahnärztin und sah sympathisch und ein bißchen keß aus. Nach der damaligen Mode trug sie eine gebleichte Locke über der Stirn. Benn hatte ihr gerade seine neue Szene »Die Stimme hinter dem Vorhang« gewidmet: »... meiner Frau, eine Generation jünger als ich, die mit zarter und kluger Hand die Stunden und die Schritte und in den Vasen die Astern ordnet.« Ich hatte das Bändchen in der Tasche und fragte sie, ob sie bei der Ordnung seiner Stunden nicht eine Stunde, keine Sekunde länger, für mich einschieben könne. Astern würde ich mitbringen. »Das tun sie alle«, sagte sie lächelnd, und bald erhielt ich eine Einladung zum Tee.

Ich war von Benns Gedichten und von seiner Prosa berauscht bis an den Rand der Bewußtlosigkeit. Nach dem Krieg wurde er wegen seines kapitalen, aber sehr kurzfristigen politischen Irrtums in Deutschland nicht gedruckt. Seine neuen Arbeiten »Statische Gedichte« kamen 1948 aus der Schweiz, sie wirkten wie lyrische Drogen und hinterließen Entzugserscheinungen. Alles, was dann jährlich folgte, und einen Band Gedichte aus dem Jahr 1927, den man mir geschenkt hatte, las ich fieberhaft und dachte, ich sei für ein Gespräch mit Benn wohlgewappnet.

Beim Tee aber zeigte sich, daß er keine Lust hatte, über seine Gedichte zu sprechen und überließ das mir. Dabei sah er mich über den dunklen Schreibtisch mit einem vollkommen ausdruckslosen Blick an. Plötzlich fragte er: »Wie war doch noch Ihr Vorname?« Ich sagte es ihm, aber sein Blick blieb leer und starr. Ich versuchte, dagegen anzureden, es half nichts. Unvermittelt kam seine zweite Frage: »Hensel mit ä oder mit e.« Ich verstand das alles nicht, bis er aus dem Schreibtisch seinen Gedichtband »Trunkene Flut« hervorzog und mir eine Widmung hineinschrieb. Plötzlich war er entspannt und gutgelaunt und führte mich – »Das werden Sie doch sehen wollen« – in sein Ordinationszimmer, wo der Untersuchungsstuhl stand und der Blick in einen trostlosen Hinterhof ging.

Hier also war er der »Facharzt für Haut und Harn«, von dem auf dem Schild neben seiner Haustür die Rede war. Natürlich ging mir der Anfang seines frühen Gedichts »Curettage« durch den Kopf: »Nun liegt sie in derselben Pose, / wie sie empfing, / die Schenkel lose / im Eisenring.« Benn sagte: »Hier stehen manchmal junge Patienten, und wenn ich sie bitte ›Machen Sie sich mal frei‹, dann greifen sie nicht zur Hose, sie ziehen aus der Brusttasche ihres Sakkos ein Bündel eigener Gedichte hervor.« Benns preußisch sparsames Lächeln wurde breit und komplizenhaft. Auch sein Weg zum Dichter hatte über den Dermatologen geführt.

Für mich waren die fünfziger Jahre Lernjahre. Und da ich ohne Anschauung ungern lerne, fuhr ich, als Sellner mit antiken Stücken drohte, nach Griechenland. Wenigstens die Schauplätze der Tragödien wollte ich sehen. So folgte ich der Blutspur der Atriden, der gräßlichsten Familie der Welt, zunächst von Olympia, vom Betrug beim Wagenrennen und der Verfluchung des Atreus zu den kyklopischen Mauern des Fürstenpalasts von Mykene, wo Klytaimnestra ihren aus dem Trojanischen Krieg heimgekehrten Ehemann Agamemnon im Badezimmer totschlug. Die Anmerkung einer amerikanischen Touristin amüsierte mich: »Heutzutage werfen sie Daddy einen Toaster in die Wanne nach, das ergibt einen nicht nachweisbaren Herzschlag.« Abfluß und Wasserleitung bestärkten uns in dem Verdacht, genau hier sei das Badezimmer der Klytaimnestra gewesen. Wir schlenderten hinüber zum Grabhügel des Ermordeten, wo sein Sohn Orest sich entschloß, den Mord mit Mord zu rächen: er schlug seine Mutter tot, während sie vor ihm, bittend, ihre Brust entblößte. Der Gott Apollon hatte ihm diese Tat in Delphi befohlen und ihm dafür Schuldlosigkeit versprochen, jetzt aber wurde er von den Erinnyen, den Rachegeistern seiner Mutter, gehetzt.

Sicherlich vertiefen solche Ortstermine und leichtfertigen

Spekulationen nicht unbedingt das Verständnis der Tragödie, aber sie führen dem nach Anschauung hungrigen Freund des Theaters Geschichten, Bilder und Gedanken zu. In Delphi, der nächsten Station, weiß man plötzlich, daß es ausgesprochen dumme Landschaften gibt und daß Delphi eine geistige Landschaft ist: ein Ort der Befreiung von archaischen Greueln. Olympia ist eine milde und grüne Angelegenheit, stets angenehm frisch berieselt, eine Gegend für Sportsfreunde und Spaziergänger mit müßigen Gedanken. Mykene ist ein Gewaltakt im Hochgebirge und lehrt das Schwitzen, das Schaudern und das Fluchen. Delphi bliebe Fels und Schlucht und Quelle und Tal gewordener Geist, auch dann, wenn vom Apollon-Heiligtum kein Stein mehr übrig wäre, wenn man nicht einmal wüßte, daß hier ein Heiligtum gewesen ist.

Ich saß auf der höchsten, der fünfunddreißigsten Stufe des Theaters, das verhältnismäßig klein ist mit seinen fünftausend Plätzen – sechzehntausend Plätze hat das Dionysos-Theater am Fuß der Akropolis von Athen. Der graue poröse Stein war sonnenwarm. Einen milden Wind im Gesicht, blickte ich hinunter in den Halbkreis des Spielplatzes, tiefer hinunter in das Rechteck des Apollon-Tempels, an dessen einer Ecke noch sechs witterungsverwetzte, honiggelbe Säulen stehen. Im Aufgang zum Heiligtum, zwischen den Säulentrümmern und Mauerresten, schwanken die dunkelgrünen Pfeile der Zypressen, blühen die Mandelbäume, schüttelt der Feigenbaum seine fünffingrigen Blätter. Mohn und Margeriten punktieren den Hang weiß und rot. Aus den steilen Felswänden hinter mir schweben Adler und kreisen bedächtig über den Ziegenherden und dem Olivenwald in der Tiefe. Ein Eselsschrei verröchelt in der Hitze – keine andere Kreatur pumpt so schauerliche Schreie aus sich heraus: wie jahrtausendealte qualvolle Lust oder wie ganz frische Prügel.

Die Priesterschaft von Delphi hatte sich schon früh Gedanken über die kultische Reinigung von Blutschuld gemacht. Mythisch ausgedrückt: Apollon beruft sich auf das Gesetz und schickt den von Rachegeistern gehetzten Orest nach Athen zur Akropolis, zum Tempel der Athena. In Delphi hat sich das männliche Gesetz erhoben über die Mutter der Blutrache, die Tochter des Chaos. Athena, die dem Kopf des Zeus entsprungene Jungfrau, ist die von keiner Frau geborene, streitbare männliche Vernunft. Den Kriminalfall des Orest – Muttermord gegen Gattenmord – hat sie vor das von ihr eingesetzte Geschworenengericht gebracht und entschieden: Sie hat den Dschungelbrauch der Blutrache, diese Kette von Kindesmorden und Kannibalenmahlzeiten, radikal beendet und die zivilisatorische Justiz errichtet, dazu die Institution zur Rechtsprechung, den Schwurgerichtshof. Auf dem Gerichtsfelsen von Athen wird auch der Nicht-pathetiker spüren, daß er an einem heiligen Ort der Menschheitsgeschichte steht, am Ort eines zivilisatorischen Weltereignisses: der Staat hatte das Gewaltmonopol übernommen.

Dazu kann das Theater natürlich nicht schweigen: es hat ein spielerisches Gedächtnis für Weltereignisse und transportiert sie durch die Jahrhunderte. Es führte diese Geschichte, die Aischylos in seiner »Orestie« niedergeschrieben hatte, gleich um die Ecke zum ersten Mal auf: im Dionysos-Theater im Jahr 458 vor Christus. Gras und Quecken wuchern zwischen dem piräischen Kalkstein der Sitzreihen, Zypressen verbreiten ihre Friedhofsstimmung, mannshohe Barrieren von Kakteen wachsen über den obersten Sitzreihen, darüber stehen die kahlen Stützmauern des Akropolis-Felsens. Daddys Frau, falls sie ihm tatsächlich einen todbringenden Toaster in die Badewanne nachwirft, hat mit Göttern, mit Mutter- und Vaterrecht nichts im Sinn. Die Sache mit dem Schwurgericht aber wird sie wie jeder Mensch verstehen und fürchten.

Ich bin die fünfundfünfzig Sitzreihen des Theaters in Epidauros hinaufgestiegen und habe dabei fünfundfünfzig Mal vor mich hingesagt: Es ist das schönste Theater der Welt. Noch heute können hier vierzehntausend Zuschauer sitzen, die oberste Reihe ist zwanzig Meter höher als der Spielkreis der Orchestra, und wenn in der Orchestra eine Münze zu Boden fällt, hört man sie hier oben so deutlich den Sand berühren, als liege man mit dem Ohr daneben. Wenn man hier sitzt, vor gelben Lupinen, blauem Rittersporn und roten Glockenblumen, sieht man, daß dieser Theaterbau eine menschliche Antwort ist auf die Natur: ihr Theater liegt genau gegenüber, ihre Orchestra ist eine Wiese mit Ölbäumen, ihre Skene ist aus einer Pinienreihe erbaut, grüne, buschige Hügel türmen sich wie Sitzreihen übereinander, und auf dem dritten Rang des Hochgebirges sitzen die Wolken, saßen die Götter und sahen sich die Tragödien an. Für sie allein wurde gespielt, darüber gibt es in Epidauros keinen Zweifel. Ihnen mußte das Tragödien-Theater wie eine Schale erscheinen, randvoll mit menschlichem Schmerz, hochgereckt zu ihnen: Seht es euch an, so geht ihr mit uns um! Diese Szenerie trat mir in den Theatern, die griechische Tragödien spielten, ein Leben lang vor die Augen, unvergänglich, unvergeßlich

Über diese Reise nach Griechenland schrieb ich für die »Anfänger«-Reihe des Zürcher Diogenes-Verlags das kleine Buch »Griechenland für Anfänger« (1960) und später, aus entsprechendem Anlaß, »Ägypten für Anfänger« (1962).

Zum zweiten überschwappenden Ereignis der fünfziger Jahre wurde für mich Samuel Beckett. Im September 1953 flog ich nach Berlin, um die deutsche Erstaufführung seines Stücks »Warten auf Godot« zu sehen, hatte im Flugzeug das Textbuch auf den Knien und war ziemlich verzweifelt: ich hatte das Stück zweimal gelesen und kam mit ihm nicht zurecht. Das konnte doch, meinte ich, nur bodenlos langweilig werden. Im Schloßpark-Theater, wo Karl-Heinz Stroux inszeniert hatte, fing ich nach wenigen Minuten an zu lachen und ich begriff das Stück, indem ich die Aufführung sah. Das Theater ist auch für den Kritiker der beste Lehrmeister. Und irgendwann begreift jeder alles: aus »Warten auf Godot« wurde nach dreißig Jahren ein Stück fürs Jugendtheater, aufgeführt von Kindern, die ja Spezialisten des Zeitvertreibs durch Spiele sind.

Becketts Figuren stehen auf der Erde zwischen Zenit und Grube, doch kein Engel kommt aus dem Himmel und kein Teufel aus der Hölle: die Menschen sind mit sich, mit der Erde, in die sie versinken, mit dem Tod, dem sie entgegenwachsen, mit der ablaufenden Zeit allein. Beckett schrieb nicht wie im herkömmlichen Theater alte Mythen um, er schuf neue Mythen vom Menschen, der ohne Antworten auskommen muß, jenseits der Sinnfragen und Wertungen. Nichts gelang Beckett so gut wie das Mißlingen. Nichts schilderte er so gewinnend wie die Niederlage. Gäbe es bei ihm Triumphe, so könnten es nur die Triumphe des Scheiterns sein. Gegen den Schmerz führt Beckett zwei Waffen: das Gelächter und das Erbarmen. In meinem Privatjargon nannte ich ihn den Heiland der Heillosen.

Im Laufe der sechziger Jahre verlor Beckett die Lust am Theater. Um so mehr interessierte ihn das Fernsehen. Er war möglicherweise der letzte, gewiß aber der erste Dichter, der im Fernsehen durch Bildfolgen, Geräusche und wenig Sprache etwas auszudrücken versuchte, das sich durch eine Erzählung, einen Film, ein handelsübliches Fernsehspiel nicht ausdrücken läßt. Ein kleines Meisterwerk dieser Art ist sein »Quadrat 1 + 2«. Reinhart Müller-Freienfels, der Chef der Fernsehspiel-Abteilung beim Südfunk Stuttgart, machte Beckett in den siebziger Jahren zu seinem regelmäßigen Mitarbeiter. Jahr für Jahr schrieb er ein neues Fernsehspiel und kam er nach Stuttgart, um es zu inszenieren. Hier hatte er technische Mitarbeiter, denen er vertraute, und hier wagte er immer wieder das, was er »a crazy adventure in television« nannte. Eine Stammkneipe hatte er auch, die triste »Neckarklause«, in der er auf seinem Heimweg als ein Unbekannter unter Unbekannten an der Theke stand in der Anonymität, die er liebte. Und hier hinterließ dieser hagere, elegante Herr mit den höflichen Manieren auch einige Geschichten.

So wurde er in den Drehpausen zum häufigen Besucher der Bundesgartenschau. Die Frau am Eingang hatte ihn gefragt, ob er Rentner sei, und als Beckett dies verneinte, sagte sie: »Aber Sie schauen aus wie ein Rentner« und stellte ein kostenlose Dauerkarte aus für »Rentner Beckett«. Was machte Beckett, in dessen Stücken es keine Vegetation gibt, nur Wüste und verbrannte Erde, in einer Gartenschau? Befragt, sagte er: »Es ist nur wegen der Bäume.« Als ich diese Geschichte Helmut Scheffel erzählte, der in der FAZ für französische Literatur zuständig war, erzählte er sie in Paris dem Autor Robert Pinget weiter, und der meinte:» Merkwürdig. Neulich habe ich Beckett gefragt, weshalb er seinen Urlaub immer auf Malta verbringe, und er sagte: ›Dort gibt es keine Bäume‹.«

Von Beckett hielten mich alle möglichen Leute fern, auch sein deutscher Verleger. Sie sagten, er könne Zeitungsleute nicht ertragen und Theaterkritiker ganz und gar nicht. Eines Tages geriet ich in der Berliner Akademie der Künste in ein Zimmer, in dem er allein saß. Er hatte sich bei mir brieflich für mein kleines Buch über ihn bedankt, doch sagte ihm mein Name, als ich mich vorstellte, nichts: er hatte ihn vergessen. Ich fing ein Gespräch an über seinen Einakter »Bruchstück I«, der vom Blinden und vom Lahmen handelt. Er hatte die Aufführung untersagt, weil das Stück eben nur ein Bruchstück sei. Ich versuchte, ihn zur Aufführung zu überreden, weil zu diesem Stück das Fragmentarische notwendig gehöre: die Geschichte vom Blinden und vom Lahmen, wie er sie erzählt, könne nie aufhören. Unvermittelt fragte er mich, wieso ich so viel über ihn wisse. Ich sagte ihm, ich sei Theaterkritiker der »Frankfurter Allgemeinen Zeitung« und erwartete irgend etwas Schlimmes. Er lachte laut und lange und setzte unser Gespräch offenbar vergnügt fort. »Sie haben ein Buch über mich geschrieben«, sagte er, »es soll gut sein.« Meinen Namen merkte er sich dennoch nicht. Wenn er später von mir redete, nannte er mich »the Frankfurt chap«.

In Stuttgart sagte Beckett, die deutsche Sprache sei bildkräftiger als die englische. Um Beweise für diese verblüffende Behauptung gebeten, bedauerte er die Farblosigkeit des englischen Worts »sunset«. Dann malte er mit der Hand eine Treppe nach unten und sprach das deutsche Wort stufenweise in den Baß: »Son-nen-un-ter-gang«. Das englische Wort »doubt«, meinte Beckett, sei einsilbig und sage nichts. Dagegen das Wort »Zweifel« – dazu spreizte er Zeige- und Mittelfinger. Er hörte, was nur ein Ausländer hören kann: die Zahl 2 im »Zweifel«. Es war wie die Inszenierung eines winzigen Beckett-Dramas: Wo zwei sind, da ist schon der Zweifel.

Neben Becketts hoffnungslosem, unerlösbarem Pessimismus wirkte Bertolt Brecht mit der naiven Sozialismus-Hoffnung seiner optimistischen Märchen arg harmlos. Wenn der politische Erzieher Brecht seine eigenen Stücke inszenierte, vergaß er freilich eher seine Schulmeister-Theorien als die Lust am komödiantischen Effekt. Nirgendwo gab es so opulente Varianten historischer und exotischer Bilder und Kostüme wie in den Theatern Brechts in Ost-Berlin. Ausgerechnet Brecht, den Erfinder des proletarischen Rührstücks, einen Sunnyboy der Lebenshoffnung, hat man idiotischerweise in den fünfziger Jahren eine Zeitlang boykottiert. Gegen Brecht aber gibt es keine stärkere Waffe als

Brecht: als man ihn endlich spielte, wurde man seiner hölzernen Lehrstücke ziemlich rasch überdrüssig.

Das Theater, so schien es in den fünfziger Jahren, war der Mittelpunkt der Welt. Die Welt, die der Nationalsozialismus zwölf Jahre lang den Deutschen verheimlicht hatte, sah man jetzt auf der Bühne. Wie eine Springflut rollten die Stücke heran, die verboten gewesen waren. Vom Theater aus brachte Sartre seinen Existentialismus in Schwung. Gefallene, ermordete, vermißte Menschen, Kriegsverbrecher- und Aufbau-Probleme, die Sorgen der Heimatlosen und der Unbehausten – alles, was die Deutschen tagsüber hektisch beschäftigte, kam abends im Theater vor. Tennessee Williams aber wurde geliebt, weil sein Theater von einer schamlosen Privatheit war, die es in Deutschland seit 1933 und über das Kriegsende hinaus nicht mehr gegeben hatte. Und Jean Anouilh, der Virtuose des eleganten Dialogs, lehrte durch seine Gelächterlektionen, wie man über die Alltagsmiseren eine innere Souveränität gewinnen kann. Untröstlich, aber fröhlich – das war seine Devise. Bei Albert Camus war der unglückliche Sisyphos glücklich; bei Jean Anouilh war er komisch. Es war eine Lust, Theaterkritiker zu sein.

Noch immer aber quälte mich, daß ich über die Theaterstücke der Vergangenheit zu wenig wußte. Meine Kenntnisse waren fragmentarisch und isoliert: lauter Inseln ohne Zusammenhänge. Wenn man über einen Gegenstand nichts weiß, muß man über ihn ein Buch schreiben, dann weiß man alles – an dieses alte Rezept dachte ich, als mich 1961 Ernst Leonhard fragte, ob ich für seine Deutsche Buch-Gemeinschaft einen Schauspielführer schreiben wolle, ein handliches Buch von 400 Seiten, in zwei Jahren. Das erschien mir relativ einfach: Jeden Tag eine Seite schreiben, das mußte doch möglich sein, und dabei hätte ich üppig Zeit. Ich schrieb Probekapitel, in denen ich versuchte, die trostlosen Dürftigkeiten der üblichen Schauspielführer zu vermeiden.

Ich wollte auch Porträts der Dramatiker und Grundsätzliches über ihre Epoche schreiben, und alles sollte leicht zu lesen und unterhaltsam und möglichst amüsant sein.

Alles, was ich bis dahin über Theater geschrieben hatte, stellte sich als Vorarbeit für dieses Buch heraus. Die Probekapitel gefielen meinen Auftraggebern, aber nach zwei Jahren hatte ich nicht einmal die Hälfte des Buches fertig. Nach viereinhalb Jahren war nicht das Buch, aber ich am Ende: ich hatte in diesen Jahren neben meiner Arbeit auf der Redaktion an allen Wochenenden und an jedem Urlaubstag geschrieben und in jeder freien Abendminute gelesen, ich konnte nicht mehr. Der Überdruß an diesen Arbeitsbedingungen verschaffte mir körperliche Übelkeit. In diesem Augenblick schenkte mir Hans J. Reinowski, mein Verleger und Chefredakteur, eine Reise in die Vereinigten Staaten. Er hatte einen runden Geburtstag und beschenkte alle Ressortleiter, das machte ihm mehr Spaß, als sich beschenken zu lassen. Ich war so herunter, daß ich den Mut hatte, diesen großzügigen Mann zu bitten, mir keine Reise, sondern Zeit zu schenken. Ich schilderte ihm meine Situation, ließ ihn ein paar Kapitel lesen, und er schenkte mir drei Monate bezahlten Urlaub: »Und wenn Sie dann noch nicht fertig sind, reden wir nochmal drüber.«

Nach vier Monaten war das Buch, aus dem inzwischen zwei Bände mit 1300 Seiten geworden waren, fertig. Diese Monate gehören zu den schönsten meines Lebens: Jeden Spätnachmittag und Abend konnte ich mich vorbereiten und jeden Vormittag und Frühnachmittag schreiben, und das ohne Störung, Tag für Tag. Das Buch, für das Wolf Jobst Siedler den Titel »Spielplan« erfunden hatte, erschien 1966 im Propyläen-Verlag und dann auch in der Deutschen Buch-Gemeinschaft: sie wollte nicht als Auftraggeber hervortreten, sie wollte das Buch nur rasch, nach einem hochangesehenen Verlag, in ihrem Programm haben.

Das Buch veränderte mein Schreiben und mein Leben. Es gab mir mehr Sicherheit und beförderte mich als Theaterkritiker in einen höheren Rang. Wenn man mich gelegentlich fragte, wo ich promoviert habe, sagte ich entweder bei Bachmair am Tegernsee oder bei Sacher in Wien: in beiden Häusern ließ man es sich nicht nehmen, mich mit »Herr Doktor« anzureden. Mein törichter schriftlicher Protest beim Hotel führte dazu, daß das Sacher auf Briefumschlägen vor meinen Namen die beiden Buchstaben »e. G.« setzte. Als ich einen Wiener Freund um Aufklärung bat, fragte er entsetzt, was ich denn angestellt habe: e. G. sei das allerletzte. Weniger könne man schlechterdings über einen Menschen nicht sagen, es bedeute »euer Geboren«.

Mein einziger Lehrer war ich, aber ich blieb nicht mein einziger Schüler. Dazu bekam ich viele Plagiatoren. Manche schrieben unter die Absätze, die sie aus meinem Schauspielführer abgeschrieben hatten, ihren Namen samt Doktortitel. Ich gewöhnte mir an, die Plagiate als sublime Komplimente zu betrachten, denn wo nichts ist, kann man nichts stehlen.

Rund fünfundzwanzig Jahren lang kommentierte ich nun für das Fernsehen eine Unmenge Theater-Serien, die in den dritten Programmen meist des Stuttgarter, oft auch des Frankfurter Senders gezeigt wurden. Ich hatte gelernt, voraussetzungslos zu schreiben: Für jeden Satz braucht der Zuschauer oder der Leser nur die Kenntnisse, die er in den vorangegangenen Sätzen desselben Artikels erworben hat. Er muß nichts mitbringen, es wird ihm alles geliefert. So zu schreiben, machte mir Spaß. Irgendwo las ich: Wenn du über eine schwierige Sache schreiben mußt, so stelle dir vor, daß du bei einem Professor zum Essen eingeladen bist und daß die Köchin euer Gespräch in der Küche hören kann – rede so, daß es die Köchin versteht und dem Professor der Appetit nicht vergeht. Das ist ein etwas kompliziertes Rezept, doch habe ich schon versucht, es zu befolgen, als ich es noch nicht kannte.

In den sechziger Jahren verebbte die Flut der marxistischen, katholischen, protestantischen, existentialistischen, lyrischen und absurden Stücke. Die Nachhilfestunden gingen zu Ende. Das Reservoir war ausgeschöpft, neue Stücke mußten nun erst gschrieben werden. Eine junge Garnitur von Theatermachern mißtraute allem, was ihre verdächtigten Väter überliefert hatten. Auch die Klassiker lasen, verstanden, spielten sie anders, als es der Tradition entsprach. Die harsche Kritik an der Gegenwart brachten sie hinein in die Klassiker-Aufführungen: an ihnen war die Kritik der Regisseure befestigt wie ein Preisschild am Anzug.

Die Zuschauer lernten, das Preisschild zu begreifen als Ausdruck einer materialistischen Grundhaltung. Sogar Lyriker vergaßen ihre zarten Gefühle und schrieben rationale, sozialkritische Epigramme. Man verstand sich als »neue Aufklärung«, sie war notwendig und willkommen, doch ihr Rationalismus stellte sich als nur scheinbar heraus: dahinter spreizte sich schon wieder eine irrationale Lust an der Erlösung, diesmal durch den Religionsgründer Marx, den Moses aus dem 19. Jahrhundert.

Wer geglaubt hatte, nach dem Nationalsozialismus und dem Zweiten Weltkrieg seien keine Heilslehren mehr möglich, weder politische noch religiöse, der hatte sich getäuscht. Ich gehörte zur »skeptischen Generation«, wie man die in der ersten Hälfte der zwanziger Jahre Geborenen getauft hatte. Sämtliche Erlösungssysteme sind für mich für immer erledigt: ich glaube nicht an sie, ich schätze bestenfalls ihren Unterhaltungswert im Theater. Die skeptische Generation, von der zwei Drittel im Krieg gefallen waren, hielt sich nicht lange. Schon wurden die Straßen von Jüngeren beherrscht, schon wieder gab es Aufmärsche und Sprechchöre und dummfanatische Augen. Und den Widerstand, den die Väter gegen die Diktatur nicht geleistet hatten, holten die Söhne gegen die Demokratie nach.

Es war schon nicht mehr die reine Lust, Theaterkritiker zu sein, aber noch immer ein Vergnügen, in dem Kampfgetümmel unpopuläre Meinungen zu vertreten. Von meiner gehaßten Infanterie-Ausbildung hatte ich doch einen brauchbaren Satz in mein Berufsleben eingeführt: »Schußfeld ist wichtiger als Deckung.« Aus den Regie-Methoden der sechziger Jahre wurde in den siebziger Jahren eine enervierende Manie. Zu ihr gehörten: die absichtsvolle Banalisierung der Ideen, Gefühle, Stoffe, Stücke; Schauspieler, die nicht sprechen lernen wollten und die aus Vorsatz häßlich waren; keine Schönheit, keine Überhöhung, kein Pathos, kein Exempel. Einziger Maßstab: der miese Alltag der Gegenwart. Das Vergnügen, sich als Theaterkritiker immer wieder diesen Erscheinungen zu stellen, wurde im Laufe des Jahrzehnts immer geringer.

Natürlich gab es auch ein paar Regisseure, die den allgemeinen Trend nicht mitmachten und mit ihren Aufführungen in der Nähe der Stücke und ihrer Autoren blieben: Rudolf Noelte mit seinen peniblen Nachformungen der originalen Texte, abgesehen von seinem sentimentalen Hang, seine Menschen immer etwas edler zu machen, als sie im Stück sind; Dieter Dorn, der Meister von Klassiker-Darbietungen, die opulent waren durch Ausstattung, aber auch durch Geist; gelegentlich auch Claus Peymann, dessen Beziehungen zu den Stücken einer Fieberkurve glichen; Peter Zadek, der erfindungsreichste aller Regisseure, der alles nutzte, was möglich und vor allem unmöglich war, und dabei doch überraschende, neue Aufschlüsse über alte Stücke zutage brachte, und sein strikter Gegenpol Peter Stein mit seinem an Wundern reichen poetischen Naturalismus: ein hochästhetischer Meininger mit Genie.

In den achtziger Jahren liefen die Entdeckungen und Erfindungen, die man »Innovationen« nannte, langsam aus. Es war ein Jahrzehnt der Fortsetzungen und der abgewandelten und perfektionierten Wiederholungen. Die Erfinder von gestern, älter geworden, sicherten und erweiterten ihre Bestände und spielten mit Rekonstruktionen und Zitaten »postmodern« herum. Der »neuen Aufklärung« war bereits in den siebziger Jahren der Atem ausgegangen. Der angeblich zum Untergang verurteilte »Spätkapitalismus« mauserte sich heraus zum guten alten Kapitalismus, den man auch in der Sowjetunion ausprobieren muß, weil der Sozialismus bankrott ist. Auch im Theater gab es keinen Innovations-Rabatt mehr, kein Skonto für die gute Absicht, es wurde wieder Barzahlung verlangt, cash, und wer nicht zahlen konnte, dem lief das Publikum davon.

Nach kaum zwanzig Jahren hatte das politische Theater seinen Feind verloren und mit ihm die Hoffnung. Verloren hat das Theater auch seine provokatorische Kraft: die Regisseure mögen den alten Stücken noch so viele Aktualitäten abzwingen und die Klassiker bis zur Unkenntlichkeit modernisieren, darüber regt sich niemand mehr auf in einer Zeit, die sich der politischen Demonstrationen so ungerührt erinnert, daß man Demo-Zwerge, revolutionäre Gartenzwerge, kaufen und zwischen Dahlien und Butzeblumen belächeln kann.

Aus dem in den siebziger Jahren demonstrierten miesen Alltag der Gegenwart ist zu Beginn der neunziger Jahre bei Regisseuren wie Frank Castorf oder Einar Schleef die Allgegenwart des Ordinären und der Pissoir-Poesie geworden. Sie zertrümmern die Stücke aus der Lust am Kaputtmachen, der zur Mode gewordenen Lust der Action-Filme mit ihren monumentalen Autozusammenstößen, ihren explodierenden Häusern und zermatschten Menschen. Postmoderne Orgien zerren eine verborgene Liebe zur Katastrophe ans Licht. Es ist schöner, ein Spielzeug kaputtzumachen, als mit ihm zu spielen, das weiß jedes Kind, es ist zum Programm geworden.

Doch noch immer gibt es, vor allem in der Provinz, Regisseure, die so tun, als seien sie alle Piscators und lebten in den zwanziger Jahren in Berlin: sie wollen das kämpferische Theater. In der Zeit der Massenmedien aber sind alle aktuellen Themen schon plattgemacht, bevor sie in das schwerfällige Theater gelangen können. Das Publikum, bis zum Überdruß mit den unangenehmsten Realitäten gemästet, will nicht mehr vergröberte Abbilder seiner eigenen Welt: es hungert nach Gegenwelten, die es sonst nirgendwo gibt, weil zu ihnen allein das Theater fähig ist. Gegenwelten bereichern die eigene Welt – in allen anderen Künsten weiß man das, nur im Theater will man es nicht wissen. Wer sich für Einzelheiten dieser Entwicklung interessiert, der kann sie nachlesen in meinen Büchern »Das Theater der siebziger Jahre« (1980) und »Spiel's noch einmal. Das Theater der achtziger Jahre« (1990).

Über solche Bewegungen und Veränderungen konnte ich seit dem ersten Januar 1975 in der »Frankfurter Allgemeinen Zeitung« schreiben. Erich Welter, Mitbegründer und Herausgeber, gefiel mein Schauspielführer »Spielplan«, er fand meine Kritiken im »Darmstädter Echo« besser im Urteil und besser geschrieben als die Theaterkritiken in der FAZ. Zusammen mit dem Herausgeber Joachim Fest, der mich schon länger bei der FAZ haben wollte, machte er mir ein verführerisches Angebot. Ich konnte wählen zwischen drei Möglichkeiten : 1. Theaterkritiker und Leiter des Feuilletons. 2. Theaterkritiker und für das Theater zuständiger Redakteur. 3. Theaterkritiker ohne Verpflichtung zum Redakteur. Die dritte Möglichkeit schied sofort aus: Wer keinen Sitz in der Redaktion hat, muß damit rechnen, daß seine Artikel aufgeschoben, gekürzt und schlecht plaziert werden. Die erste Möglichkeit reizte mich nicht: Ich wußte, wie man als Feuilleton-Chef von theaterfremdem Stoff erschöpft wird. Ich wollte Kritiken schreiben, und sonst gar nichts. Ich wählte die zweite Möglichkeit, und so wurde Dr. Günther Rühle, den ich als Theaterkritiker ablöste, der Leiter des Feuilletons. Ich allerdings war unmittelbar den Herausgebern unterstellt, und Fest sorgte dafür, daß ich unbehelligt schreiben konnte.

Ich hatte die erste Wahl unter allen deutschsprachigen Theatern von Wien bis Hamburg, von Zürich bis Berlin, und ich konnte auch über Aufführungen in Paris und in London schreiben. Ich wählte die zu rezensierenden Aufführungen aus und bestimmte die Kritiker. Manchen örtlichen Korrespondenten gefiel dies begreiflicherweise nicht, und so gab es am Anfang allerlei Stellungskämpfe. Den besorgten Ton, die aufgeblasene Wichtigtuerei der Theaterkritiken mochte ich nicht. Ich ließ einen Sechszeiler des großen Theaterkritikers Alfred Kerr aus dem Jahr 1917 fotokopieren und vergrößern und nagelte ihn an die Tür meiner Redaktionsstube, so daß man ihn auf dem Flur lesen konnte: »Zum Kugeln, wer ein kritisch Ämtchen / Gottsbitterlich pathetisch nimmt. / Zum Kugeln, wer im Priesterhemdchen / Das Rampenholz zum Fetisch nimmt. / Das Ding, worum man raunt und schreit. / Ist von beschränkter Wichtigkeit.«

Mein Vorgänger Günther Rühle, ein vorzüglicher Theaterhistoriker, wurde von Theaterleuten geschätzt, weil er ihre Niederlagen umstilisierte in historische Notwendigkeiten für künftige Siege. Ich aber wollte Kritiken schreiben, die nicht jeden neuen Unfug beschwichtigend und wohlwollend begleiten, sondern mit Argumenten abwägen und drastisch werten. Meine kritische Methode erschien der »Akademie der Darstellenden Künste«, die damals nicht viel mehr war als eine Frankfurter Adresse, offenbar nicht besonders begrüßenswert. Sie forderte in einer Presse-Erklärung, daß Rühle weiterhin Theaterkritiker der FAZ bleibe.

Unterschrieben hatten Theaterleute von Rang und Namen, die meisten waren bei der Akademie-Sitzung nicht anwesend und telefonisch um ihre Unterschrift gebeten worden.

Einer, der bei der Sitzung war, rief mich an und sagte: »Ich habe gerade gegen dich eine große Schweinerei begangen. Ich hätte nie gedacht, daß ich zu so etwas fähig bin.« Er schilderte mir, wie die Erklärung zustandegekommen war und wie sie alle unterschrieben und jeden fallengelassen hätten, der seine Unterschrift verweigerte. »Ich weiß jetzt«, sagte er, »wie peinliche Unterschriften ohne mündliche Drohungen zustande kommen. Daß ich dir das erzähle, das betrachte bitte als meine Buße.«

Als die Erklärung veröffentlicht war, entschuldigte sich der eine oder andere bei mir, er habe gar nicht begriffen, daß das eine Aktion gegen mich war, aber es blieb eine stattliche Liste. Sie erstaunte mich: Wie konnten Theaterleute so einfältig sein, anzunehmen, sie könnten eine Zeitung dazu zwingen, ihnen einen Kritiker zu erhalten, der ihnen das Leben leicht machte? Das Theater wurde damals nicht mehr für den Mittelpunkt der Welt gehalten, aber viele Theaterleute hielten sich für die Moraltrompeter der öffentlichen Meinung.

Man riet mir, die Liste an eine Redaktionswand zu hängen, einen nach dem andern zu verreißen und jeweils den Namen durchzustreichen. Das war eine Wildwest-Idee. Ich steckte das Papier in eine Mappe mit lästigen Angelegenheiten und vergaß die Namen. Ich dachte: Irgendwann werden sie mich respektieren, und falls nicht, kann es mir auch gleichgültig sein. Nur die Aktion behielt ich in Erinnerung. Die Namensliste ist archiviert, ich habe sie nicht mehr ausgekramt, wen interessiert sie noch? Mir kommt die wirkungslos gebliebene Liste jetzt, in der Erinnerung, vor wie ein Fossil der Weltfremdheit und des Theaterhochmuts in den siebziger Jahren.

Erich Welter hatte mich beschworen: »Passen Sie sich der Redaktion *nicht* an! Bleiben Sie so, wie Sie sind.« Das fiel mir leicht, aber es brachte mir auch ein paar Schwierigkeiten. Ich dachte und sagte: Wenn etwas zum Himmel stinkt, dann erscheint in der FAZ eine komplizierte »eff-a-zett-ische« Theorie des Odeurs, in dem jeglicher Gestank verschwindet. Das trifft längst nicht mehr zu, Joachim Fest hat das Feuilleton ab 1985 verjüngt, vergrößert, thematisch erweitert. Damals aber konnte ich von meinen neuen Kollegen keinen Zuspruch erwarten. Es ermutigte mich, daß Marcel Reich-Ranicki, der unlesbare Artikel im Literaturblatt nicht mehr zuließ, auf meiner Seite war. Als ich 1989 in den sogenannten Ruhestand ging, hatte ich ein paar wunderschöne Jahre unter wohlgesonnenen Kollegen hinter mir. Im übrigen galt nach wie vor der »eff-a-zett-ische« Grundsatz, auszusprechen mit einem winzigen Lächeln des heiteren Hochmuts: »Wir müssen uns über unsere Arbeit nichts sagen: wir alle sind gut, sonst wären wir nicht bei dieser Zeitung.«

Dennoch errang ich ein Mal rückhaltlose Bewunderung. Ich hatte 1979 in Paris bei Robert Wilsons »Edison« getadelt, daß die Morsezeichen, die Edisons Erfindungsreichtum bezeugen sollten und über den Köpfen des Publikums piepsten, von einer sich wiederholenden Schleife kamen und folglich stets denselben Fehler enthielten: beim Text »manufacturer of the world« fehlte am Ende das »d«. Drei Piepser, das fehlende »da-dit-dit« hatte ich aus Jux registriert, gewiß als einziger Kritiker der Welt. Was war mit der Niederschrift der Funkbotschaft gewonnen? Nichts. Aber daß ich unter den Kritikern der beste Funker war, das bestätigte man mir mit freundlich ironischen Komplimenten.

Von allen lebenden Theaterkritikern der liebste war mir der Berliner Friedrich Luft. Zwischen uns bestand eine unausgesprochene Freundschaft, zu der es gehörte, daß wir

nach Premieren nie ein Wort über den Theaterabend miteinander wechselten: wir meinten, die Theaterkritik sei eine
individuelle, eine einsame Sache, und das solle sie auch bleiben. Zwei Kritiker, das muß für das Theater heißen: zwei
Zuschauer, zwei Meinungen und keinen abgeschmeckten
Kollektivbrei. Der Schweizer Kritiker François Bondy
schützte sich vor diesem Brei, indem er nach Premieren seiner Zürcher Tischrunde erklärte: »Ich mache darauf aufmerksam, daß ich jedes Bonmot, das hier über die Premiere
gesagt wird, morgen früh in meiner Kritik schreibe.«

Ich bewunderte Luft, aber ich war nicht so töricht, ihm
nacheifern zu wollen: er war einzigartig. Seine Sonntags-
Radiosendung »Stimme der Kritik«, die längste Rundfunk-
Kolumne in Europa, jeden Sonntagmorgen um sechs Uhr
hingeklappert auf einer Reiseschreibmaschine, einer uralten
»Princess 100«, die sich Luft auf die Knie stellte, wurde von
vielen Menschen gehört, die nie ins Theater gingen. Am
7. Februar 1946 sprache er sich selbst den Prolog: »Luft ist
mein Name. Friedrich Luft. Ich bin 1,86 groß, dunkelblond,
wiege 122 Pfund, habe Deutsch, Englisch, Geschichte und
Kunst studiert, bin geboren im Jahre 1911, bin theaterbe-
sessen und kinofreudig und beziehe Lebensmittel der Stufe
II. Zu allem trage ich neben dem letzten Anzug, den ich aus
dem Krieg gerettet habe, eine Hornbrille.« Kein anderer beherrschte die Kunst, so anspringend lebendig, faktenreich
und amüsant zur Sache zu sprechen wie er – auch über einen
langweiligen Theaterabend. Den Skandal des Lesevergnü-
gens teilte er mit allen großen Kritikern von Lessing bis
Polgar. Lufts erfrischender Tonfall mochte darüber hinweg-
täuschen, wieviel verarbeitete Theatererfahrung und solide
Kenntnis hinter seinem Parlando steckte. Er war ein gelehr-
ter Herr, aber er benutzte eine kunstvoll zurechtgemachte
Alltagssprache. Ungeniert gebrauchte er sprachlose Jubel-
rufe, die Klischees der Ablehnung und der Begeisterung, die

allerneusten modischen Prägungen und veredelte sie durch halbironische Färbung. Der Kritiker als verhinderter Theaterwissenschaftler, eingewickelt in einen stockigen Fachjargon, war für ihn immer eine komische Figur. Luft fühlte sich nie, wie er mir einmal brieflich sagte, »in der Oberklasse der deutschen Klugscheißer«.

Nach seinem siebzigsten Geburtstag schrieb er mir: »Ich sitze hier, von dem fatalem greisenjubeljahre noch atemlos, und unser haus ist voll von blumengebinden wie das krematorium wilmersdorf, wenn ein großunternehmer gestorben ist, man kommt sich nach so viel anerkennung und lobpreisung vor schier wie gestorben, das macht melancholisch.« Er war – nehmt alles nur in allem – der erste und der letzte Pop-Kritiker. Mit zustimmender Lust erzählte er mir, daß Heide, seine Frau, von einem Rundfunkreporter gefragt wurde, weshalb sie seinen zweiten Kritikerplatz im Parkett immer leer lasse. Blitzrasch stellte sie die berlinische Gegenfrage: »Haben Sie schon mal gesehn, daß der Briefträger beim Austragen der Post von seiner Frau begleitet wird?«

Der Besuch der Premieren wurde im Lauf der Jahre bei mir zu einem Ritual. Ich hatte und habe keinen Wagen, ich flog, oder ich fuhr mit der Bahn. In einem Intercity-Zug, Großraumwagen, Einzelsitz, ist man beim Lesen ungestört. In einer Tasche, die sich im Flugzeug unter dem Vordersitz verstauen ließ, schleppte ich Archivmaterial über Autor und Regisseur, Bücher zur Sache, darunter das Textbuch; belegte Brote, eine Flasche Wein, den »Reise-Riesling«; ein Blechbecher mit kleinem Tauchsieder und Tee. Kein Theaterabend ohne luxuriöse Sandwiches von meiner Frau, für den Fall, daß die Zeit vor der Vorstellung zum Essen zu kurz war, oder die Aufführungen so lange dauerten, daß ich in einem Lokal zu viel Zeit verloren hätte. Beim Schreiben hörte ich gern, wie das Wasser hinter mir brodelte, ich war unabhängig vom Zimmerservice mit seinem lauwarmen, bitteren Tee.

Vor der Reise brauchte ich drei bis vier Tage, um das Stück ein- oder zweimal zu lesen und dazu zwei Blatt Notizen zu machen. Auch klassische Stücke, die ich sehr gut kannte, las ich noch einmal, dazu neue wissenschaftliche Arbeiten und alte Artikel von klassischen Kritikern. Ich stopfte mir den Kopf voll mit den verschiedenartigsten Materialien und bildete mir dazu *keine* Meinung: die kam erst nach der Aufführung. Ich suchte ein halbes Dutzend sich widersprechender Zitate in der Hoffnung, unter ihnen das zur Aufführung passende Motto zu finden. Keine Kritik ohne ein Motto, das mit Witz ins Zentrum treffen oder das wenigstens neugierig machen sollte. Außerdem war es mein Markenzeichen: man konnte meine Kritiken in der Zeitung so schlecht plazieren, wie immer man wollte, ihr Motto machte sie noch vor der Lektüre kenntlich.

Wer liest Theaterkritiken? Nach einer klasssischen Überlieferung darf der selbstbewußtere Theatermensch von sich wahrheitsgemäß behaupten, er lese sie nicht: er läßt sie sich von seiner Freundin vorlesen. Ich kenne einen einzigen, einen sehr sympathischen Schauspieler, der keine Kritiken liest. Er sagt: »Ich werde immer nur verrissen, weshalb soll ich das lesen? Ich bin gern Schauspieler, leider kein guter.«

Während der Vorstellungen notierte ich auf den linken Seiten eines Notizbuchs sachliche Beobachtungen, die ich für Beschreibungen brauchte, und auf den rechten Seiten Einfälle und erste Formulierungen, sofern ich sie hatte, über Ablauf und Schauspieler. Aus Scheu vor meinen Sitznachbarn benutzte ich nicht den bei manchen Kollegen beliebten Leuchtstift. Da ich im Dunkeln kaum leserlich schrieb, mußte ich die Notizen nach der Vorstellung sofort entziffern und dabei sortierte ich sie, so daß ich am Morgen keine Zeit beim Suchen verlor.

Vor der Aufführung hatte ich vermutlich mehr Lampenfieber als die Hälfte des Ensembles, und nach der Aufführung war ich dumpf und zu keinem vernünftigen Satz fähig. Wenn mir vorm Theaterausgang Fernsehleute ein Mikrophon vor den Mund hielten, sagte ich, mir falle jetzt nichts ein. Ich bin ein Printmedien-Chauvi, ich hasse das übereilte »Statement« und liebe das ausgearbeitete Argument.

Ich war glücklich, wenn sich beim nächtlichen Sortieren der Notizen langsam Einsichten und Einfälle einstellten: dann schlief ich besser. Denn schlafen mußte ich, der Schlaf war mein stärkster Verbündeter: er schenkte mir beim Aufwachen einen Plan für den Ablauf der Kritik, meist auch die Überschrift und ein paar Einfälle, die mich begierig machten, sie niederzuschreiben. Zum Schlafen brauchte ich eine Beruhigungstablette und Wein, freilich so sparsam dosiert, daß ich mich zwar unruhig im Bett wälzte, aber nach fünf bis sechs Stunden einen ausgeruhten Kopf hatte. Spätestens um sieben Uhr mußte ich mit dem Schreiben anfangen, und wenn ein Zimmermädchen das Radio beispielsweise den alten Schlager »Ganz Paris träumt von der Liebe« brüllen ließ, dann kam es bei mir zu schrägen Überschneidungen mit der Liebe zwischen Iphigenie und Thoas, die mich an diesem Morgen beschäftigen sollte.

Ich begann mit einer Mischung aus Verzagtheit, Grauen und Tollkühnheit. Ich verlangte von mir einen Kavaliersstart: schnell, laut, mit höchster Beschleunigung. Schon der erste Satz sollte mitten in das Stück oder in die Aufführung treffen und durch eine Banalität zur Zustimmung überreden oder durch eine Paradoxie verblüffen. Manche Kritiker beginnen einen Verriß mit dem Lob anderer Arbeiten des zu Verreißenden; sie nennen das: Die Fallhöhe vergrößern, oder auch: Das Schmücken des Opfers. So effektvoll diese Methode ist, ich habe sie nie gemocht.

Oft dachte ich vor dem ersten Satz an Lessings Ermunterung: »Jede scharfsinnige Untersuchung läßt sich in eine Antithese kleiden«, und zugleich an Nietzsches Warnung: »Die Antithese ist die enge Pforte, durch welche sich am liebsten der Irrtum zur Wahrheit schleicht.« Fast immer aber fiel mir der Ausspruch einer guten Bekannten ein: sie wurde, als ich Anfänger war, in der Pause einer quälenden Aufführung gefragt, was ich wohl darüber schreiben werde, und sie sagte, ohne zu zögern: »Vor allen Dingen schreibt er lang, damit man nicht bemerkt, was er denkt.« Diesen Fehler wollte ich nie mehr machen: man sollte mühelos bemerken, was ich denke. Und »Kürze«, hatte Tschechow geschrieben, »ist die Schwester des Talents.«

Der erste Absatz sollte ein Art Auster sein: zum glatten Herunterschlucken und mit einem nicht ganz bestimmbaren Geschmack, der Lust auf mehr machte. War er nach meinem Vermögen gelungen, so fiel alle Verzagtheit von mir ab, ich wurde von einem unbändigen Spaß am Schreiben ergriffen: Spaß am Wiedererwecken der Aufführungs-Bilder, der Schauspieler, der Sprache; Spaß am Nachkalkulieren, am Nachschmecken; auch Spaß am Spaß. Ich geriet in einen kalten Rausch und in eine große Ruhe: um elf Uhr, meinem Ablieferungstermin, würde ich, kein Zweifel, fertig sein.

Ich teilte die Blätter in der Mitte durch eine senkrechte Linie und schrieb nur auf die linke Hälfte, so daß ich auf der rechten Hälfte ebensoviel Platz für Einfügungen, Umstellungen, Korrekturen hatte. Mit dem umständlichen Rumpelkasten einer Schreibmaschine läßt sich das nicht machen, ich schrieb mit Bleistift: jede Zeile wie bei der Schreibmaschine mit sechzig Anschlägen, und nach dreißig Zeilen kam das nächste Blatt, ich wußte in jeder Sekunde, wieviel ich schon geschrieben hatte. Wie lang der Artikel auch war, vier bis sechs Blatt wie üblich, oder in Sonderfällen acht Blatt oder nur ein halbes Blatt, um fünf Minuten vor elf war ich immer fertig, nicht früher, nicht später. Diese regelmäßige

Erfahrung befreite mich nicht von meiner Angst beim nächsten Mal.

Meist hatte ich keine Zeit, den Artikel noch einmal zu lesen. Das besorgte ich, wenn ich ihn um elf Uhr einer Dame von der Redaktion durchtelefonierte, das nahm eine Dreiviertelstunde in Anspruch und dann noch eine Viertelstunde, in der sie mir den Artikel vorlas. Da wurden die letzten Flickwörter, Adjektive, Adverbien und Satzverschlingungen beseitigt. Ich liebe Sätze, die aus Subjekt, Prädikat und Objekt bestehen, und zwar in dieser Reihenfolge, sie zwingt zur Klarheit. Wenn die aufnehmende Dame am Computer sagte, diesen Satz habe sie nicht ganz verstanden, änderte ich ihn ohne Debatte sofort. Ich wollte von allen Lesern verstanden werden, und zwar ohne Mühe, eher mit Vergnügen, und ich war schamlos genug, mir das zu wünschen. Auf dem Schulhof hatte mich ein übelwollender Klassenkamerad einen »Sinnesquatscher« genannt, das kann man als eine rüde Übersetzung von »Interpret« betrachten, und siehe da, das war jetzt mein Beruf. Ich unterstellte ihn der Artisten-Ehre: Man darf den Schweiß nicht riechen, und im Frack sieht ein Doppelsalto müheloser aus als im Trikot. Um beim Publikum bekannt zu werden, braucht man ungefähr ein Jahrzehnt; zum Vergessenwerden genügt ein Jahr.

Es heißt immer: Im Theater lernt man etwas fürs Leben. Es gilt aber auch: Im Theater lernt man, sich vom Leben zurückzuziehen. Die Bühne machte anspruchsvoll: Kein realer Politiker ist so kurzweilig wie sein Kollege bei Shakespeare.

Der Anfänger muß schreiben, wie er kann. Der Routinierte kann so viel, daß er nicht mehr weiß, wie er muß. Je komplizierter die Aufführungen, desto einfacher versuchte ich zu schreiben. Dabei war mir das Dilemma der Einfachheit immer bewußt. Keiner hat es so treffend, so ausweglos formuliert wie Paul Valéry: »Was einfach ist, das ist immer falsch. Was nicht einfach ist, das ist unbrauchbar.«

Ich schrieb vierzig Jahre lang Theaterkritiken, aus denen ich immer auch Geschichten machen wollte. Wenn ich danach versuchte, eine Geschichte zu erzählen, ertappte ich mich dabei, wie ich statt dessen Menschen rezensierte.

Ein ziemlich langer Abschied
Die Geschichte vom Tod
eines Intellektuellen

Hatte er keine Lust mehr am Leben, weil der Tod näher-
rückte? Oder rückte der Tod näher, weil er keine Lust mehr
am Leben hatte? Er entschloß sich zu sterben und verabschiedete sich von seinen Bekannten. Freunde hatte er nicht.
Den Bekannten sagte er, er ziehe sich nun zurück und lang
werde er nicht mehr leben. Er sagte das so sachlich, daß
keine Peinlichkeit aufkam. Peinlich wurde es erst, als er anfing, sich in seiner Einzimmerwohnung zu langweilen, weil
er nicht starb.

Kleists Penthesilea hatte sich durch ein konzentriertes
Gefühl wie mit einem Messer getötet, er schaffte das nicht.
An den Tod dachte er mit Schopenhauer: Er kann nur so
sein wie das Leben vor der Geburt. Und diese ruhige Nicht-
existenz war für ihn eine angenehme Erinnerung. So hatte er
keine Angst vor dem Ende. Er wollte bis zum letzten Atemzug seine Agonie beschreiben, doch stellte sich die Agonie
nicht ein. Es blieb ihm nichts übrig: er mußte wieder unter
die Leute.

Er ging nicht zu ihnen, er bat sie schriftlich in seine Wohnung mit einer Entschiedenheit, der sich kaum jemand zu
entziehen wagte. Unverschämt war er nicht: wenn er von
einer Flasche Wein und einer Stunde Unterhaltung schrieb,
so meinte er das, was er versprach und verlangte. Die Flasche stand geöffnet auf dem Tisch, und die Stunde währte
sechzig Minuten. Er wollte wissen, was in der Stadt geschah; besonders interessierten ihn die Niederlagen seiner
Feinde. Pünktlich erhob er sich, reichte zum Abschied seine
von Arthrose gekrümmte Hand und sagte: »Ich danke Ihnen für Ihren Besuch. Hoffentlich muß ich Sie nicht noch

einmal bitten. Ich kann nichts mehr schreiben. Das einzige, was mich noch interessiert, ist Gesellschaftsklatsch und meine Agonie. Zu meiner Beerdigung werden Sie eingeladen.«

Mit seinem ersten Roman »Lilo und ihre Capricen« hatte er in seiner Jugend einen großen Erfolg, an den er sich ungern erinnerte. Lilo, die zwischen Zartheit und Frechheit auf hochhackigen Schuhen tänzelte, wurde zum Vorbild mehrerer Jahrgänge junger Mädchen. Sie verschatteten ihre Gesichter mit Lilos Sommerhüten, sie hatten ein bißchen Kitsch in den immer erstaunten Augen und Kühnheiten auf der leicht überschminkten Lippe. Ihren Verehrern verweigerten sie sich lange und verblüfften sie endlich durch plötzliche Nacktheit. Als Charakterbeschreibung genügte ein paar Jahre lang die Bemerkung: So eine Art Lilo.

Er heiratete Elfriede, wie das Modell seiner Lilo leider hieß, und trennte sich von ihr nach einem halben Jahr. Ihre plötzlichen Nacktheiten fand er maniert, und alles, was sie sagte, ging ihm auf die Nerven. »Kein Geschnatter mehr«, schwor er sich, »keine Nörgelei und kein Geseires.«

Mit Lilo und Elfriede hatte er im Alter von dreißig Jahren sämtliche Probleme der Liebe für den Rest seines Lebens erledigt. Wenn der Sexus ihn plagte, brauchte er keine fremde Hilfe, um sich in die ihm angemessene Ruhe zu versetzen. Er bemühte sich, diese gelegentlichen Aufstände des Fleisches schnell und mit möglichst wenig Lustgewinn zu erledigen.

Alle Bücher, die er nach »Lilo« schrieb, wurden von der Kritik mehr als von den Lesern beachtet. Die Verwaltung, die er nach seinen literarischen Mißerfolgen als seinen Hauptberuf betrachtete, machte sein Leben nicht gerade glücklich, aber erträglich, und die praktische Rationalität der Beamten-Hierarchie brachte ihm sogar eine gewisse Befriedigung.

Nicht ohne ein kleines Vergnügen redete er den Bürgermeister der Stadt, in der er jetzt lebte, einen vorzüglichen Verwaltungsbeamten, der früher, drüben, im Osten ihm unterstellt war, weiterhin nur mit dem Nachnamen an, ohne »Herr« und von oben herab, mit dünner Kommandostimme. Der Bürgermeister zuckte jedesmal zusammen, doch wagte er nicht aufzubegehren, denn er wußte, daß im Krieg Welten einstürzen können, nicht aber die Ordnung und die Regeln des preußischen Beamtentums.

Seinen Bruder, der im Kloster lebte, hielt er für schamlos: Wie konnte dieser Mönch Dankgebete für ein Leben sprechen, vor dem er ins Kloster geflohen war. Das Klosterleben nannte er eine durch Gebete und andere sinnlose Übungen strukturierte Faulenzerei. Auch gefiel es ihm nicht, daß sein älterer Bruder in seiner Mönchskutte provozierend jung aussah. Er führte das zurück auf die kärgliche Ernährung und das tägliche Energie-Training durch klösterliche Intrigen.

Einen Priester, der versucht hatte, zur letzten Ölung in seine Wohnung einzudringen, behandelte er wie einen Hausierer. »Für Ihren Artikel«, sagte er durch den Türspalt, der mit einer Kette gesichert war, »habe ich keinen Bedarf.« Über diese Geschichte, jedenfalls, ergötzte man sich nach seinem Tod, bei der Trauerfeier und beim Leichenschmaus. Man fand sie würdig, in die Anthologie letzter Worte aufgenommen zu werden.

An einen Gott, den man als Schöpfer, als Allwissenden und Allmächtigen für alle Greuel der Welt verantwortlich machen müßte, mochte er nicht glauben. In seinem letzten Willen teilte er mit, er halte den persönlichen Gott für nichtexistent und dessen Agenten für lächerlich. Er bestimmte, daß sein Bruder unter keinen Umständen in der Leichenhalle oder am Grab reden dürfe. Er ließ die zwanzig Minuten, die in der Leichenhalle gewöhnlich den Reden und Gebeten vorbehalten sind, durch Musik von einer Kassette ausfüllen. Die Musik war ihm auch deshalb gleichgültig, weil er sicher war, sie nicht zu hören. Er hatte sich etwas Passendes empfehlen lassen, es war ein Bruchstück aus einer nachgelassenen Schubert-Sinfonie und wäre ihm vermutlich nicht unangenehm gewesen.

Der irdischen und der himmlischen Liebe hatte er mit geringfügigen Ausnahmen sein Leben lang widerstanden. Er zog es vor, Probleme, die mit Hilfe Gottes und der Frauen nicht gelöst werden konnten, ohne die Hilfe Gottes und der Frauen nicht zu lösen. »Die Liebe«, sagte er, »ist ein orientalischer Zeitvertreib für Troubadoure und ein abendländischer Schwachsinn für alle andern.«

Für seinen Leichenschmaus hatte der jetzt Eingesargte eine angemessene Summe bei einem Wirt hinterlegt, dem er, während er ihm eine horrendes Trinkgeld übereichte, strikt befahl, jeden Mönch an der Tür abzuweisen.

Obwohl alles so vortrefflich vorbedacht und geordnet war, kam niemand auf den Gedanken, daß er auch seinen Tod organisiert hatte. Noch immer dachte er beim Tod an Kleist, doch nicht mehr an den Gefühls-Suizid Penthesileas, sondern an den Freitod des Dichters am Kleinen Wannsee. Er hatte zwar keine todbereite Freundin wie der todesfröhliche Kleist, doch bessere Pistolen.

Kleists krebskranke Freundin trug drei Pistolen in einem Körbchen. Die beiden außerordentlich vergnügten Todeswilligen setzten sich in einer kleinen Grube einander gegenüber, Fuß zwischen Fuß, Kleist schoß ihr ins Herz und sich in den Mund, das Blei blieb im Gehirn stecken, er erstickte am Pulverdampf.

Der Schriftsteller, der durch seinen Roman »Lilo« berühmt geworden war, kannte niemand, der bereit gewesen wäre, mit ihm fröhlich zu sterben. Als griesgrämiger Einzelgänger bedauerte er das nicht. Außerdem erschien es ihm sinnlos, sich Fuß zwischen Fuß eng zusammenzusetzen, um sich auf ewig zu trennen. Vom Kopf blieb nach seinem Todesschuß nicht viel übrig.

Seine Leser hatten ihn vergessen. Der Tod hatte ihn vergessen. Es machte ihm große Mühe, einen Abschiedsbrief zu schreiben, doch hielt er das beim Freitod für korrekt. Der Brief wurde erst Monate nach seinem Tod bekannt, denn der Bürgermeister hatte dafür gesorgt, daß über seine Todesart nichts an die Öffentlichkeit gelangte: er galt als sanft entschlafen.

Im Brief, der durch eine Indiskretion ans Licht kam, hieß es: »Ich habe nicht damit gerechnet, daß sich am Ende dieser sechsundachtzig Jahre herausstellen könnte, wozu sie gut gewesen sein könnten. Gassendi hat auf dem Sterbebett formuliert: ›Ich wurde geboren, ohne zu wissen, warum. Ich habe gelebt, ohne zu wissen, wie. Und ich sterbe, ohne zu wissen, warum und wie‹. Was könnte man danach noch sagen? So wundert es mich nicht, daß mir für die Anthologie berühmter letzter Worte nichts eingefallen ist.«

Er nahm sein Schicksal, wie man so sagt, in die Hand. In seinem Fall war es die linke, sie war noch nicht ganz so steif wie die rechte. Da er mit einem unsicheren Schuß rechnen mußte, steckte er den Pistolenlauf in den Mund. Er dachte noch: Das ist eine Fellatio mit dem Tod. Dann drückte er ab.

9
Meine Karriere als Patient

Wenn man krank ist, macht die Gesundheit Urlaub und er-
holt sich; meist bekommt ihr das sehr gut. Manchmal ist
Krankheit ein Lebensgewinn. Eine Betäubung gehört dazu,
die sich grundsätzlich von der alltäglichen und allabend-
lichen Betäubung durch den Beruf, das Nachdenken, das
Reden und den Klatsch über den Beruf unterscheidet. Wenn
man aus dieser Betäubung erwacht, »krank« im Bett, fallen
die Gedanken in Abgründe der Vergangenheit und in ufer-
lose Erinnerungsräusche. Die Gegenwart hat Pause. Die
Unlust, sie wieder aufzunehmen, wächst von Tag zu Tag.

Dieser Zustand beginnt bei mir immer mit dem Wort
SALVE. Ich las es auf der Fußmatte, wenn ich als Junge ins
Wartezimmer des Orthopäden kam. Ich wagte nicht, auf die
vornehme Schrift zu treten und umging die Matte mit meinen schmutzigen Schuhen. Der Arzt wollte meine Infla-
tions-Schäden an Knochen und Muskulatur austrainieren
und benutzte dazu Foltermaschinen, Vorgänger der Body-
Building-Geräte.

Damals legte ich mich auf einen Tisch, so daß mein Oberkörper über die Tischplatte ragte. Eine Turnlehrerin hielt
mich fest, und ich mußte, die Hände im Genick verschränkt,
den Oberkörper nach ihren Kommandos heben und sen-
ken, drehen und wenden. Das ergab eine Mischung von
Schmerz und Ruhe, die sich später bei mir, wenn ich krank
wurde, immer wieder einstellte. Am Anfang war stets die
Erinnerung an die Fußmatte: SALVE. Es war die Begrüßung durch den Ausnahmezustand.

SALVE! jeden Sommer wurde mein Magen, wenn er

nichts bei sich behielt, durch Fasten, danach durch Fleisch-
brühe mit ein bißchen Kalbfleisch und Weißbrot geheilt von
dem Arzt Dr. Emil Volz, der ein bemerkenswerter, mächti-
ger Mann war mit Glatze und furchterregender tiefschwarzer Hornbrille. Er operierte gern. Mir entfernte er Warzen
vom Handrücken so gründlich, daß man noch heute eine
große Narbe sieht. Sein Garten hinterm Haus hatte keinen
einzigen Nutzbaum – eine imponierende Todsünde in einem armen Dorf, in dem kein Quadratmeter Boden ohne
Ertrag bleiben durfte. Er hatte die größte Praxis, immer das
Wartezimmer übervoll, er mußte manchmal schnell raus
und unter seinen Kastanien ein paar Schritte gehen.

In der einzigen größeren Pause, die er sich am Nachmittag
gönnte, ließ er sich in seinem Automobil einen Kilometer
weit zu einer Bäckerei zum Kuchenessen fahren. Dann den
Kilometer zurück, das waren am Tag zwei Kilometer, und
dafür hatte er einen Chauffeur in grauer Livree und mit
Mütze, die er abnahm, wenn er dem Doktor den Wagen-
schlag öffnete. Ein Mann wie der Doktor hatte zwar eines
der ersten Autos im Dorf, aber er fuhr es natürlich nicht
selbst, dafür gab es Spezialisten. Wir Kinder warteten
manchmal vorm Haus, um ihn einsteigen zu sehen. Seitdem
finde ich es ein bißchen unwürdig, wenn ein Mensch sich
selbst transportiert. Aber ich habe, versteht sich, nie einen
Chauffeur gehabt, nicht einmal einen Wagen. Im beginnen-
den Mannesalter verkaufte ich mein Motorrad, flog nach
London, kaufte in der Oxford Street einen Schirm und blieb
hinfort zu Fuß.

Dr. Volz machte keinen Hausbesuch, ohne mir als Geschenk ein Buch mitzubringen, meist Tiergeschichten von
Hermann Löns. Für ihn war das ein klassisches Heilmittel
wie Aspirin oder Gelonida. Als ich sechzehn Jahre alt war,
sagte er nach einer Untersuchung: »Da gibt's was Neues,
Schorschje, *vitium cordis*, du lernst doch Latein, eine kleine

Herzschwäche, sie hat noch nicht viel zu bedeuten, hoffentlich wird daraus nichts.« Daraus wurde später allerlei, seine Hoffnung hatte sich nicht erfüllt. Bei den Kindern noch populärer als der Abzählvers: »Eene, deene, dorz, er Teufel läßt'n Forz...« war: »Doktor Volz hippt ins Holz, hippt wieder raus, und du bist aus.« Der Vers hat ihn viele Jahre überlebt, ich habe ihn noch auf der Straße gehört, als die Kinder von Dr. Volz sonst nichts mehr wissen konnten.

SALVE! Scharlach, Gelbsucht, Diphtherie, sie haben mir ein paar friedliche Stellen im Krieg verschafft, im Lazarett und in Genesungskompanien. SALVE! der Chirurg, der meine Nierensteine nicht operiert hat: er holte sie mit einem robusten Hausmittel ans Tageslicht. SALVE! der Arzt, der mir am Tegernsee geholfen hat, von hundert Zigaretten täglich auf null zu kommen. SALVE! der Dr. Hamberger, der mich in die Uni-Klinik gebracht hat. SALVE! der Ostersee, die Klinik nach meinen Herzmalaisen.

Vier Jahre nach meinem Herzinfarkt funktionierten zwei meiner Herzkranzgefäße nicht mehr, das dritte war fast vollständig verstopft, und eine Herzklappe, die Aortenklappe, war auch ziemlich angegriffen. Professor Peter Satter, der Chefchirurg der Frankfurter Universitätsklinik, überbrückte die verkalkten Stellen durch drei Umweg-Adern, »Bypässe«, die man meinen Beinen entnommen hatte, dreimal dreißig Zentimeter Venen. Die Herzklappe ließ er, wie sie war: immerhin noch so funktionstüchtig, sagte er, wie eine künstliche Klappe wäre. Schon zwei Jahre nach der Operation war mir nicht mehr wohl, ich hatte immer mal wieder Herzschmerzen, und meine Atemluft wurde knapp. Ich fuhr in die Klinik am Ostersee, in die »Lauterbacher Mühle«.

Ich liege mit einem Dutzend anderer Patienten auf dem Boden, auf einer Matratze, zwei Rollen unterm Kopf, eine

Decke über Beinen und Leib, im Blickfeld hoch oben das blankgescheuerte Holzgebälk der alten Mühle, durchs offene Fenster rauscht der Mühlbach, ein paar Takte aus Brian Enos »Discreet Music« kommen vom Kassettendeck und vertröpfeln zur Eröffnung des Autogenen Trainings. SALVE! viele Krankheiten und Ärzte ziehen durch meinen Kopf, bis die Leiterin mit halblauter, beiläufiger Stimme ihre Beschwörung beginnt, der gut zu folgen ist: »Der rechte Arm wird schwer... der rechte Arm wird schwer...«, sie will, daß man die Kontur des Arms in der Vorstellung langsam umfährt, »Schultergelenk... Oberarm... Ellbogen... Elle... Handrücken... Handfläche... Handkante... jeder Finger einzeln...«, dann alle Stationen zurück nach oben und sich dabei vorstellen, daß man »seinen Atem schickt in Fingerspitzen... Daumenballen... Daumen... Handfläche... Unterarm... Ellbogen... Oberarm... Schultergelenk... Nacken...« Ich spüre, wie mir das alles gelingt, wie die beschworenen Körperteile warm und durchblutet werden.

Das gleiche geschieht mit dem linken Arm, er ist bei mir schließlich durchblutet bis an die Schmerzgrenze: wie bei Herzschmerzen, die in den linken Arm ausstrahlen. Die Leiterin streicht mit der Handfläche zweimal über meinen autogen erwärmten Arm, und er scheint breiter zu werden, auch flacher und größer und heißer, er löst sich vom Körper: ein unproportionierter Picasso-Arm aus dem Brennofen. Sie will, daß nacheinander die Arme schwer werden, »schwerer... schwer... sehr schwer...«; dann das gleiche mit den Beinen, von den Zehen aufwärts bis in den Leib, in den Magen, die Wärme folgt meinem lautlosen Befehl, und ich folge dem fast gemurmelten Befehl der Leiterin. Mir kommt es vor, als könne ich in den abgeschnittenen Arm beim Ausatmen von oben Wärme pusten, bis das Blut strömt. Es ist wie eine Begießung toten Fleisches mit warmem Blut. Nie zuvor war ich mir meines Körpers so bewußt, nie zuvor hätte ich geglaubt, daß ich mein wärmendes Blut losschicken kann bis in die äußersten Extremitäten, nie zuvor war ich zugleich so ganz und gar in mir, außer mir, bei mir. Aber war das wirklich eine Ermutigung, Kräfte für die Gesundung zu mobilisieren? Eine euphorische Müdigkeit legte sich auf meine Augenlider, die Leiterin rüttelte uns plötzlich auf, ich ging schlafen.

Die leichte Euphorie blieb noch eine ganze Weile, beim Nachmittagsspaziergang, zwei Stunden rund um den Ostersee. Die Luft ist voller Elementargeräusche: Hühner und Hunde, die Holzsäge, das ferne Gewitter und der Kuckuck. Graugränse, die Witwen des Verhaltensforschers Konrad Lorenz, der hier im See gearbeitet hat, schreien wie eine gedengelte Sense, manchmal scharf rhythmisiert, als sei der leibhaftige Strawinsky in sie gefahren.

Beim Spaziergang um den See, es ist im zweiten Jahr nach der Operation, habe ich die alten Herzschmerzen wieder mit Ausstrahlung in den linken Arm. Ich bin kurzatmig und komme rasch ins Keuchen. Ein Arzt hat empfohlen »Atmen wie ein großer Hund«, das schaffe ich nicht. Was die Ärzte so alles sagen, Sätze wie Keulen: »Was beim Infarkt an Herzgewebe verlorengeht, das ist verloren: ein Infarkt ist irreversibel«; oder: »Am Tag der Operation beginnt die Neuverkalkung.«

Das Land um den Ostersee, ein Naturschutzgebiet, ist voller Nist- und Brutstätten; ringsum gibt es viele kleinere, melancholische Seen: sie sind versumpft, und ihr Wasser steht so still, als habe es sich längst aufgegeben. Nur unter dem Schild »Nacktbaden an öffentlichen Plätzen nicht erlaubt« geht es lärmend und vergnügt zu: dort baden alle nackt, gewarnt, doch unerschrocken. Die Ufer sind verschilft. Flache Schilfscheiben schieben sich in den See und umringen Kleingewässer. Die Enten ziehen Leuchtspuren auf der Wasserfläche, oder sollte man besser sagen: sie hinterlassen nasse Kondensstreifen im See?

Darüber denke ich lieber nach als über das Ergometer am Vormittag, dieses stationäre Belastungs- und Meßfahrrad. Wenn sich die Schwester bückt, um Meßinstrumente abzulesen, kann in ihrem Halsausschnitt auch der diskreteste Patient ihre nackten, schönen Brüste nicht übersehen. Steigern sie den Blutdruck? Wohl nicht bei diesen Patienten. Bei armseligen 100 Watt hat mir das Ergometer das berüchtigte Engegefühl in der Brust verschafft, Angina pectoris, Herzschmerzen, die jetzt, am Nachmittag noch immer nicht aufgehört haben, das ist kein gutes Zeichen. Die Arteriosklerose ist eine unheilbare Krankheit, man kann durch Bypässe und eine neue Herzklappe für ein paar Jahre ausgleichen, was sie angerichtet hat, aber man kann sie nicht aufhalten, nur bremsen und dämpfen. Meine Beschwerden signalisieren Todesnähe, oder übertreibe ich? Warum höre ich nicht auf zu arbeiten? Die Theaterkritik, die an meinem inneren Horizont vorbeiwischt, erscheint mit grotesk unwichtig.

Im Wald schnüffele ich den Duft von Harz und geschälten, nassen Fichtenstämmen wie der Süchtige eine Zeile Koks. Der Kuckuck und die Türkentauben beschlagnahmen mein Gehör. Ich schlürfe über braune Nadelteppiche, stolpere über freiliegende Wurzeln und hebe weitgeöffnete Fichtenzapfen auf. Schmutzigweiße Birken stehen Spalier an den Wasserwegen. Ich springe über Tümpel und stehende Bäche. Der Arzt sagte: »Sie ziehen Ihren Kopf ein und die Schultern hoch, das ist die Haltung eines Mannes, der sich vor Feinden schützen will.«

Was nun in der Klinik kommen mußte, das kannte ich schon von früheren Aufenthalten: eine Orgie des Messens, Zählens, Wägens, Blutuntersuchungen, Ergometer, Kranken-Gymnastik, Herzröntgen, Langzeit-EKG, Extrasystolen, harmlose und gefährliche irreguläre Herzschläge,

Ultraschall, Szintigraphie, Spezialmassagen: »Moachen S'
goar nix. Dös moach olles i.« Beim autogenen Training, diesem innerkörperlichen Durchbuchstabieren des Gliederka-
talogs, verlangt die Leiterin etwas Neues: »Stellen Sie sich
vor, daß Sie in Ihren Brustkorb greifen und ihn von oben
mit den Händen erweitern.« Ich drücke das gefährliche
Engegefühl im Brustkorb mit den Händen beiseite – für ein
paar Sekunden.

Auf dem Ergometer wird meine erwartete Leistung auf 50
Watt heruntergedrückt, erfahrene Patienten wissen: »Fünfzig Watt ist Scheiße, da kann man die Treppen nur hochkri-
chen«, und die Patienten, die im Flur zusammensitzen und
darauf warten, daß ihr Blutdruck gemessen wird, meinen zu
wissen: »Unter 125 Watt keine Erektion.« Die nackten Brüste der Ergometer-Schwester, jedenfalls, erwecken bei mir
kein Begehren, nur ästhetisches Wohlgefallen. Gehören
etwa auch sie zu den Hilfsmitteln bei der Selbstdiagnose?

Die dunkelbraunen Kühe liegen auf den Wiesen wie auf-
geschüttete Erde: Lektionen in Gelassenheit ohne auto-
genes Training, sie fressen vor lauter Melancholie, sie sind
ruhende Existenzen, nur ihre Ohren bewegen sich wie
koordinierte Empfänger. Riesige blaue Basedowaugen unter langen weißen Wimpern belehren, daß zum Seelenvollen
ein bißchen Stumpfsinn gehört. Wenn die Kühe neugierig
werden, besteigen sie einander, als wollten sie 's doch mal
probieren, obwohl sie wissen, daß es nicht funktioniert.
Gleichmütig leckt der Bulle seinen Nasenring.

Erst als ich den Kardiologen direkt fragte, wurde er deutlich: »Die koronare Herzkrankheit ist nicht heilbar. Die
Mangeldurchblutung kann durch Medikamente verbessert
werden, aber es ist eine Behandlung der Symptome, nicht
der Krankheit. Die Bypässe gehen recht häufig zu, leichter
als die Originalgefäße. Hören Sie mit Ihrer Arbeit auf, sobald wie möglich. Die körperlichen Signale, die Sie empfan-

gen haben, reichen aus. Die Szintigraphie hat ergeben, daß Sie starke Belastungen nicht mehr vertragen, schon 125 Watt sind zu viel. Das Blut strömt nicht mehr so gut ab wie noch vor einem Jahr. Eine medizinische Konsequenz ist vorläufig nicht nötig, aber eine berufliche Konsequenz. Worauf wollen Sie noch warten? Hören Sie auf Ihren Körper, nicht auf Ihren Kopf!« Warum, frage ich mich, findet man die Ursache der koronaren Herzkrankheit nicht? Mein Verdacht: weil sie keine Krankheit ist. Ist sie eine langsame Form des natürlichen Todes?

Beim Abendessen am Vierertisch. Mir gegenüber sitzen zwei alte Herren: der eine, siebzig Jahre, vier Bypässe, kann seit seiner Operation nur noch flüstern; der andere, fünfundsiebzig, Infarkt, hört nichts mehr. Mein durchgetretener Inflationsfuß zwingt mir das Humpeln eines Lahmen auf. Als ein viertes Gedeck aufgelegt wird, fragt der Taube mehr sich als mich: »Wer kommt da wohl an unsern Tisch?« Ich sage: »Ein Blinder.« Der Taube hat mich nicht verstanden, der Stumme lacht, mehr kann er zu unserer Verständigung nicht tun. Meine Aufwallung, um einen Platz an einem anderen Tisch zu bitten, sinkt in sich zusammen. Die beiden sind Komplementärbeschädigte des Schweigens, der Ruhe, der Totenstille. Unser Tisch ist der Ort einer angenehmen Nichtkommunikation.

Nach der Bypass-Operation vor vier Jahren hatte mir Professor Satter gesagt: »Kommen Sie mir nur ja nicht wieder und wollen auch noch die Herzklappe operiert haben.« Das war sein Kernsatz, als er mich aus der Universitäts-Klinik entließ. Er kam mir mit seinen übertrieben blauen Meeres-Augen und seinem gelben Scheitel hansestädtisch vor, doch verwies sein moderat makabrer Tonfall nach Österreich: »Das überleben Sie nicht, in Ihrem Alter.« Dabei sah er mich so wasserblau an, als erwarte er von mir Beifall, wenigstens ein bißchen.

In seinem Ordinationszimmer standen Dankgeschenke herum, Kisten und Kistchen mit Wein, Champagner und luxuriös verpackte Kostbarkeiten. Auch ich hatte eine Flasche unterm Arm, mein repariertes Herz war voller Dankbarkeit. Er hatte mir, man kann's nicht schlichter sagen, das Leben gerettet, und jetzt, beim Abschied, stellte er mir den Tod in Aussicht.

Ich bat ihn, mir die Sache mit dem Tod ein bißchen zu erklären. Er sagte: «Mit den Bypässen habe ich den Zugang zu Ihrer Herzklappe zubauen müssen. Bei einer Klappen-Operation müßte ich die drei Bypässe durchschneiden und neu machen, die Operation wäre doppelt so lang, und das würden Sie nicht überstehen.» Verwirrt und verlegen schob ich den Dom Perignon über die Tischplatte, war das nicht zu wenig? »Was aus Ihrer Operation wird«, sagte er weiter, »das weiß kein Mensch. Gehen Sie bei ihrer Belastung so weit wie möglich, aber erzwingen Sie nichts. Und viel Spaß am Leben!« Wehte durch seine österreichische Liebenswürdigkeit nicht ein Hauch von Ironie?

Lang dauerte der Spaß am Leben nicht: nach vier Jahren hatte ich die Lunge voll Wasser. Jetzt wußte ich, was aus meiner Operation geworden war: ich mußte mit dem Tod in absehbarer Zeit rechnen, falls die Aortenklappe nicht ersetzt wurde durch eine Kunststoffklappe. Wie hatte Satter gesagt? »Ein Herzklappenfehler ist keine Krankheit, das ist eine rein mechanische Angelegenheit, man fällt halt irgendwann um und ist tot.« Wenn schon eine Operation, dachte ich, dann nicht durch ihn, nur nicht durch ihn, er hat mich ja von Anfang an aufgegeben, »das überleben Sie nicht, in Ihrem Alter«, und jetzt war ich noch vier Jahre älter.

Ich erzählte diese Geschichte meinem Frankfurter Kardiologen Professor Martin Kaltenbach, der darauf fixiert ist, mich gesund und arbeitsfähig zu machen. Er hielt den, wie er sich ausdrückte, »Zweiteingriff« für notwendig und dringend. »Das werden Sie doch nicht glauben!« entrüstete er sich emphatisch. »Chirurgen sind sehr tüchtige Leute, aber wenn sie aus dem Operationssaal kommen, haben sie eine ungeheure Nervenanspannung hinter sich, und zu ihrer Entspannung gehört, daß sie über ihre Operation reden wie ein Großwildjäger über Löwen und Elefanten: sie übertreiben, sie erzählen Jägerlatein, sie befreien sich von der Realität, die sie gerade hinter sich gebracht haben.« Ich sagte: »Das hört sich ganz schön an, aber es überzeugt mich nicht. Und wenn ich nach Genf fahren oder nach Amerika fliegen muß, um einen gleich guten Chirurgen zu finden, ich will keinen Operateur, der mich schon vor vier Jahren aufgegeben hat.« Der Kardiologe blieb dabei: »Niemand ist für den Zweiteingriff so gut vorbereitet, so unersetzlich wie der Chirurg, der den Ersteingriff gemacht hat.«

Zu dieser Behauptung wollte ich noch andere Kapazitäten hören. Ich hörte sie, und sie sagten alle das gleiche: Der Erstoperateur soll, ja muß auch den zweiten Eingriff machen. Schließlich meldete ich mich bei Professor Martin Rothlin an, einem Arzt des Kantonsspitals der Zürcher Universitätsklinik. Er ist beides, Kardiologe und Chirurg. Ich fuhr mit meiner Frau nach Zürich. Unterwegs im Intercity las ich ihr aus dem Bericht, den der Zürcher Arzt einsehen wollte, über meine Erstoperation vor.

Der Bericht fängt mit der »Längseröffnung des Herzbeutels«: an, mit der Feststellung: »Basisnah sind sämtliche Koronararterien massiv verkalkt, wobei die Verkalkungen wie derbe Stränge sicht- und tastbar sind«. Es folgt die dem Laien kaum verständliche Beschreibung der Operation mit Einzelheiten wie »Die Naht erfolgt mit dickerer Nadel, wobei es manchmal sehr schwierig ist, die Kalkwand zu durchstechen«, und es hört mit dem Happy-End auf: »Die Herzaktion kommt verzögernd, aber spontan wieder in Gang.«

Dazwischen war über die Aortenklappe zu lesen: »Es be-

steht kein Anhalt für gröbere Verkalkungen oder eine Dys-
funktion der Klappe.« Jetzt aber, nach vier Jahren, war die
Klappe verkalkt und funktionierte kaum mehr. Ich spürte
das nicht nur durch das Wasser in der Lunge, durch Atem-
not, ich hatte es auch gesehen auf dem dritten der drei Ka-
theterfilme, die ich im Reisegepäck mit mir führte.

Diese Filme werden gemacht, indem der Arzt dem Patienten eine Arterie in der Armbeuge öffnet und durch sie
einen Katheter ins Herz schiebt. Durch den Katheter wird
ein Kontrastmittel in Herz und Adern gespritzt, damit der
Röntgenfilm klare Bilder vom Herzschaden liefern kann.
Der Chirurg sieht, welche Situation ihn erwartet, wenn das
Brustbein aufgesägt und die »Längseröffnung des Herzbeutels« vollzogen ist.

Meine Frau konnte das alles längst nicht mehr hören, es
zwang ihr Erinnerungen und Bilder auf, die zu den drama-
tischsten, den schlimmsten ihres Lebens gehören. Auch mir
wurde es allmählich flau, ich wollte das Thema wechseln.
»Der Zürcher Spezialist«, sagte ich, »wird mit meiner Kran-
kenkasse nichts im Sinn haben. Vermutlich will er *cash*, Vor-
auszahlung in bar. Ich schlage vor: wir verdoppeln die
Summe, die seine Sekretärin verlangt, und essen dafür im
besten Zürcher Restaurant.« Meine Frau, die sich in solchen
Fragen auskennt, sagte: »Dann müssen wir mit dem Taxi
nach Zollikon fahren. Es gibt nichts Besseres als ›Chez
Max‹. Eigentlich wollte ich dich damit überraschen: ich
habe dort für den Abend nach dem Urteil schon einen Tisch
bestellt.«

Als Reiselektüre hatte ich mir ein gerade erschienenes
Buch mitgenommen, den amüsanten Briefwechsel zwischen
dem Dramatiker Bernard Shaw und Lord Alfred Douglas,
der als junger Mann der schöne »Bosie« war, der Geliebte
Oscar Wildes. Am 17. Oktober 1944 schrieb Douglas aus
einer Privatklinik: es gehe ihm schon seit einiger Zeit sehr

schlecht wegen einer »nicht mehr schließenden Herzklappe« – das war mein Fall, ich las weiter mit wachsender
Faszination. Am 20. November schrieb er, nach vier Wochen Klinik gehe es ihm schlimmer als je: »Ich nehme an, ich
werde bald sterben. Es macht mir nicht allzuviel aus (dank
meiner Religion), aber ich wehre mich doch gegen das Ersticken, das, wie es scheint, auf mich zukommen wird.«

Bernard Shaw warnte seinen Briefpartner: »Ärzte können schlechte Herzen nicht kurieren und sind sehr gefährlich, wenn sie jung und unschuldig sind, es zu versuchen. Sie
stopfen Sie entweder mit Digitalis, was das bedauerliche
Organ noch ärger erregt, oder aber sie verbieten Ihnen,
Treppen auf- und abzusteigen, und machen Sie unbeweglich.« Natürlich irrte Shaw: unbeweglich wird der Kranke
nicht durch die Ärzte, sondern durch die marode Herzklappe. Recht aber hatte er, als er die Ohnmacht der Ärzte
konstatierte: Tatsächlich verordneten sie Lord Alfred Douglas Digitalis und verboten ihm das Treppensteigen.

Schon nach einer Woche war für Douglas »das grauen-
hafte Gefühl zu ersticken fast unerträglich geworden. Ich
keuche wie ein Hund nach einem Schnellauf.« Die Letzte
Ölung brachte Besserung, aber sie hielt nicht lange an. Am
6. Dezember schrieb er an Shaw. »Es macht mir nichts aus zu
sterben, aber lieber wäre es mir, wenn es sich nicht so lange
hinziehen würde und nicht so schmerzhaft wäre.« Drei Tage
danach, am 9. Dezember: »Ich kann es nicht ertragen, im
Bett zu bleiben ... Der lange *Prozeß* des Sterbens ist quälend
und jämmerlich.« Es war sein letzter Brief, er konnte nicht
mehr schreiben. Es folgt die Feststellung des Herausgebers:
»Er starb in den frühen Morgenstunden des 20. März 1945.«

Das Buch, das mir Ursula Michels, die nichtsahnende
Übersetzerin, freundlich geschickt hatte, wirkte auf mich
wie ein Überfall. So qualvoll würde ich – ohne die moderne
Chirurgie – ersticken. Douglas war vor kaum mehr als

zwanzig Jahren gestorben, und heutzutage operiert man Herzen wie früher den Blinddarm. Ich hatte einmal wieder Anlaß, den Fortschritt der oft beschimpften »Apparatemedizin« zu rühmen. Als der Zug in Zürich einfuhr, war ich zur Operation fest entschlossen. Blieb nur noch die Frage: Wer operiert?

»Selbstverständlich der Erst-Operateur«, riet der Arzt im Kantonspital. Ich erzählte ihm, warum ich vor diesem Operateur Angst hatte. Der Zürcher Spezialist entrüstete sich: »Aber Sie werden doch nicht ernst nehmen, was Ihnen ein Chirurg sagt!« Er sollte es eigentlich wissen, er war selbst Chirurg. Durfte ich auch ihn nicht ernst nehmen?

»Aber Sie wollen doch nicht im Ernst behaupten«, sagte ich, »daß der Chirurg, der täglich mehrmals operiert, nach vier Jahren noch weiß, wie es damals in mir ausgesehen hat!« Der Zürcher Professor fragte: »Was haben Sie denn für eine Profession?« Ich sagte: »Theaterkritiker.« Der Professor antwortete rasch: »Wenn Sie eine Ihrer Theaterkritiken lesen, die vier Jahre alt ist, dann fällt Ihnen die ganze Aufführung wieder ein.«

Abends »Chez Max«, bei einem betäubend wohlschmekkenden Souper sagte ich: »Mal wieder Oscar Wildes bewährtes Rezept: Man muß die Schäden der Seele . . .« Meine Frau fuhr fort: »durch den Körper und die Schäden des Körpers durch die Seele heilen.« Sie kennt alle meine Sprüche. »Nicht Genf und nicht Chicago«, sagte ich, »ich rufe den Frankfurter Chirurgen an, den vielgerühmten Erst-Operateur, und bitte ihn, es noch einmal mit mir zu versuchen.«

Aber ich erzählte ihm auch, weshalb ich so lange gezögert hatte und zitierte seine Prophezeiung, daß ich die Klappenoperation nicht lebend überstehen werde. »Ja, um Himmelswillen«, rief er am Telefon so laut, daß mein Ohr erschrak, »haben Sie das etwa ernst genommen? Sie waren bei der Bypass-Operation so . . . so . . . so . . . so *cool*, daß ich dachte, ich kann mir diesen Scherz erlauben. Im übrigen wird die Operation, falls ich die drei Bypässe aufschneiden und erneuern muß, tatsächlich ziemlich gefährlich, sie könnte sieben Stunden dauern. Vielleicht gibt es eine andere Lösung.«

Das alles, sagte mir ein freundlicher Mensch, liege in Gottes Hand. Das aber ist, wie der Besuch eines beliebigen Friedhofs beweist, ein lebensgefährlicher Aufenthaltsort. Als ich einem Wiener Freund erzählte, welche inneren Schwierigkeiten ich mit einem seiner Landsleute habe, wollte er wissen, woher denn sein Landsmann stamme. »Aus Graz«, sagte ich. »Ja, dann!«, sagte mein Freund, als erkläre dies alles, »die Steirer sind ein wildes Bergvolk.«

Nach zwei Wochen rief der Steirer an: »Die drei Bypässe, die den Zugang zur Klappe versperren, möchte ich nicht einzeln durchschneiden und erneuern. Ich werde versuchen, aus der Arterie den Kreis herauszuschneiden, in dem alle drei Bypässe angewachsen sind. Dann könnte ich sie zusammen zurückbiegen und den Zugang zur Klappe offenlegen. Statt drei Arbeitsgängen wäre das nur einer. Wenn wir Glück haben, könnte ich das in drei, höchstens vier Stunden schaffen, und das würden Sie überleben.«

Sein Plan war so einfach wie genial, und ich entschloß mich, an seine Überlebensprognose genauso fest zu glauben wie ich an seine vier Jahre alte Todesvoraussage geglaubt hatte. »Die Voraussetzung«, fügte er noch hinzu, »ist natürlich, daß die Bypässe noch voll funktionsfähig sind.« Ich dachte: Jetzt will er mir unter allen Umständen das Leben retten – und wenn ich dabei draufgehe. Ein Jammer ist, daß man seinen eigenen Tod hinterher nicht beschreiben kann.

Am Tag davor:
Die Geschichte vom
Entsorgungs-Philosophen

> Morgen bist du eine durchgerutschte
> Hose; du wirst in die Garderobe ge-
> worfen, und die Motten werden dich
> fressen, du magst stinken, wie du willst.
> Danton in »Dantons Tod«
> von Georg Büchner

»Ich stinke vor Geld«, sagte er, »und ich habe immer das
unangenehme Gefühl, daß man es riecht.« Man roch es
nicht: der Duft eines sehr teuren Parfüms hing über ihm.
Wir lagen in einem Zweibettzimmer, morgen sollte er operiert werden, an der Leber, übermorgen ich, am Herzen. Ich
dachte: Jetzt wird er mir sein Leben erzählen.

»Wissen Sie«, fragte er, »wie Kaiser Vespasian reagierte,
als ihm sein Sohn vorwarf, daß er die öffentlichen Bedürf-
nisanstalten besteuert hatte?«

»Das lernt man im ersten Jahr des Lateinunterrichts«,
sagte ich, »Sextanerpensum. Der Kaiser hielt seinem Sohn
eine Münze, die aus dieser Steuer stammte, unter die Nase
und sagte: ›Non olet‹, ›stinkt nicht‹.«

»Ja«, sagte er, »der Kaiser hat seine Nase ins Geld gesteckt, nicht in die Kloake. Ich habe mein Leben lang beides
getan. Als Bub habe ich in den Ferien meinen Vater begleitet,
er leerte die Pfuhllöcher, die Jauchegruben, die unter jedem
Plumpsklo waren. Andere Abtritte, Wasserklosette gab es
auf dem Land damals nicht. Zuerst mußte er mit einem
Schöpfeimer, der an einer langen Stange befestigt war, die
Brocken herausfischen, die eigentlich nicht in diese Brühe
gehören, Maulwürfe, Ratten, junge Katzen, junge Hunde,
die man nicht großziehen wollte, dann pumpte er die

rundum ausgemauerten Sinkgruben leer. Das war einer seiner Berufe. Eine Zeitlang hausierte er mit Hühnern und Hähnen, er trug sie in einem Weidenkorb auf dem Rücken, aber das hielt er nicht lange aus. Er meinte, er sei für den Umgang mit Lebendigem nicht geschaffen, und zog wieder mit seinem Pferdewagen als Altwarenhändler über die Dörfer, seinen Ruf habe ich noch heute im Ohr: »Lumpe', alt' Eise', Papier!« Ich habe nach einem gescheiterten Philosophiestudium die Arbeit meines Vaters übernommen und modernisiert. Heute bin ich ein reicher Mann, aber die Scheiße hat mich eingeholt.«

Wenn man mit dem nahen Tod rechnen muß, neigt man dazu, sein Leben zu rechtfertigen, und darüber möchte man auch reden, am liebsten mit einem Unbekannten. Allzu langweilig, dachte ich, kann es nicht werden: ein Philosoph und Entsorger, der sich drastisch ausdrückt, das kommt so oft nicht vor.

»Ich will Ihnen noch ein anderes Zitat nennen«, sagte er, »es stammt von einem Kirchenvater, vom heiligen Augustin: ›Inter urinam faecesque nascimur‹, auf gut Deutsch: ›Zwischen Schiffe und Scheiße werden wir geboren‹. Zur Kloake gehört die Eingangspforte, durch die wir, Kopf voran, unbefragt ins Leben gequetscht werden. Später ist sie der einzige sichere Lustort des Menschen auf dieser Erde.«

Die Tür wurde aufgerissen, der Anästhesist kam mit raschen Schritten herein, zog sich einen Stuhl herbei und sah sich die Fragebogen zur Narkose-Vorbereitung an, die wir für ihn ausgefüllt hatten. Da wurde nach früheren Krankheiten und Operationen gefragt, wie man die Narkose vertragen habe, aber auch wieviel Zigaretten man rauche und wieviel Alkohol man trinke, »wenig, mäßig, viel«, das sollte man in einer Tabelle ankreuzen. Da mir diese Fingerzeige für seine Arbeit wichtig erschienen, ließ ich die Frage nach dem Alkohol offen und sagte ihm, kein Mensch könne wissen, was er für wenig, mäßig oder viel halte.

»Aber das ist doch ganz einfach!« protestierte er und wollte wissen, wieviel ich was trinke. »Eine Flasche Wein, weißen, jeden Abend«, sagte ich, »einen dreiviertel Liter«, und er fragte zutraulich: »Manchmal auch einen ganzen?« Ich bestätigte: »Manchmal auch einen Liter«. Er lachte laut auf und sagte: »Sehen Sie, das ist genau das, was ich mir schon immer unter ›mäßig‹ vorgestellt habe.« Von diesem Doktor ging etwas Beruhigendes aus.

Er setzte sich zu meinem Bettnachbarn und schnupperte an der Parfümwolke, doch dazu sagte er nichts. Er blieb sachlich: »Sie kennen das ja alles schon, es ist Ihre zweite Leberoperation. Inzwischen habe ich aus Amerika ein neues Betäubungsmittel mitgebracht, das unglaublich viel stärker ist als Morphin. Es wird nicht mit der Hand gesteuert, es wird vom Computer geregelt. Der sorgt dafür, daß im Verlauf der Narkose der Schlaf immer so tief ist wie nötig und so flach wie möglich. So sind Sie sicher und haben hinterher keine Narkose-Beschwerden.« Mein Nachbar sagte: »Mir reicht das Morphin und die Handbedienung, das hat sich doch bei mir bewährt. Ich habe einen anderen Wunsch, einen großen: Ich möchte gern wissen, wie meine Leber aussieht.« Der Doktor versprach: »Ich werde Ihre Leber morgen bei der Operation fotografieren.« Und schon war er aus dem Zimmer, er mochte nun nichts weiteres mehr hören.

Wir blieben eine Zeitlang stumm, ich wollte jetzt nichts fragen. Ich hörte Geräusche, die nicht zu hören ich mir schon angewöhnt hatte: alle paar Minuten Flugzeuge und Eisenbahnzüge, das Krankenhaus liegt zwischen Flugplatz und Hauptbahnhof, das Klirren von Geschirr auf dem Flur, die Stimmen der Patienten, die schon auf- und abwandeln durften, Türen, die im ständigen Durchzug zuknallten, das Plärren des Fernsehers im Nebenzimmer. Die Fernsehgeräte konnte man leihen, auch Video-Kassetten, die Firma machte Reklame am Schwarzen Brett, neben anderen Angeboten für das Seelenheil: Frisösen, Gottesdienste, Fußpflegerinnen, Telefonseelsorge. »Kennen Sie die Telefonseelsorge für Atheisten?« fragte ich meinen Nachbarn. Er kannte sie nicht, und ich beschrieb sie ihm: »Man nimmt den Telefonhörer ab, wählt eine bestimmte Nummer, und niemand antwortet.«

Mein Nachbar lächelte schwach, er war in Gedanken bei seinem Rechenschaftsbericht und nahm ihn wieder auf: »Ich habe früh damit angefangen, das heißt: man hat mit mir angefangen. Meine früheste Lebenserinnerung ist der triumphierende Ausruf meiner älteren Schwester: ›Bald bist du so weit!‹ Ich wußte nicht, was sie damit sagen wollte. Sie spielte an meinem Zebedäus herum, das hatte sie wohl jeden Abend seit meiner Geburt gemacht, so weit zurück reicht meine Erinnerung nicht. Es kam die Zeit, in der wir uns gegenseitig mit den Händen wohltaten, Abend für Abend, es war das Beste des Tages. Es reichte uns, weiter gingen wir nicht. Als sie dreizehn Jahre alt war, bekam sie ihr eigenes Zimmer und blieb mir von da an fern. Manchmal, wenn sie mich beim Essen ansah, stieg ihr das Blut ins Gesicht, das hatte ich an ihr früher nie gesehen. Sicherlich war sie nicht die erste, die mich angefaßt hatte. Später beobachtete ich Mädchen, die ihre Brüderchen im Kinderwagen spazierenfahren mußten. Sie machten sich einen Spaß daraus, die Bübchen auszuwickeln und sie in allen Einzelheiten miteinander zu vergleichen. Ich sah Mütter, die ihre schreienden Säuglinge rasch beruhigten, indem sie zwischen ihren Beinchen herumfingerten. Das war gesünder, meinten sie, als ein betäubender Mohnbeutel im Mund. Ich weiß nicht, ob das überall Sitte war, in unserem Dorf war es jedenfalls so, vielleicht hat man es deshalb Klein-Paris genannt. Später, während meines Philosophie-Studiums, dachte ich: Der Mann ist durch seinen Phallus ans lebendige Fleisch genietet, der Daseinsgrund des menschlichen Lebens ist ein Juckreiz. Diese Lektion hatte ich durch meine Schwester schon gelernt, bevor ich denken und verstehen konnte.«

Eine Krankenschwester kam herein, deckte uns gleichmütig auf und ließ uns gymnastische Übungen machen, die ein Vortraining sein sollten für die Wachstation nach der Operation: vorn in den Brustkorb atmen, so fest, als wolle man etwas wegschieben; dann nach hinten, nach rechts, nach links; die Füße gegen die Bettlade recken, sie anziehen, ausstrecken und drehen, die Finger beider Hände an die Schultern legen, die Ellenbogen nach hinten drücken und hochziehen – es war Kindergymnastik, sie entsprach dem Zustand, in dem wir uns nach der Operation befinden würden.

»Mit meiner Leiche«, sagte mein Nachbar, »müssen die Ärzte fertigwerden, nicht ich. Das ist das erste, um das ich mich nicht mehr kümmern müßte. Schmerzlos sterben ist kein übles Lebensziel. Heraus aus der Kloake und hinein in die große Sinkgrube. Das Leben hat mir nicht viel gebracht. Wenn ich's vom Ende her betrachte, war es überflüssig. Wozu diese Schinderei von der Schule, vom überlebten Krieg bis zum Krebs, an dem ich sterben werde.«

»Aber ein bißchen Spaß«, wandte ich zögernd ein, »müssen Sie auch gehabt haben, ein bißchen Befriedigung durch Arbeit oder auch Hilfe für andere Menschen. Und Liebe gibt es doch auch. Sind Sie verheiratet?«

»Viermal verheiratet«, sagte er, »und dreimal geschieden, meine vierte Frau hat sich umgebracht, weiß-Gott-weshalb, sie hat keinen Abschiedsbrief hinterlassen. Dann habe ich es aufgegeben. Es muß an mir gelegen haben, für die Ehe habe ich kein Talent. Ich bin kein großer Wohltäter, aber ich helfe gelegentlich schon und bin dabei nicht geizig. Mir mißfällt daran, daß solche Hilfen überhaupt notwendig sind. Wenn ich an den Hunger, die Wirbelstürme, die Flutkatastrophen, die Seuchen, die Kriege, die Folter, die Massenmorde, die Menschenbestien denke, dann frage ich mich: Wozu ist die Erde da? Ich habe mich das schon sehr früh gefragt und ich war naiv genug, Philosophie zu studieren, um Antworten zu erhalten. Aber das Sinnbedürfnis wird von den Philosophen schlecht entsorgt.«

»Der Schmerz ist der Fels des Atheismus«, sagte ich. »Etwas Ähnliches hat Georg Büchner irgendwo geschrieben.«

»Ach, ach, ach«, klagte er parodistisch, »was da alles irgendwo geschrieben steht, damit habe ich mich leidenschaftlich während meines Studiums beschäftigt. Die Leidenschaft ist mir vergangen: überall, von Plato bis Heidegger lauter windige Gedankengebäude auf willkürlichen Fundamenten, lauter Privatreligionen, sie leuchten nicht mehr ein als das Christentum. Ernst zu nehmen sind die Philosophen doch nur, wenn sie Bemerkungen zu realistischen Beobachtungen machen, und anregend sind sie, wenn sie ihre vereinzelten Einsichten aphoristisch formulieren. Der Rest ist bestenfalls Poesie. Als ich gelernt hatte, so weit zu denken, wechselte ich vom Gedankenmüll zum realen Müll über, zum Abtransport und zur Wiederverwertung, zur, wie man heute sagt, Entsorgung und zum Recycling. Ich habe das schon während des Krieges betrieben, und meine u. k.-Stellung, meine Befreiung vom Wehrdienst, ist die höchste Befriedigung, die mir mein Beruf gebracht hat. Im Krieg habe ich Fett aus Dreck gemacht, und wenn Sie heute ihr Papier und ihre Flaschen in Container werfen, so helfen Sie wahrscheinlich mir, die meisten Container entsorge ich.«

Es klopfte lebhaft an die Tür, sie wurde langsam geöffnet, und herein kamen zwei junge Damen, offenbar Zwillinge, Mannequin-Schönheiten mit Versandhaus-Gesichtern und zartem, aber deckendem Make-up. Ihre getuschten Wimpern umgaben die extrem hellen Augen wie ein dunkler Strahlenkranz. Ihr langes lackschwarzes Haar hatten sie mit einer kraßroten Schleife zusammengebunden und auf den Rücken geworfen. Ihre Kleider hatten denselben Schnitt, aber verschiedene Stoffe in Komplementär-Farben, die zueinander wollten, um vollständig zu werden. Nur die Kopfbedeckungen waren gleich, luftige Varianten von flachen Cordoba-Hüten. Kein Lippenstift, kein Nagellack. Sie lachten in gedämpfter Tonhöhe und küßten meinen Nachbarn schmatzend ab. »Meine Töchter aus zweiter Ehe«, sagte er, »Zwillinge. Wir nannten sie nach der Reihenfolge ihrer Geburt Lena Eins und Lena Zwei.« Ich kroch aus dem Bett, zog meinen Schlafrock an und ging auf den Flur, ungern.

Nach einer halben Stunde kamen Lena Eins und Lena Zwei, sie winkten mir gleichmütig zu und eilten nebeneinander, mit synchronen Schritten und Schlenkerarmen, wie auf dem Laufsteg über den Flur, durch die Schwingtür hinaus zum Lift.

»Ihre Töchter sind sensationell«, sagte ich zu meinem Zimmergefährten, und er lächelte unbestimmbar. »Sensationell schöne Frauen«, sagte er, »lieben im allgemeinen nur ihre sensationelle Schönheit. Bei Zwillingen ist das noch schlimmer. Wenn sie einander in die Augen schauen, dann schauen sie in ihre eigenen Augen. Wenn sie einander lieben, dann lieben sie in ihrer Zwillingsschwester immer nur sich selbst. Und außer ihrer Schwester lieben sie niemand.«

Es folgte eine lange Pause mit den Flugzeugen und Eisenbahnzügen, mit dem klirrenden Geschirr und den verworrenen Stimmen vor der Tür. »Ich habe sie einmal erwischt«, erzählte er weiter, »vermutlich war es kein Zufall, es war wohl ihre Absicht, sie wollten, daß ich sie erwische, damit ich über sie Bescheid weiß. Als ich ihre weit offene Schlafzimmertür schließen wollte, sah ich, daß die beiden auf ihrem aufgeschlagenen Doppelbett lagen. Sie waren nackt und spielten lautlos Neunundsechzig. Es war ein seltsam fleischloser Akt, zwei ineinander eingekrümmte manieristische Puppen, gemalt von Bartholomäus Spranger, er arbeitete mit einem Modell, das aussah wie die beiden. Zwei vollkommen identische, vollkommene Körper, sogar den winzigen Leberflecken sah ich bei beiden auf der linken Hinterbacke an derselben Stelle. Sie waren mit sich beschäftigt, sie ließen sich nicht stören. Ich sah ihnen eine kleine Weile zu. Wie sie sich aneinander schmiegten, das erinnerte mich an das taoistische Yin-und-Yang-Zeichen. Als sie anfingen, bewegliches Fleisch zu werden, als sie nicht länger stumm blieben, zog ich mich rasch zurück. Über diese Szene habe ich mit meinen Töchtern nie gesprochen, es war nicht nötig, sie war deutlich genug, und ich hatte natürlich nichts dagegen.«

Unser Visiten rissen nicht ab. Jetzt kam der Chirurg auf einen Sprung herein, um seine klassische Vor-Operations-frage zu stellen: »Wollen Sie noch etwas wissen?« Wir wollten nichts mehr wissen. Ich sagte: »Ich weiß schon zu viel.« Der Operateur sah mein Notizbuch auf dem Nacht-tisch, er kannte es von meiner ersten Operation, er sagte: »Sie schreiben ja schon wieder. Ich werde Ihnen erklären, was wir mit Ihnen anstellen, damit Sie keine Fehler machen.« Er dik-tierte mir: »Resektion der Aortenklappe und prothetischer Klappenersatz durch Duromedics-Doppelprothese. Die Klappe wird mit Matratzen-Einzelnähten in dem verkalkten Klappenbasisring fixiert. Zufrieden?« Ich lächelte schwach.

Kaum war er gegangen, holte eine Schwester meinen Nachbarn zum Darmspülen und zur Rasur. Ich kannte das von meiner ersten Herzoperation. Man wird ihn auf eine Pritsche in einem Nebenraum des Bads legen und ihm einen Einlauf verpassen. Er wird versuchen, das Zeug so lang bei sich zu behalten wie das irgend möglich ist. Eine Schwestern-schülerin wird dabei sitzen und auf die große Entleerung warten. Das wird ihm peinlicher sein als der folgende Akt: eine Schwester wird ihm ohne Rasierschaum alle Brust- und

Schamhaare abkratzen und sein Geschlecht, das sie mit ihrem Trockenrasierer scharf umkreist, neckisch Piephahn nennen. Als mein Nachbar zurückkam, hatte sich seine Laune sichtlich verschlechtert. Er brachte seine Parfümwolke unversehrt mit.

Lange Zeit hing er schweigend seinen Gedanken nach, doch auf die Dauer konnte er sie nicht für sich behalten. »Geld und Sex«, räsonierte er, »mehr haben die Menschen nicht im Kopf. Der Soldat im Krieg hat, während er schläft, die eine Hand am Brustbeutel, die andere Hand am Geschlecht, an den beiden kostbarsten Dingen, die der Mensch besitzt. Das ist sicherlich eine übertriebene Anekdote, sie trifft aber den Sachverhalt. Goethe hat auch das gewußt. Für seinen ›Faust‹ hat er gedichtet: ›Das glänzende Gold / Und der weibliche Schoß. / Das eine verschaffet, / Das andre verschlingt – / Drum glücklich, wer beide / Zusammen erringt!‹ Mehr als diese Verse kommt nicht heraus, wenn ich mein Leben überblicke. Vielleicht noch das weibliche Gegenstück: ›Für euch sind zwei Dinge / Von köstlichem Glanz: / Das leuchtende Gold / Und ein glänzender Schwanz –‹.«

Es kam wieder eine lange Pause. Ich schlug ihm vor: »Nun machen Sie aber mal Schluß mit der Theorie. Zurück zur Praxis!«

Er lachte und sagte: »Ich will Sie mit meiner Pubertät nicht langweilen, aber vielleicht sollte ich Ihnen doch die Geschichte mit meiner Tante erzählen. Sie hieß Agnes, aber alle nannten sie mit hessischem Charme ›Angnees‹, und darüber ärgerte sie sich und verlangte, daß man sich korrigiere. Sie war die jüngste Schwester meiner Mutter, hatte einen schwarzen Bubikopf mit Sechserlocken und trug taillenlose, kurze Kleider, Seidenstrümpfe und Schnallenschuhe. Auf ihrem Koffergrammophon spielte sie unentwegt Sachen wie ›Ausgerechnet Bananen‹ und ›Was machst du mit dem Knie, lieber Hans‹. Ihren dreißigsten Geburtstag feierte sie bei meinen Eltern. Dabei führte sie uns die neusten Modetänze so lebhaft vor, daß die lange Halskette auf ihrer kaum erkennbaren Brust nur so schlackerte.«

»Was waren das für Tänze?« fragte ich.

»Shimmy und Tango«. Die Tante gefiel mir. Ich freute mich, als sie mich mitnahm zum Freibad. Wir setzten uns unter den Bäumen in den Schatten. Sie war dünn, hatte eine fast weiße Haut und trug einen zweiteiligen Badeanzug, das nannte man damals ›gewagt‹. Wenn ich vom Schwimmen kam, wies sie mir einen Platz auf ihrem Kolter an, einen Sitzplatz, ihr genau gegenüber, und kämmte mein nasses Haar. Das machte ihr Spaß, und mir verschaffte es mulmige Gefühle, ich spüre die Zinken ihres Kamms noch heute auf der Kopfhaut und im Gehirn. Das Oberteil ihres Badeanzugs hatte nicht viel zu verbergen, und wenn sie meinen Kopf nach unten drückte, damit sie mir den Scheitel ziehen konnte, sah ich, daß aus ihrer winzigen roten Dreiecksbadehose ein einzelnes pechschwarzes Haar hervorlugte. Sie zog den Scheitel immer wieder schief, ich mußte immer wieder den Kopf neigen und sah immer wieder das einzelne Haar, es machte mich verrückt. Beim ersten Mal kam sie noch nicht mit, als ich in eine der hölzernen Badekabinen rannte. Beim zweiten Mal kam sie so selbstverständlich mit, als gehe sie mit mir zum Eisstand. In der Kabine, die nach feuchten Brettern roch, küßte sie sanft meine Augen und fuhr mir plötzlich mit der nassen Zunge wild übers Gesicht. ›Stell dich auf den Sitz‹, kommandierte sie, zog meine Badehose mit beiden Händen herunter und schnappte mit dem Mund zu. Ich wagte nicht, hinunterzublicken. Meine Hände, die ich auf ihren Hinterkopf legte, machten jede Bewegung mit. Meinen Kopf riß es ins Genick, ich starrte an die Holzdecke, während mir eine Fräse durchs Gehirn fuhr und ich's nicht mehr aushielt, aber doch aushielt, nach Luft japste und stammelte: ›Tante, Tante, Tante Angnees!‹«

»Das ist eine schöne Geschichte«, sagte ich.

»Für diese Geschichte:«, sagte er, »könnte ich das Leben fast lieben.« Er stieg aus dem Bett und ging zur Toilette.

Später erzählte er weiter: »Als die Tante nach einer Woche abreiste, konnte ich so ziemlich alles. Natürlich gab es im Lauf der Jahrzehnte noch viele andere Geschichten mit mehr Schärfe, Erfahrung und Phantasie, auch mit mehr Personal, und ich habe gelernt, daß es auf die Frau so sehr nicht ankommt, es geht eigentlich mit allen, aber die Zeit mit Tante Angnees blieb das Beste. Schon im Kindergottesdienst war ich in die Kinderschwester verliebt, in ihr schmales, von einer weißen Haube eingerahmtes Mädchengesicht, nicht in den seltsamen Jesus und schon gar nicht in den unverständlichen Gott. Ich drückte mich auf der blankgesessenen Bank an die Seite, so daß ich das Profil der Schwester betrachten konnte. Das war so etwas wie ein Anflug von Glück, jeden Sonntagvormittag.«

Er machte immer dann Pausen, wenn er eine Erinnerung nachschmecken wollte. Schließlich fragte er mich, ohne eine Antwort zu erwarten: »Haben Sie sich mal mit der Kreuzigung befaßt? Wissen Sie, wie man da stirbt? Das Kreuz ist kein Galgen, es ist eine perfekte Foltermaschine. Wenn der Gekreuzigte an den durchs Handgelenk getriebenen Nägeln hängt, bekommt er keine Luft mehr, so daß er, um atmen zu können, sich auf die durchnagelten Füße stützen muß. Das aber ist so schmerzhaft, daß er es nicht lange aushält. Nach ein paar Atemzügen läßt er sich hängen, bis er fast erstickt ist, und dann stützt er sich wieder mit den Füßen ab. Das war eine unbeschreibliche Qual, es konnte Stunden dauern, bis der Gekreuzigte erschlaffte und erstickte. Mit einem Gott, der seinen Sohn zur Kreuzigung verurteilt, will ich nichts zu tun haben. Er hat die meisten seiner Söhne und Töchter, die meisten Menschen zu Lebenskatastrophen verurteilt, die nicht viel besser sind als die Folter am Kreuz.

Jesus schreit am Kreuz: ›Mein Gott, mein Gott, warum hast du mich verlassen?‹ Es ist die größte aller Fragen. Als Jesus sie stellte, war er für einen Augenblick zum Christus der Glaubenslosen geworden. Niemand hat die Vergebung nötiger als Gott.«

Als mein Bettnachbar wieder anfing zu reden, ließ er sein Pathos fallen und wechselte den Tonfall: »Und dafür will Gott auch noch gerühmt werden. Die Kirchen wissen das, sie sind monumentale Lobvereine. Wie furchtbar muß ein Gott sein, der eine Theodizee nötig hat: der Theologen braucht, damit sie seine Existenz rechtfertigen. Reden wir nicht von der Evolution, von dieser vertrödelten Natur, sie braucht zu viel Zeit für ein bißchen unbefriedigendes Leben: drei Millionen Jahre für die Entwicklung vom Homo habilis bis zu mir, das kann sich doch nicht ausgezahlt haben. Gott, der Satan, die Evolution, irgendein Weltgeist, wer auch immer die Welt geschaffen hat, falls sie geschaffen worden ist, sie alle hätten sich ein bißchen mehr Mühe geben können. Fahrlässigkeit und Schlamperei als Schöpfungsprinzipien – mußte das sein?«

Es kam zu einem schnellen scharfen Wortwechsel, als ich sagte: »Man mag an Gott nicht glauben, aber man muß dennoch so handeln, als ob es ihn und seine Gebote gäbe. Und das tun Sie, Herr Nachbar, ja auch.« Darauf er: »Wenn Sie schon einen Gott und seine Gebote heranziehen, dann bitte nicht diesen immer gerade abwesenden, diesen umbarmherzigen Herrn, dem das Böse gleichgültig ist.« Ich zitierte: »Das Böse ist der Preis der Freiheit.« Darauf er: »Der Preis ist zu hoch. Aber es ist ja noch schlimmer: die Freiheit ist nie geliefert worden.« An dieser Stelle meinte ich, die unfaire Frage stellen zu dürfen: »Und Sie selbst? Fühlen Sie sich für nichts verantwortlich?«

Er sagte: »Das universale Weltleid habe nicht ich erfunden. Auch mit mir hätte sich die verursachende Instanz ein bißchen mehr Mühe geben können. Für eine Rechtfertigung Gottes, für eine Theodizee, reicht das Schamhaar der Tante nicht aus.«

Er stieg aus dem Bett, zog sein hinten verschnürtes Klinikhemd aus und verschwand im Bad, wo er sich eine Zeitlang zu schaffen machte. Ich hörte, wie er sich mit der Massage-Bürste bearbeitete und wie er mit den Händen auf seinen nackten Körper klatschte: er parfümierte sich rundum, er hatte Angst zu stinken. Nackt trat er auf den Balkon und machte Atemübungen. Nackt baute er sich vor mir auf, zeigte mir seinen künstlichen Ausgang, die Platte und den Kunststoffbeutel. Dann drehte er sich um und sagte: »Krebs. Hinten ist nichts mehr, der Arsch ist ab, der letzte Furz ist gelassen, jetzt brauche ich nur noch eine neue Leber.«

Es war dämmrig geworden. Der Nebel vor den Fenstern dämpfte die hellen, scharfen Geräusche der IC-Züge. Die Nachtschwester knipste das Licht an, sie brachte ihm die weißen Thrombose-Strümpfe und drei Tabletten, die er vor zehn Uhr nehmen sollte. Seit gestern mittag hatte er nichts mehr gegessen, und jetzt durfte er auch nichts mehr trinken. Am nächsten Morgen um sechs Uhr bekam er eine Betäubungsspritze, seine Temperatur war 36,1, sein Puls 64, sein Nacht-Urin wurde ins Labor gebracht.

Eine Stunde danach schlief er noch immer nicht. Er bekam die zweite Spritze, und als die Schwester draußen war, sagte er: »Irgendwann sind wir im großen Personal Computer nur noch gelöschte Dateien, das hoffe ich jedenfalls. Das Schlimmste, was mir passieren könnte, wäre ein Fortleben nach dem Tod, in welcher Form auch immer.«

Am frühen Morgen, um Viertel nach sieben, löste die Schwester die Bremse an seinem Bett und fuhr ihn in den Operationssaal. »Kommen Sie gut wieder!« rief ich hinter ihm her. Er hob die rechte Hand: »Tschüß!«

Es war für mich der Tag meiner Vorbereitungen zur Operation. Mittags gab es die Henkersmahlzeit: Gemüsesuppe, Kartoffelklöße, Gulasch, Rotkrautsalat und ein Apfel – alles, was ich nicht ausstehen kann. Es war die Rache eines puritanischen Zufalls an all den luxuriösen Mahlzeiten, die mir meine Frau in die Klinik gebracht hatte.

Nach meiner Operation mußte ich einige Tage auf der Intensiv-Station bleiben. Ich hatte rasende Rückenschmerzen und dämmerte betäubt dahin. Später bekam ich ein Einzelzimmer und schlief mit geringen Pausen ein paar Tage lang. Mein ehemaliger Zimmernachbar war meinem Bewußtsein entfallen.

Als mein Gedächtnis wieder anfing zu funktionieren, fiel mir sofort sein letzter Satz ein: »Das Schlimmste, was mir passieren könnte, wäre ein Fortleben nach dem Tod.« Ich fragte die Stationsschwester, wo er sei. Sie hob die Schultern, zog den Kopf ein und schielte von unten nach ihrem rechten Zeigefinger, den sie mehrfach nach oben stieß. Sie flüsterte: »Im Himmel.«

Freundbilder, Endspiele

> Gott hat uns in die Welt gesetzt, damit
> wir uns amüsieren. Alles übrige ist tri-
> vial und scheußlich und erbärmlich.
>
> Voltaire

Im siebzigsten Lebensjahr setzte ich mich zum ersten Mal
auf die Rentnerbank, die mitten in der Stadt um die Carla-
Linde gebaut ist. Ich war nicht besonders neugierig auf die
alten Männer, die da saßen, nach Pfeifentabak stanken und
ein paar Jahre jünger waren als ich, aber ich war jahrelang an
dieser Bank vorübergegangen mit dem Gefühl, sie gehe
mich nichts an. War ich jetzt nicht längst »im Ruhestand«?
Genoß ich es nicht, kaum noch Termine zu haben? Einen
Platz auf der Bank, den konnte ich mir endlich leisten.

Zwei Männer rückten ein wenig auseinander, damit ich
mich zwischen sie setzen konnte. Der eine erzählte gerade,
daß seine Frau wieder einmal nicht aufzufinden war. Es
beunruhigte ihn nicht, er erzählte es nur zum Zeitvertreib.
»Gehen kann sie ja noch, aber nichts mehr im Kopf behalten. Sie kommt immer woanders hin, als sie gewollt hat.
Aber sie hat ja ihre Kennkart' dabei, die Polizei wird sie mir
schon bringen.«

Solche Geschichten waren die Rentner gewöhnt. Sie dis-
kutierten lieber über Todesanzeigen, Sonderangebote, Beer-
digungen, kostenlose Kuren, über den Winteraufenthalt auf
Mallorca und die Vorzüge und Nachteile der Toiletten in
den Warenhäusern, die sie genau kannten, weil sie oft dorthin mußten. Ein Neuer hinkte mit Stock heran, begrüßte
alle und sagte beim Hinsetzen vergnügt: »Schon wieder
vierundzwanzig Stunden dem Tod näher als gestern um
diese Zeit.« Keiner sagte etwas dazu, es war wohl ein

Standardsatz. »Guck dir das an«, sagte er und deutete mit seinem Stock auf einen jungen Mann und ein dralles Mädchen an der Bushaltestelle, »hat die zwei schöne Schinken im Rauch hängen!«

Auch diesen Satz mußte er schon öfter gesagt haben, niemand lachte, aber alle drehten sich um nach den beiden jungen Leuten. Sie hatte ihr Kinn auf seine linke Schulter gelegt und schob gerade die rechte Hand in seine Gesäßtasche. Er fuhr langsam mit der rechten Hand durch ihr Tal, auf dem die Jeans saßen wie angebadet. Er arbeitete sich zielstrebig dorthin, wo sich all seine Gedanken und Empfindungen verloren hatten. Die beiden sahen müde aus, aber nicht müde genug. Wo immer sie mit ihren Sinnen sein mochten, an der Bus-Haltestelle waren sie nicht. Plötzlich, als habe ein Signal gleichzeitig beide getroffen, warfen sie die Köpfe zurück und gähnten einander in die aufgerissenen Münder. »Die haben gut gähnen«, sagte der Mann mit den Standardsätzen und kam auch damit nicht an: Die Rentner hingen zu tief ihren verwandten Gedanken nach, bis einer aufseufzte: »Dabei ein Herzinfarkt, das wär was Schönes.«

Die Rundbank mit den Rentnern, dachte ich, ist eine Art Erinnerungskrater. Wir alle, ich eingeschlossen, lassen uns hineinfallen und kriechen auf allen Vieren in unserer Vergangenheit herum. In der Gegenwart sind wir im Hauptberuf nur Zuschauer, und viel zu schauen haben wir nicht.

Ein Schaufenster, dicht bei der Rentnerbank, wurde gerade umdekoriert, und die zwei alten Männer vor dem Fenster konnten sich von den nackten Puppen nicht losreißen. Der eine hing auf altmodischen Krücken, der andere trug eine schwarze Brille und einen weißen Stock. Der Rentner mit den Standardsprüchen sagte mit einem überzogenen Hochdeutsch: »Es gibt Situationen, in denen die Lahmen gehen und die Blinden sehen.« Endlich hatte er das beifällige Gelächter der ganzen Runde. Als es verklungen war, wurde mir plötzlich bewußt, daß ich in Darmstadt zum ersten Mal auf einer Bank saß, nur um zu sitzen. Bisher hatte ich dazu nie die Zeit und die Geduld. Schon wurde ich unruhig, aber dafür gab es keinen Grund mehr.

Meine Kindheit hatte ich auf dem Vorort, in Arheilgen, verbracht, richtig gern aber war ich nur, wie man auf dem Dorf sagte, »in der Stadt«. In der Zeitschrift »Telegraph für Deutschland«, die Büchners Fragment »Lenz« in Fortsetzungen veröffentlichte, erschienen unter »Darmstadt, den 26. November 1838« die Sätze: »Ich bin hier. Seit gestern Abend. Du kennst die Stadt. Sie ist schön und still, wie unsere Jugendfreundin Bertha; oder todt, wie Herkulanum und Pompeji; oder langweilig, wie ein englischer Sittenroman. Was hier machen?« Diese Frage, die von Besuchern damals oft gestellt wurde, beantwortet sich heute von selbst.

Darmstadt hat eine Krone aus Kunst auf dem Kopf und die Füße im Woog: eine Stadt zwischen einer Jugendstil-Akropolis und einem Badeteich, in dem sich Goethe und seine Freunde als »heißgenaturte Jünglinge« nackt vergnügten. Eine Stadt für einen Hain aus manierierten Platanen und den »Heunern«, wie sich die Bewohner aus unbekannten Gründen nennen; eine Stadt für Träumer und Realisten, für Büchners Danton, der seinem Tod entgegentreibt, und Niebergalls lebenssprühenden Datterich, für Büchner und Lichtenberg, die in derselben Schule den Selbstmord verteidigten, und für Goethes Jugendfreund Johann Heinrich Merck, der ihn praktizierte. Man begrub Merck außerhalb der Kirchhofsmauern, vergaß sein Grab und baute darauf ein Pissoir. Eine Stadt für den Welt-Entwurf im Sudelbuch und für den Provinzialismus an jeder Straßenecke: eine Stadt für die Gebärde, so anspruchsvoll, daß sie unvollendet bleiben muß wie im Zentrum das Schloß, zu groß gedacht, zu klein geraten, das gewaltige Symbol des Fragments, in dem sich der selbstkritische Darmstädter erkennt.

Im Schloß, schräg gegenüber der Rentnerbank, ist die Bibliothek untergebracht, in ihr ging ich als Junge ein und aus, es waren meine besten Stunden. In einer Nische der Bibliothek hängt Shakespeares Totenmaske. Als sie der Stadt angeboten wurde, meinem Freund Heinz Winfried Sabais, damals Oberbürgermeister, fragte er Hanns W. Eppelsheimer, den Bibliothekar und Autor des »Handbuchs der Weltliteratur«, um Rat, ob er diese Maske zweifelhafter Herkunft kaufen solle, und der sagte: »Sofort kaufen! Es ist auf dieser Welt die einzige falsche Totenmaske Shakespeares, jeder wird sie sehen wollen.«

Heinz Sabais konnte weder dieser noch anderen witzigen Bemerkungen widerstehen, seinen eigenen schon gar nicht. Er war der schlagfertigste Mensch meines Lebens, und seine blitzschnell geprägten Sprüche wurden zitiert wie Klassiker. Immerzu organisierte er das Schreiben von Büchern, falls er sie nicht selbst schrieb. Seinen öffentlichen, meist politischen, oft kulturpolitischen Reden zuzuhören, war ein Vergnügen, gleichgültig, worüber er sprach: er war die Vernunft mit Lachfalten.

Im Krieg war er bei der Luftwaffe Feldwebel und Flugzeugführer. Nach dem Krieg wurde er Chefredakteur des Greifen-Verlags im thüringischen Rudolstadt und machte sich bei den Machthabern unbeliebt. Im November 1950 floh er aus der Sowjetzone nach Berlin, ein halbes Jahr danach kam er nach Darmstadt als Redakteur der »Neuen Literarischen Welt«, der Zeitschrift der Deutschen Akademie für Sprache und Dichtung. Er stammte aus Breslau, und daß das erste Geschenk, das er in Darmstadt erhielt, Weingläser waren, das ließ seinen Witz verstummen, es rührte ihn. 1951 war er nach Darmstadt gekommen, zwanzig Jahre danach wurde er Darmstädter Oberbürgermeister mit dem seltenen Ehrgeiz, die Stadt auch bei guter Laune zu halten. In den Vereinigten Staaten flog er mit einer Sportmaschine über

Yoknapatawpha, über die Baumwollfelder, Herrenhäuser und Negerhütten der Romane von William Faulkner. Heinz liebte den Erzähler Faulkner besonders deshalb, weil er nicht nur Erzähler, weil er auch Farmer war, ein Mensch mit einem Beruf und mit Sorgen, die nicht nur die Sorgen eines Schriftstellers waren.

Heinz war ein geselliger Mensch und liebte den raschen Wechsel der Gesprächspartner in einem kleinen überschaubaren Kreis. Er war ein Virtuose der Replik, des rapiden Dialogs, der aufblitzenden Anspielung. Frohe Feste, das waren für ihn, so sehr er die handfesten Freuden der Tafel schätzte, Wort-Feste: rhetorische Turniere von der schwerelosen Spiegelfechterei bis zur gelehrten Disputation. Er hatte einen alten Hang, Gedichte zu schreiben, er nahm das nicht ganz ernst, aber er konnte es auch nicht lassen. In Gedichten konnte er pathetisch werden, sonst nie.

Wir hatten uns manches Mal im Übermut gegenseitig als Lobredner zu unseren Begräbnissen verpflichtet. Keiner von uns beiden hat daran gedacht, daß er so früh mit dieser in heiterer Laune getroffenen Verabredung ernst machen müsse. Heinz, Jahrgang 1922, starb noch vor seinem sechzigsten Jahr, 1981, er hatte Krebs und schwand vier Monate lang dahin im Bewußtsein des unaufhaltsamen, nahen Todes. »Dieser, wie wir wissen, ist ein großer Trip«, schrieb er mir damals in einem Brief, »dumm und schlimm allein, daß vorher gestorben werden muß.« Als ihm klar war, daß er den Lebensabend nicht erreichen, daß er den Tod am Nachmittag sterben würde, preßte er der kurzen Zeit, die ihm blieb, die Summe ab, zu der er im Alter gelangen wollte: »Selbst«, neunzig kommentierte Gedichte. Zwei Zeilen daraus: »Such dir ein Dickicht: dein Anblick entmutigt bald. / Es riecht nach Kränzen. Ärzte rationieren dein Leben.«

Mit der letzten Ration, seinen Gedichten, wollte er für die Generationen, die in schöner Ahnunglosigkeit erwachsen geworden, aber an Erfahrungen arm geblieben sind, etwas über die Lehrherren unserer Generation erzählen: Krieg und Diktatoren. Er erlebte noch, wie die Menschlichkeit immer geringer geschätzt wurde von Menschen, die nie unter der Unmenschlichkeit leben mußten. Was er durch seine Gedichte lehren wollte, das war – man kann es nur sehr altmodisch ausdrücken – das ehrenhafte Leben. Zu den grün unterstrichenen Sätzen in seinem Montaigne gehört: »Ich habe mich mit öffentlichen Ämtern befassen können, ohne mir auch nur um Fingerbreite abtrünnig zu werden, und mich anderen hingeben können, ohne mich selbst preiszugeben.« Heinz Sabais konnte jede Silbe in gerechter Selbsteinschätzung auf sich beziehen.

Ich dachte auf der Rentnerbank an meine Freunde in dieser Stadt. In meiner Generation hatte man noch Freunde. Man brauchte sie. Schon in der Hitler-Jugend, in der autoritär geführten Schule, später im Arbeitsdienst, beim Militär, im Krieg mußte man irgend jemanden haben, mit dem man unter den Diktatur- und Zensur-Verhältnissen angstfrei reden konnte, das war lebensnotwendig. Nach dem Krieg brauchte ich Freunde wie den Lokalredakteur Klaus Schmidt: wir entwickelten unsere Zeitungsartikel im Gespräch und nach dem Druck kritisierten wir sie sanft, aber ernst und silbengenau. Und man brauchte Freunde, um mit ihnen zu verreisen, Freunde für kleine Kartenspiele und große Feste. Heinz Sabais beherrschte die Kunst der Freundschaft, die sich bereichert, indem sie sich verschenkt.

Auf der Rentnerbank versuchte ich, meine Freunde zusammenzurechnen und kam bei großzügiger Schätzung auf ein Dutzend. Davon waren jetzt zehn tot, auch mein Milchbruder: einen Augenblick lang kam ich mir lebenskräftig und sehr einsam vor. Wann war Robert d'Hooghe gestorben, der Mann, der als Buchhändler mir verbotene Bücher verkauft und mich nach dem Krieg an die zu gründende Zeitung empfohlen hatte? Er war eine überragende Gestalt in meinen Anfängen, wurde später mein Freund und jetzt, da ich am Ende bin, kann ich mich an seinen Tod kaum mehr erinnern. Er war eine anekdotische Existenz: er erzählte keine Anekdoten, er lebte Anekdoten.

Er war das, was man leichthin ein Original nennt. Durch den Zufall einer Reise in England geboren, 1903, war er der wohl einzige britische Staatsbürger, der kein Wort englisch sprach. Seinen ersten Vornamen bekam er mit Rücksicht auf sein Geburtsland: Robert. Die andern drei waren für englische Zungen schwierig: Franz Armand Camille. Nach dem Krieg, als er seinen Paß erneuern lassen wollte, mußte er mit dem britischen Militärkommandanten durch eine deutsche Dolmetscherin verhandeln, und als der leicht verblüffte Brite von ihm zwei Engländer als Bürgen verlangte, verblüffte er den Offizier vollends, indem er ihn durch seine Dolmetscherin bitten ließ, doch einer dieser Bürgen zu sein: er kenne sonst keine Engländer. Er sah ein wenig aus wie Alec Guinness und spielte mit seinem Geburtsland gern herum. Als Jahre später Elisabeth die Zweite zu Besuch nach Deutschland kam, ritt er, den kleidsamen Bowler auf dem eigenwilligen Kopf, ihr entgegen durch den Wald des Schlosses Wolfsgarten – dies, so meinte er, sei er seiner Königin schuldig.

Robert d'Hooghe war als junger Mann in einem Zirkus mit dressierten Schweinen in einer »Komischen Reitnummer« aufgetreten, und manchmal kam er als alternder Mann hoch zu Roß zur Redaktion des »Darmstädter Echo«: er war wohl auch der einzige berittene Filmkritiker der Welt. Als Galerist hatte er die seltene Fähigkeit, junge Talente zu entdecken, zu ermutigen und bei ihrer Arbeit praktisch zu beraten. Als Kunstkritiker arbeitete er mit einem Minimum von Theorie und einem Maximum von Anschauung. Wenn man einen Artikel von ihm haben wollte, mußte man ihn in einer Redaktionsstube einsperren und ernähren. Er konnte sich, von den dringendsten Terminen gejagt, einen Vormittag lang im Garten mit der Kamera vor eine aufgehende Blüte legen, um die besten Aufnahmen zu machen, die vom Aufgehen einer Blüte je gemacht worden sind. Termine hat er auf diese Weise versäumt, nicht das Leben. Vielleicht konnte er deshalb das Leben so rückhaltlos lieben und mit dieser Liebe so viele andere Menschen ermutigen: zur Kunst und zum bloßen Dasein. Er war mehr als ein Original: ein Charakter. Wie lange ist er jetzt tot? Seit 1987 und inzwischen natürlich vergessen. Menschen wie er machen eine ganze Stadt liebenswert. Sie schreiben mit an ihrer Kulturgeschichte und bestimmen ihr künstlerisches Klima.

Zu Roberts ersten Entdeckungen gehörten der Grafiker Helmut Lortz und der Bildhauer Wilhelm Loth. Helmut war mein ältester und engster Freund, wir wohnten beide, unweit voneinander entfernt, in Arheilgen. Er war ein Einzelgänger und ging nie zum »Dienst« der Hitler-Jugend. Sie ließ ihn dennoch in Ruhe: er galt als Künstler, man respektierte seinen Wunsch, nicht anzutreten. Es war nicht leicht, sein Freund zu werden, er stellte hohe Ansprüche: man mußte Bilder und Bücher ungefähr so einschätzen wie er. Eine Art Prüfung war, wenn er seine neusten Arbeiten, Zeichnungen, Aquarelle oder in nasse Tücher gehüllte braune Tonplastiken vorzeigte und Urteile verlangte, auch Einwände, er selbst fand das ja nicht alles gleich gut oder auch nur gut, und er war schon zufrieden, wenn seine Zweifel bestätigt wurden. Aber ganz danebentreffen durfte man nicht. Ich beurteilte seine Bilder, er beurteilte meine ersten literarischen Versuche. Dabei gab es verblüffend viele Gemeinsamkeiten beim Produktionsprozeß, obwohl er mehr mit dem Bauch und ich mehr mit dem Kopf arbeite. Das meiste, was ich über Bilder weiß oder erfühlen kann, das habe ich von ihm gelernt, von seinen unablässigen Experimenten und ihrer Deutung. Es waren immer auch Expeditionen ins Irrationale, ohne das es keine Kunst gibt.

Helmut Lortz war 1920 geboren und machte die ersten Schritte auf dem Weg seiner Talente zwischen dem fünfzehnten und dem achtzehnten Lebensjahr in der Schule für Elfenbeinschnitzer in Erbach im Odenwald. Wer ihn jemals an der Drehbank gesehen hat, wie er – den Stahl in der Hand – eine Holzschale herstellt oder den Kopf einer Tabakspfeife, der weiß, weshalb er die Hand zu seinem Symbol gemacht hat und Hände sammelt, wo immer er sie findet. Was er weiß, das hat Helmut von seinen Händen gelernt: er hört auf sie, denn sie sind ja nicht nur Werkzeug, sie bringen ans Licht, was in ihm undefinierbar rumort, und geben ihm Form.

In seinen Fächern, dem Elfenbeinschnitzen und dem Holzschnitzen, war er der Beste in Deutschland, und so wurde er zweimal hintereinander »Reichssieger« im Berufswettkampf und erhielt ein Bildhauerstipendium an ebenjener Berliner Hochschule für bildende Künste, an der er später Lehrer wurde: für experimentelle und angewandte Grafik. Im Anfang war bei ihm die Praxis, dann erst das Wort, und meist brauchte er das Wort auch als Lehrer kaum, weil er optisch sprechen kann durch Skizzen und durch sein Beispiel.

Doch zunächst wurde er in Berlin mitten im Krieg ein Schüler des für Bauplastik zuständigen Professors Paul Wynand. Das muß ein kluger Mann gewesen sein. Er hatte einen Meisterschüler, der überschlanke Jünglinge modellierte, langgezogene durchgeistigte Körper auf sehr dünnen Sockeln. Eines Tages blieb Wynand vor einer dieser Arbeiten stehen und sagte zum Meisterschüler: »Mensch, Sie müssen sich bei der Arbeit zwischendurch an den Arsch fassen, damit Sie immer mal wieder Fleisch zwischen die Finger kriegen.« Das ist ein guter Rat, auch für Schriftsteller: gegen Literatenmist.

Gegen Kriegsende zog Helmut Lortz noch einmal die kurzen Hosen der Kindheit an, nachdem er aus tschechischer Gefangenschaft geflohen war, und schob sich mit dem Kinderwagen einer flüchtenden Familie über die Grenze nach Deutschland. Der gutmütige Grenzer verschenkte kostbare Zigaretten – nicht an Helmut. »Der Kleine«, meinte der Zöllner, »raucht ja wohl noch nicht.« So kam der Luftwaffen-Unteroffizier Lortz mit einem Kinderwagen unbehelligt in die amerikanische Besatzungszone, nach Arheilgen, und baute unverzüglich den Saustall seiner bombengeschädigten Eltern in ein kleines Atelier um.

Im Ersten Weltkrieg, 1915, vereinten sich junge Darmstädter Künstler und Schriftsteller in der »Dachstube«, und das war auch der romantische Titel ihrer Zeitschrift. Sie wußten schon im Krieg, was sie nach dem Krieg wollten.

Im Gegensatz zur »Dachstube« hatte »der Saustall« weder ein künstlerisches noch ein politisches Programm. Er war einfach eine schlecht geheizte Zuflucht: ein Ort, an dem einige Freunde versuchten, sich nach den Kunst- und Literaturverboten der Diktatur irgendwie zu orientieren. Und Robert d'Hooghe wurde zum wichtigsten Lehrer. Eine seiner ersten Ausstellungen widmete er dem aus englischer Kriegsgefangenschaft heimgekehrten Bildhauer Wilhelm Loth, der zu den ersten Saustall-Freunden gehörte.

Der Bildhauer Lortz, der an seinen Skulpturen das Körperliche und den Raum buchstäblich mit der Hand begriffen hatte, wurde zum Grafiker, zum Spezialisten der Fläche und der Linie. Den Einband meines kleinen Buchs »Nachtfahrt« hatte Helmut 1949 für den Rowohlt-Verlag entworfen. Mit seiner stark abstrahierten Zeichnung traf er den Charakter des Buchs genau, aber es steckte auch Trotz darin gegen den Massengeschmack. Ihn nicht zu verachten, mit ihm umzugehen und zu spielen, das haben Helmut und ich erst sehr viel später gelernt.

Als Heinz Winfried Sabais, Helmut Lortz, Wilhelm Loth und ich eines Abends zusammensaßen, sagte Sabais: »Ich halte jede Wette, daß in spätestens zehn Jahren zwei von uns Professoren sind.« Er behielt recht. Allerdings hatte er sich und mich gemeint. Helmut Lortz wurde 1959 Professor in Berlin, Wilhelm Loth 1960 in Karlsruhe. Helmut wurde als Lehrer etwas, das kaum einer für möglich gehalten hatte: ein Analytiker, freilich nicht durch formulierte Theorien, sondern durch systematische Serien von Skizzen. Durch sie formulierte er Schulen des Sehens: eine visuelle Grammatik. Bei einem jener Gespräche, die um die überflüssigen Fragen kreisen. »Woher kommen wir? Wer sind wir? Wohin gehen wir?« zeichnete Helmut auf eine Serviette ein großes Fragezeichen, von dem ein Pfeil ausgeht zum zweiten großen Fragezeichen. Knapper läßt sich die agnostizistische Position nicht visualisieren, sie sucht nicht nach Antworten, wo nur Fragen möglich sind.

Mit den Arbeiten von Wilhelm Loth, den ich erst nach dem Krieg kennenlernte, kam ich so leicht nicht zurecht. Meine Vorstellungen von Bildhauerei waren begrenzt, sie bezogen sich auf klassische und klassizistische Muster. Das Irregulärste, was ich – durch Helmut Lortz – kannte und liebte, waren Lehmbrucks melancholische Abweichungen vom Körper-Kanon. Wilhelm Loth, dessen Unbeirrbarkeit mir besser gefiel als seine Arbeiten, kam mir damals vor wie ein Berserker, dessen Zartheit in wunderbar plastischen Oberflächen hervortrat. Dazu hatte ich kein unmittelbares Verhältnis, es ging über den Kopf.

Über Wilhelms archaischen Formenreichtum, über seine bildnerischen Erfindungen, über sein Lieblingsthema, das weibliche Geschlecht, an dessen Befreiung er sich tätig fühlte, konnte ich nichts schreiben. All das hat sich mir entzogen. Am nächsten kam ich ihm wohl, als ich zu seinem siebzigsten Geburtstag eine kleine Rede hielt, die auch überleiten sollte zu der Bauchtänzerin, die Wilhelms Freunde für ihn engagiert hatten: das war ein Jux und gab mir Narrenfreiheit. Ein paar Zitate daraus: »Wilhelm Loth, ein gelernter und staatlich geprüfter Landvermesser, hat als Bildhauer unermüdlich einen Bezirk vermessen, den prüde Menschen für das Rotlichtrevier der Frau halten. Schon früh schockierte er durch eine Sitzende in Robert d'Hooghes Galerie. Sie war gebaut wie eine Pyramide mit einem winzigen Kopf und einem ungeheuer gerundeten Leib. Sie konnte ein geschwängerter Stein sein und war schon ein ›Idol‹, wie Wilhelm seine Plastiken Jahrzehnte später nannte. Die damals noch unberühmte Gabriele Wohmann umkreiste Loths Weib mit blitzraschen Schritten und scheuen, aber durchdringenden Blicken: sie sah wie alle Galeriebesucher ein bißchen aus wie erwischt. Wilhelm hatte für diese pyramidal Hockende eine Formel geprägt, die zugleich ein Programm war für seine späteren Arbeiten: ›Bar jeder Ästhetik, aber blutvoll‹.«

Während ich dies abschreibe, liegt im Nachbarhaus Wilhelm im Sterben. Er hat Darmkrebs, die Ärzte haben ihn aus dem Krankenhaus nach Hause geschickt und ihm eine Lebensdauer von noch höchstens drei bis zehn Tagen gegeben. Jetzt wartet er schon zehn bittere Wochen auf den Tod, er ruft nach ihm, doch der Tod erhört niemanden. In kurzen euphorischen Strecken ißt er handfeste Mahlzeiten wie Kartoffeln mit Matjes und ist bereit, sich über jeden Pariser Straßennamen zu streiten. Für sein Œuvre hätte er gern einen jungen jüdischen Kunsthändler. In den länger werdenden dunklen Strecken gibt er falsche Befehle, weil er über die richtigen nicht mehr verfügen kann; er sagt »Mach doch endlich die Schublade auf!« und er meint damit, daß er die Urinflasche braucht. Er hat keine körperlichen Schmerzen, er wird gefoltert von Erinnerungen, sie zwingen ihm Wörter für längst vergangene Lebenssituationen ab, und sie lassen ihn laut aufschreien.

Die gesamte Wand neben seinem Bett ist bedeckt mit farbigen Postkarten seiner Plastiken. Er kann sein gewaltiges Werk rasch überblicken und manchmal tut er das auch. Was denkt er dabei? Seine Arbeiten strotzen von Lebenslust. Spürt er ihr nach? Am Abend seines siebzigsten Geburtstages versuchte ich, damit herumzuspielen, indem ich sagte: »Was er in immer neuen Variationen darstellte, ist bei allen weiblichen Plastiken von Phidias bis Henry Moore eine glatte, geschlossene Anstalt. Man hat das Gefühl, die Bildhauer aller Epochen arbeiten unentwegt für das vatikanische Museum. Diese jahrhundertelange Unterschlagung rächte Wilhelm, indem er das Unterschlagene nachlieferte: er schuf davon einen Vorrat für Jahrhunderte und verpaßte der geschlossenen Anstalt immerzu den Tag der offenen Tür. Doch weil Wilhelm, der Artillerist, der im Krieg Geschoßbahnen berechnete, immer eine Art Mathematiker geblieben ist, packte er das Fleisch in strenge Formen ein. Eine populäre Formel dafür wäre: ›Geile Geometrie‹.«

Wilhelm exportiert in viele Länder. Oft sehe ich von meinem Schreibtisch aus, wie seine Plastiken verladen werden. Es ist ein durch Qualität und durch Quantität einzigartiges Werk. Wer es in Wilhelms Kunstspeichern in Karlsruhe einmal gesehen hat, der wird es nie mehr vergessen: ein wahrhaft titanisches Œuvre – unübersehbar. In Darmstadt hat man es übersehen. »Sein Ruhm reicht bis ins Land des Lächelns. Die Japaner mögen ihn, denn auch er ist ein Meister des Lächelns: des senkrechten Lächelns. Man könnte es auch das lothrechte Lächeln nennen.«

Sein Geburtstagsabend war voller Heiterkeit, am 24. September 1990. Jetzt ist nachzutragen, daß Wilhelm zweieinhalb Jahre danach, am 17. Februar 1993, gestorben ist, gestern abend. Während er bewußtlos dalag, ging sein Atem langsamer und hörte wie eine plötzlich abgestellte Maschine mit einem Ruck auf. Seine Frau Anneli und unser Freund

Helmut Lortz kleideten ihn an, wie er es gewünscht hatte: Latzhose und groß gestreiftes Hemd, sein Arbeitsanzug. Vorläufig kann er nicht bestattet werden, es ist Fastnacht, die Toten müssen warten.

Freunde haben, das heißt: Die Lebensreise zurücklegen in einem angenehmeren Coupé; vertraut sein mit wenigen, sich unabhängig machen von vielen. Das riecht nach Biedermeier, der klassischen Freundschaftszeit, und nach Idylle, und je älter ich werde, desto mehr schwindet meine Abneigung gegen Idyllen. Die Sentimentalitäten des Alters sind offenbar nicht zu vermeiden. Das denke ich manchmal, wenn ich, vom Arzt dazu angehalten, vor dem Frühstück eine Stunde spazierengehe auf dem Darmstädter Oberfeld.

Das Oberfeld ist ein Kompromiß zwischen Bergen und Ebene, zwischen Wald und Feld, am Rande des Odenwalds. Nichts für Gipfelstürmer und Wattenwanderer, nicht einmal Wälder, es gibt sie nur am Horizont – als Begrenzung, nicht als Verlockung. Es ist eine egalitäre Landschaft für kleine Leute. Ein bißchen elitär sieht allein der Park Rosenhöhe aus, den man durchschreiten muß, wenn man aufs Oberfeld will. An seinem Eingang sitzen auf sechs sehr hohen schlanken Klinkersäulen sechs Löwen, 1914 von Bernhard Hoetger aus Beton gegossen, einem modernen Werkstoff, der damals für Kunst ungewöhnlich war. Die Löwen fauchen ein bißchen, sind aber so fest in einen ondulierten Jugendstil eingebunden, daß sie nicht danach aussehen, als wollten sie herunterspringen: eher als hätten sie sich resigniert in Gustav Mahlers postume zehnte Sinfonie zurückgezogen. Eine Ahornallee führt in den kleinen Park mit Mammutbäumen und anderen Exoten, mit zwei Mausoleen und einer Grabstätte der großherzoglichen Familie, mit Künstlerhäusern, Ateliers und einem Rosengarten auf der Höhe.

Bis zu seinem Tod bin ich hier fast täglich Dolf Sternber-

259

ger begegnet, dem Schriftsteller und Zeitungsmann, dem Publizisten, Politiker und emeritierten Professor für politische Wissenschaften in Heidelberg. Wenn man etwas durchdringend Intelligentes und praktisch Vernünftiges über Politik hören wollte, mußte man sich an ihn wenden. Wußte er keine Antworten, so wenigstens kluge Fragen. Er wohnte auf der Rosenhöhe, und wenn wir uns frühmorgens begegneten, mieden wir die großen Themen und hielten uns an das, was vor dem Frühstück unterhalten könnte. Ein einziges dieser Gespräche dauerte oft mehrere Wochen, da wir den Stand des gestrigen Tages nur durch höchstens zwei Sätze im Gehen erweiterten, und schon waren wir aneinander vorbei.

Nur einmal blieb er verblüfft stehen, als ich ihm einen Zweig von einem Feigenstrauch überreichte, einem Argument in unserem Morgengespräch über die Scham, ist sie angeboren oder anerzogen? »Und wenn sie tatsächlich angeboren wäre«, sagte ich, »dann mit der Bereitschaft, sich willig aufzugeben: die fünf zupackenden grünen Finger eines Feigenblatts können die Scham nur äußerst kokett verdecken.« Sternberger lachte, aber auch das eigene Lachen war für seinen hartnäckigen Verstand kein Argument. Er war immer sehr nobel angezogen: Seine Kleidung zeichnete sich aus durch die etwas gravitätische Eleganz seiner Prosa. Da er auch auf die zarteste Kritik an seinen Arbeiten äußerst empfindlich reagierte und nicht ohne aristokratische Allüren war, zog er einen Beinamen auf sich: »der Prinz auf der Erbse«.

Aus dem Schornstein des Gärtnerhauses quillt weißer Rauch. Kein Grund zum Ausweichen, ein Grund zum Nasengenuß, denn es ist Holzrauch, er riecht nach Kindheit und Dezember. »Der Ofen bufft und knallt«, wann habe ich zuletzt gehört, wie Scheite im Kanonenofen knallen, und woher kommt diese Zeile? Natürlich von Arno Holz, aus einem seiner barocken »Freß-Sauff-und-Venus-Lieder«, aber aus welchem, und welche Zeilen gehen voran und folgen nach? Nur darüber jetzt nicht nachdenken, mein hartnäckiges Langzeitgedächtnis wird es auf diesem Spaziergang schon an den Tag bringen.

Dem Lyriker Karl Krolow und der Erzählerin Gabriele Wohmann, meinen Nachbarn auf der Rosenhöhe, begegne ich nie im Park oder auf dem Oberfeld, sie sind immer auf dem Weg hinaus durch das Löwentor in die Stadt. Gabriele, getragen von der Energie ihrer schnellen Schritte, die bis in ihr üppiges schwarzes Haupthaar wippen, scheint immer unterwegs zu ihren Lesern und hat doch noch so viel Zeit zum Schreiben, daß sie in ihrem sechsten Lebensjahrzehnt auf rund zehn Romane, vierzig Bände Erzählungen und zehn Gedichtbände hätte zurückblicken können, aber solche Rückblicke mag sie nicht, sie kennt nicht einmal die Anzahl ihrer Bücher. Ihr Tagespensum sind acht Seiten, wenn's gut geht; sofort in die Maschine geschrieben. Der Park ist für sie kein Thema, sie studiert Menschen. Sie weiß mehr über schmerzhafte Launen als über grüne Blätter. Aus ihrem nüchternen Wohnatelier – Spannbeton mit Pultdach – hat sie durch Möbel aus ihrer Kindheit ein Gemütsgehäuse gemacht rund um das Bild ihres Vaters, der ein wunderbarer Pfarrer war. Ihm ist Gabriele, etymologisch die »Heldin Gottes«, verfallen: sie ist der Erzengel dieses Herrn Vater. Mehr als Ereignisse interessiert sie, wie man mit Ereignissen nicht fertig wird. »Action« ist ihre Sache nicht; statt dessen beschreibt sie peinlich genau den Zustand der Knautschzonen nach der Karambolage. Sie ist ein Imitations-Genie, das ist ein wichtiger Bestandteil ihres Schreibtalents: sie reproduziert Lieblingswörter, Syntax und Tonfall von gemeinsamen Bekannten mit einer Leichtigkeit, die unheimlich ist. Ich frage sie, weshalb ihre Menschen so unglücklich sind, und sie antwortet mit einem Tschechow-Zitat:

»Glückliche Menschen, denen etwas gelingt, sind mir unerträglich.« Ihre eigene Version: »Fürs Schreiben ist Glück unergiebig.« Unser aller von Gott verordnetes Mißvergnügen ist ihr Revier: mit dem Schwert verwehrt Erzengel Gabriele ihren Menschen das Paradies.

Die Dezemberkälte spannt auf der Stirn und befeuchtet die Augen. Am Rand des Parks stehen drei Rehe, die Ohren hochgezipfelt, und sehen mich an: es ist ein regungsloser, eiskalter Beobachterblick aus einem fremden Lebenssystem. Ich versuche, so starr zu werden wie die Rehe, plötzlich aber, als seien sie alle drei ferngelenkt durch dasselbe Signal, springen sie mit synchronen Bewegungen davon, rechts ab ins Gebüsch.

Warum erinnern mich Rehe immer an Karl Krolow, den Lyriker? Ist es das Flüchtige, das Fliehende seiner Erscheinung? Den Stromlinienkopf voran, eilt er durch die Straßen, ziellos, aber behend, und immer bereit, sich in einer selbstironischen Wendung aufzulösen. Nach der naturfrommen Bildersprache seiner Anfänge scheute er vor keinem Thema zurück, er verwandelte das Dunkle, das Ungeheuerliche, das Ausweglose in die geschmeidigen Kostbarkeiten seines Sprachzaubers – ein sanfter Herrscher über das komplizierte Seelenleben seiner Leser, zerbrechlich, doch nicht zu zerbrechen. Sabais fand dafür die Formel: Krolows eiserne Labilität. Wie fast alle großen Dichter hatte auch er einmal das Bedürfnis, Pornographie zu schreiben. Die saugrobe Sprache, mit der im Verborgenen gefühlt und gedacht wird, den Makadam-Sex unserer Henry-Miller-Dezennien brachte er – wie ein deutscher Verlaine – in die Öffentlichkeit des Gedichts: Kardiogramme überstürzter Abläufe und gieriger Brutalitäten. Um dem Lyrik-Kenner den Autor zu verraten, der das Pseudonym Karol Kröpcke benutzt hatte, nannte ich in einer Rezension über Kröpcke fünf Titel von Krolow-Bänden in einem einzigen Satz: »*Alltägliche Ge-*

dichte freilich sind es nicht, der Autor mag verschwinden wollen hinter einem *Schattengefecht fremder Körper*, um ihre *Tage und Nächte* mit *unsichtbaren Händen* zu dirigieren.« Niemand aber bemerkte es, nicht einmal Krolow. Als ich ihm das letzte Mal begegnete, packte ich die uns umgebende Natur mit einer großzügigen Geste ein und konnte nicht widerstehen, ihn zu fragen, ob er die Natur nicht doch noch einmal besingen wolle. Im Vorübereilen zeigte er sein bewaffnetes Lächeln und sagte: »So habe ich angefangen, und so höre ich auf, das ist eine Art perpetuum mobile.«

Draußen auf dem flachen Feld fährt mir ein kalter Wind in die Augen, bis sie naß werden von gefühlsfreien Tränen. Die Rippen der Blätter auf dem Weg sind weiß, ein weißer Schimmer liegt auf dem Kraut der Rüben und den halbhohen Halmen der Wintersaat. Das geht so kilometerlang hellgrün hin bis zum Horizont, wo das Feld aufhört und der Wald anfängt, weißschimmernd auch er.

Nur jetzt keine Wintergedanken über die Erde, die sich ausruhe bis zum Frühjahr, nur keine Kalendersprüche aus der Kindheit. Die Erde braucht keine Ruhe, sie besteht aus Chemie, und mit Chemie funktioniert sie weiter, zu den Saisonarbeitern gehört sie längst nicht mehr. Wieso geht mir Rosita Serranos melancholische Liedzeile »Roter Mohn, warum welkst du denn schon?« wie eine nicht abzustellende Hintergrundsmusik durch den Kopf, ich habe sie nicht gerufen. Der alte Mann ist gestorben. Das Feldsteinhaus, in dem er seine letzten Lebensjahre verbracht hat, steht leer, die Fensterscheiben sind zerbrochen, die Tür hängt, halboffen, schief in den Angeln, und vor ihr sitzen seine beiden schwarzen Katzen: Buckel, Kopf und Ohren – Modelle für einen Silhouettenschneider. Sie lassen sich nicht anlocken, sie haben keine Lust mehr, zögernd heranzuschleichen, die Finger des Fremden zu wittern und ihren Kopf in seine

Handfläche zu schmiegen. Als ich nicht aufhöre, sie zu rufen, stehen sie auf und gehen träge ins Haus.

Ich folge ihnen. Der Tisch ist umgekippt, die Stühle hat jemand kaputtgeschmissen, aus der Ofentür den Aschkasten gerissen und ihn über dem feuchten Bretterboden ausgekippt. Es ist ein alter Kanonenofen, »das Feuer in ihm tuckert«. Es tuckert eben nicht, und was heißt überhaupt »tuckert«, kein Feuer hat je »getuckert«, das gehört doch zu der Zeile von Arno Holz: »Der Ofen bufft und knallt, das Feuer in ihm tukkert«, es tukkert mit zwei k, und jetzt dürfte es nicht mehr so schwierig sein, sich auf die dazugehörigen Verse zu besinnen, denn was reimt sich schon auf »tukkert«?

Der Alte ist tot, seine Sattlernähmaschine am linken Fenster verrottet, seine Katzen spielen mit den Garnrollen. Nur nicht die Dezemberparole des »Stirb und werde!« jetzt, dieses abgeklapperte Libretto, es wäre nicht einmal mehr für den Autosattler als Grabruf brauchbar. Der Alte – wie komme ich dazu, ihn so zu nennen, vielleicht war er ein paar Jahre jünger als ich. Als junger Theaterkritiker habe ich die Helden der Stücke weit über meinem Alter erlebt und an ihnen hochgeblickt ins Reich der reifen Männer; unmerklich bin ich, älter werdend, an ihnen vorbeigezogen, und jetzt blicke ich auf sie zurück wie auf junge Leute. Heute bin ich geneigt, ihnen – samt Macbeth und seiner Lady – wegen ihrer Jugend das meiste nachzusehen. Das ist eine perverse Perspektive, bin ich nicht überhaupt aus dem Theater herausgewachsen? Ist es nicht ein Spielplatz für jüngere Leute, für Gerhard Stadelmaier, meinen Nachfolger? Seine Liebe zum Theater kann nicht einmal durch das Theater erschüttert werden, und er hat Nerven wie Stahltrosse. Aber auch den Lear, der alt ist wie ich, will ich nicht mehr sehen.

Als ich aus der Hütte trat, verschloß mir der kalte Wind den Mund, und ich drückte mir die Ohren an den Kopf.

Solche Extremreaktionen hatte das Wetter lange nicht mehr verlangt. Der Sommer war zögernd ausgetrocknet und langsam in den Herbst hinübergewelkt, und aus dem Herbst hatte sich das Jahr unauffällig in den Winter geschlichen. Die Blätter gaben sich erst Ende November auf und sanken, angeblasen von einem Wind, der nur ein Hauch war, im verstörten Schaukelflug auf den Boden. Und jetzt diese lippenverschließende Kälte, die tränenden Augen und auf dem buckligen grünen Langhaarteppich dieser weiße Schimmer, diese Ahnung von Schnee in der Luft. Das Gedicht, in dem das Feuer »tukkert«, fing wieder an, mich zu quälen. Darauf reimt sich doch gar nichts. Wäre es nur »ucker«, hatte man die nächste Zeile sofort mit Drucker, Mucker, Jucker, Schlucker oder gar Operngucker.

Der Feldweg ist langweilig geworden: da blüht nichts mehr, sogar die Hundskamille, die am längsten aushält, hat sich zurückgezogen. All diese Pflanzen mit ihren Tiernamen, das Gänseblümchen, der Hahnenfuß, die Schafgarbe, der Löwenzahn, die Fetthenne, die Kuhblume, der Bärenklau, der Storchenschnabel, sie sind nur noch Erinnerung. Wie funktioniert Erinnerung? Früher hielt ich es für absurd, daß Menschen im Greisenalter den Drang verspüren, über ihre Kindheit zu schreiben, als ob sie davon über diese lange Zeitspanne hinweg noch etwas wissen könnten. Heute weiß ich, daß niemand seine Kindheit so genau vor Augen hat wie die Alten. Ihr mächtig gewordenes Langzeitgedächtnis schlemmt längst vergessen geglaubte winzige Einzelheiten ins Bewußtsein, die Maserung der Holztür, vor der man, sechs Jahre alt, zum erstenmal in seinem Leben fotografiert worden ist, Äste und Blätter der Buche, auf die man geklettert ist, um hoch oben seine Initialen in die Rinde zu ritzen, jedes Fältchen im Gesicht einer Tante, als sie gerade an einem weißen Wagen eine Mischung aus Vanille- und Schokoladen-Eis kaufte.

Das Gehirn weigert sich, neue Daten zu speichern, es öffnet statt dessen sein Archiv. Warum kommt aus meinem Archiv jetzt ein Potpourri von Liedern, die ich nicht hören will? »Trink mer noch e Tröppche, trink mer noch e Tröppche – aus dem scheene Henkels-Töppche« und » die blauen Dragoner, sie reiten«, sie reiten quer durch meinen Hinterkopf und ziehen »Schenk mir einen bunten Luftballon« hinter sich her und den Señor und die schöne Señorita, »und er spricht: O, Señorita, leihen Sie mir Ihr geneigtes Ohr, denn ich liebe Sie, denn ich liebe Sie. Ihr ergebener Señor«, das wengistens habe ich immer gern gehört, sogar gesungen, aber die Zeile »und ihre Reiterbuben sangen auch«, was sollte denn das? Warum nicht die fehlenden Zeilen des Arno Holz-Gedichts? Auf sie wäre ich jetzt scharf, nicht auf das der Hitler-Jugend verbotene Lied »Jenseits des Tales standen ihre Zelte«, in denen auch die Reiterbuben singen.

Wer wählt aus, was da plötzlich hochsteigt? Wieso jetzt, beim Winterspaziergang übers Oberfeld, randscharfe Bilder von einer Reise ins glutheiße Indien? Weshalb der Tadsch Mahal am Spätnachmittag, wenn die Sonne weg ist, sein Marmor sieht dann nicht mehr wie Marmor aus, das Grabmal scheint jetzt eine größenwahnsinnige Schaufensterplastik aus Styropor – rasch weg das Bild und statt dessen der Tadsch Mahal im Mondlicht, wenn die Feinstrukturen des Marmors offenliegen: keine Farbe, kein Schwarz, kein Weiß, aber alle Varianten von Grau, eine abstrakte Ästhetik, ein hingeträumter Beleuchtungszauber – und schon ist auch das vorüber, ein Blitzblick auf die Liebestempel von Khajuraho, auf die vergöttlichte schamlose Erotik der Tempelwände, auf einen Katarakt von Skulpturen, alle Figuren haben das gleiche kleine Lächeln von Artisten: sie sind Künstler der vielfältigsten sexuellen Vereinigungen, Enzyklopädisten der Lust, eine riesige Theatertruppe, sie führt eine Parabel der Zärtlichkeit vor und hält dabei Ausschau nach Applaus – und auch das ist schon vorüber, verdrängt von einem bescheidenen Bild, das lange bleibt. Eine anonyme frühe Morgenstunde, noch bewegt sich der Mond und schon die Sonne rasch am Horizont, und in ihrem Zwielicht kreisen die schwarzen Milane mit ihren Gabelschwänzen über den sich ins Unendliche verlaufenden Furchen der schweren Ackererde. Die Bettgerüste vor den strohgedeckten Lehmhütten sind schon verlassen. Die Männer hocken im Kreis, die Fersen unter dem Hintern, und ihre Knie ragen ihnen unters Kinn; sie haben die Hände ausgestreckt über das Feuer, das ihre lehmbraunen Gesichter flackernd beleuchtet. Wo Inder sind, machen sie diese Feuer an, ihr Rauch hängt über allen Siedlungen, die Millionenstädte nicht ausgenommen: in der Morgenfrühe frieren sie leicht, sie haben nicht viel gegessen. Um sie ist die Sauberkeit der Armen, sie kennen keinen Abfall, der nicht zu verwerten wäre.

Wer den langen Sari trägt, der geht nicht, er schreitet, und so schreiten alle Frauen wie im Abendkleid zur Arbeit. Adligere Gesichter unter einem flachen Korb voll Kamelmist gibt es nirgendwo sonst auf der Welt. Es ist Winter mit europäischen Sommertemperaturen: Zeit des Pflügens, des Hackens und der ersten Blüten. Luftwurzeln baumeln um die Stämme der wilden Feigenbäume. Blaue Blütentrauben hängen vom Jacaranda. Tempelbäume tragen ihre weißen Blüten wie Papierlampen. Rosenrote Blüten an den immergrünen Ruten der Tamarisken; mannshohe violettrote Malven rahmen tagereiselang die Straßen und Felder ein wie der Ginster in der Bretagne. Ich habe ein herzausweitendes Glücksgefühl, das ich nur auf Reisen bekomme, woher kommt's? An einem Fallschirm schweben, der an einem langen Tau von einem Motorboot in die Luft befördert wird und jetzt, hoch über der Bucht von Acapulco, seine langsamen Kreise zieht, *parasailing*, ein Touristenvergnügen, warum vergnügt es mich so maßlos übertrieben? Ist es die mexikanische Exotik? Das sinnverwirrend blaue Meer? Die klassische Urlust, von oben hinunterzuschauen? Oder mehr: der auf die Spitze getriebene Fluchtort im Unverbindlichen?

Brauche ich diesen verrückten Ort, damit ich endlich fragen kann: Ist Flucht nicht das Grundthema meines Lebens? Flucht in die künstlichen Welten der Bücher, Filme, Theaterstücke, Bilder, Musik, Reisen? Bin ich nicht der geborene Eskapist? Die Realität war immer nur die Pflichtübung, und Kunst allein war die Kür.

Auf dem Darmstädter Oberfeld war plötzlich der Schnee da. Zuerst waren es vereinzelte Flecken auf dem Weg, ein feuchter Geruch, ein naßkalter Hauch im Gesicht, die Flecken wurden mehr, ein nachlässiges, aber zunehmend rascheres Gesprenkel, und schon gingen Flocken nieder. Weiße Flocken, dicke weiße Flocken, unverschämt dicke weiße Flocken, unverschämt dicke weiße rasche Flocken.

Die dunklen Klumpen im Geäst sind Krähen, zu träge, um vor mir Angst zu haben. Der Rauch aus dem Gärtnerhaus riecht nach Buchenkloben: »Der Ofen bufft und knallt, das Feuer in ihm tukkert, itzt steht der gantze Wald...«, na endlich. Eine cholerische Amsel überquert mich im torkelnden Tiefflug und verlautbart gereizt ihren Ärger. Die Kaninchen am Wegrand bewegen zaudernd ihre entscheidungsunfähigen Hinterläufe: fliehen oder nicht fliehen, die bepelzten Hamletinos wissen es nicht, das macht sie verlegen. Nie hatte ich Vergnügen an solchen Naturidyllen, auch das gehört offenbar zu den Malaisen des Alterns.

Ein Windhauch genügt, um die torkelnden Schneeflocken noch einmal hochzujagen und umeinander zu wirbeln, ehe sie nur noch sinken. Das ist ja nicht mehr aufzuhalten, das läßt sich besitzergreifend nieder auf den Bäumen, den Sträuchern, den Hecken und Äckern, das besetzt eilig die Erde, es wird zu einem Flockenkäfig und nimmt die Sicht, es ist ein weißer lautloser Trommelwirbel auf die Augen. Schluß mit den Spätfarben des Herbstes, mit diesem Expressionismus aus roh ausgequetschten Tuben! Der Winter sagt das Ende der Malerei an, er läßt nur noch Graphik zu, weißen Schnee und die schwarzen dürren, kompliziert verzweigten Gerippe der Bäume: sie sehen aus, als stünden sie kopf und reckten ihre hungrigen Wurzeln in den schneeseligen Himmel. »Itzt steht der gantze Wald mit Eyß bezukkert«, natürlich, das war's, der fehlende Reim. Ihn hatte Arno Holz zuerst, und dann suchte er herum, bis er sich zu »tukkert« entschloß, und dann sagte er sich: Wenn du »zukkert« vor »tukkert« bringst, sieht »tukkert« gesucht aus – bringst du aber »tukkert« vor »zukkert«, dann ist »tukkert« ein Fund.

Ich klopfte mir den Schnee von den Ärmeln und lief durch die feuchten Schneegardinen, und das Gedicht lief mit, diese winterliche Ansichtskarte aus einem zusammengereimten, künstlichen Barock: »Wie das hagelt / wie das schneyt! O du angenähme Zeit / Der Ofen bufft und knallt / das Feuer in ihm tukkert / itzt steht er gantze Wald mit Eyß bezukkert«. Wie immer bleibe ich bei den schnatternden Gänsen stehen und versuche, sie zu zählen. Vor Martini waren es dreizehn, jetzt sind es noch sechs, und an Weihnachten wird es keine Gans mehr geben. So viel Schönes das Christkind bringen mag, den Gänsen bringt es den Tod. Der Winter fördert den schlechten Geschmack: er verleitet dazu, über die monumentalen Banalitäten des Lebens nachzudenken.

Winter und Tod, ach ja. Der alte Autosattler, was haben sie ihm ins Grab nachgerufen? In meinem Leben gab es einen Augenblick, da dachte ich über so etwas nach. Es war vor meiner ersten Herzoperation, ich meinte, ich müsse für das sorgen, was gegebenenfalls bei meiner Totenfeier zu geschehen habe. Damals war die Abkürzung »GAU«, »größter anzunehmender Unfall«, bezogen auf die Atomindustrie, in aller Mund. Ich legte eine »GAU«-Mappe mit Texten an, nicht für den Weltuntergang, nur für meine Kleinkatastrophe, die für mich ausreichend wäre: so schlimm wie der Weltuntergang. Natürlich durfte auch hier der 102. Psalm nicht fehlen: »Meine Tage sind dahin, wie ein Schatten, und ich verdorre wie Gras«, anfangen aber sollte es mit Samuel Beckett: »Die Menschen gebären rittlings über dem Grab, der Tag erglänzt einen Augenblick und dann von neuem die Nacht.«

Als Herzstück, statt einer Predigt, sollte eine der ungeheuersten Prosapassagen der deutschen Literatur gelesen werden, ein »Blumenstück« aus Jean Pauls »Siebenkäs«, die »Rede des toten Christus vom Weltgebäude herab, daß kein Gott sei« mit Sätzen wie diesen: »Ich ging durch die Welten, ich stieg in die Sonnen und flog mit den Milchstraßen durch die Wüsten des Himmels; aber es ist kein Gott. – Ich stieg herab, soweit das Sein seine Schatten wirft, und schauete in den Abgrund und rief: ›Vater, wo bist du?‹ aber ich hörte nur den ewigen Sturm, den niemand regiert, und der schimmernde Regenbogen aus Wesen stand ohne eine Sonne, die ihn schuf, über dem Abgrunde und tropfte hinunter. Und als ich aufblickte zur unermeßlichen Welt nach dem göttlichen *Auge*, starrte sie mich mit einer leeren bodenlosen *Augenhöhle* an; und die Ewigkeit lag auf dem Chaos und zernagte es und wiederkäuete sich. – Schreitet fort, Mißtöne, zerschreiet die Schatten; denn Er ist nicht! . . . Starres, stummes Nichts! Kalte, ewige Notwendigkeit! Wahnsinniger Zufall! kennt ihr das unter euch? Wann zerschlagt ihr das Gebäude und mich? . . . Wie ist jeder so allein in der weiten Leichengruft des All!«

Auch angesichts eines Sarges läßt sich dieses hohe Pathos nicht lange aushalten. Also für meine Frau und meinen Sohn ein Gedicht von Goethe hinterher: »Woher sind wir geboren? Aus Lieb'. Wie wären wir verloren? Ohn' Lieb'. Was

hilft uns überwinden? Die Lieb'. Was läßt nicht lange weinen? Die Lieb'. Was soll uns stets vereinen ? Die Lieb'.«
Dazu ein bißchen Nietzsche, ein paar Sätze Wittgenstein,
schließlich als musikalischer Schluß der Wabash Blues, gespielt von Duke Ellington und Johnny Hodges, auf der
Platte »Back to back«. Ich war von meiner Leichen-Matinee
so begeistert, daß ich am liebsten gestorben wäre unter der
Bedingung, daß ich diese Totenfeier erleben darf.

Vor meiner zweiten Herzoperation strich ich das Programm und wünschte statt dessen zwanzig Minuten aus
Schuberts postumer Klaviersonate B-Dur, gespielt von
Svjatoslav Richter, von keinem andern. Heute möchte ich
nichts, kein Wort, kein Ton, und die Todesanzeige erst,
wenn die Bestattung vorüber ist. Bis dahin halte ich mich an
die Schlußzeilen meiner literarischen GAU-Vorsorge, sie
stehen in »Die Frauen von Trachis« von Sophokles; Ezra
Pound hat sie in amerikanischem Slang nachgedichtet, und
von Eva Hesse wurden sie ins Deutsche übertragen: »Und
betoniere dein Gesicht, / verschal's mit Eisen, / geh heiter
durch das Ziel, / selbst wenn dir nicht danach zumut ist.«

Man muß sich die Erde ansehen, bevor man sie verläßt –
das ist einer meiner schlichten Lebensgrundsätze. Meine
Frau und ich tun das, soweit uns die Schiffe tragen: unsere
Füße tragen uns nicht mehr weit. Man hat uns vor den Schif-
fen als Orten der Alters-Torheiten gewarnt, aber wir haben
uns in die »Vistafjord« verliebt und fahren mit ihr, so oft es
uns möglich ist. Studieren allerdings kann man dabei die
fremden Orte nicht, man kann sie nur noch besichtigen,
doch entspricht dieses flüchtige Verfahren dem nur noch
flüchtigen Interesse.

An den Besichtigungszentren weltberühmter Städte und
Stätten begegnen sich lange Schlangen von Passagieren. Ih-
nen werden Orientierungsschilder vorangetragen, die sie als
Kreuzfahrer, als Crusaders oder Croisières ausweisen. Alle

tragen ungefähr die gleichen Anzüge, Kostüme und Kleider, alle bewegen sich so locker, wie das früher nur die Amerikaner konnten. Alle kaufen in der Schiffsboutique, und alle lesen dieselben Bestseller: starke Stoffe, Ballermann-Prosa – welcher Dichter könnte anschreiben gegen die Dreiheit von Sonne, Wind und Meer. Es gibt eine kleine Gruppe alter und eine kleine Gruppe junger Passagiere, die meisten aber sind ungefähr im gleichen Alter: Sie müssen keine Häuser mehr abbezahlen und nicht mehr für die Berufsausbildung und Etablierung ihrer Kinder aufkommen. Sie sind auch nicht mehr übertrieben gesund: die eine oder andere Warnung, einen vorübergegangenen Krebsverdacht, einen leichten Infarkt haben sie schon hinter sich. Sie machen eine Kreuzfahrt, weil sie etwas von der Welt sehen und dabei vierundzwanzig Stunden am Tag ein Bett zur Verfügung haben wollen, für Notfall und Mittagsschlaf. Bereites Bett, gedeckter Tisch und ein Arzt, rund um die Uhr, das gibt's nur auf einem Schiff. Und wenn es eine Auswahl unter den Todsünden gäbe, dann würden die meisten wohl zuerst an die zweitschönste denken: man ist in der Blüte jener Jahre, die den besten Jahren unmittelbar folgen. Die Kreuzfahrt fördert den Hedonismus, eine, wie der Duden knapp definiert, »ethische Lehre der griechischen Philosophie, wonach Glück und Ziel des Menschen im Gefühl der Lust bestehen«.

Zur Ethik des Glücks wagt sich kaum jemand in der hungernden Welt zu bekennen, das Schiff aber kreuzt in einer Welt außerhalb der Welt: man macht einen befristeten Urlaub vom schlechten Gewissen, man ergibt sich der Luxusform des Hungers, dem Appetit, und man bedauert, daß Essen doch irgendwie nährt. Wenn beim »Captain's Farewell Dinner« die Köche paradieren, gibt ihr Chef Autogramme auf die Speisekarten, er hat das als Künstler verdient. Das Herz, falls ein anatomisch verwegenes Bild gestattet ist, das Herz einer Kreuzfahrt ist der Magen. Die meisten ziehen sich zum Abendessen um, weil das gesellschaftliche Kostümfest zum Insel-Charakter des Schiffs, zum Leben außerhalb des Alltags gehört. Wer einmal ein zwangloses Essen auf einem Schiff erlebt hat, der entdeckt den so geheimen wie banalen Grund für die rituelle Dinner-Kleidung: Der Mensch bevorzugt unter der Sonne ein Textil-Minimum, das im Speisesaal nur geringe Reize entfaltet, denn der Mensch ist, wie der vorurteilslose Beobachter weiß, nicht so ganz gelungen.

»Ausflug« – kein schlechtes Wort: man verläßt das Nest, kreist über einer Landschaft, einer Stadt, einem architektonischen Wunderwerk, einer archäologischen Ausgrabungsstätte, man sieht alles aus der summarischen Vogelsperspektive und kehrt zurück, ohne sich irgendwie einzumischen, und sei's nur durch eine besondere Neugier. Man ist interessiert, belehrt, amüsiert, doch bleibt alles angenehm unverbindlich. Wer möchte schon noch Geschichte oder Kunstwissenschaft am authentischen Ort studieren oder die wirtschaftlichen Probleme lösen, die beim Durchschlendern eines orientalischen Basars zu vermuten sind? »Schließlich«, sagt einer, »bin ich nicht mehr siebzig.«

Nirgendwo schlafe ich so gut wie auf einem Schiff. Ein Psychologe behauptet: »Das kommt von einer glücklichen Langzeiterinnerung an das Plätschern des Fruchtwassers im Mutterleib.« Doch auch dieser Schlaf hat seine Nachtmahre. Mein Standard-Alptraum seit einem halben Jahrhundert ist der durch zahllose Hindernisse vereitelte Versuch, nach Hause zu kommen. Zum ersten Mal hatte ich ihn im Krieg in Rußland nach einer nächtlichen Eisenbahnfahrt über den vereisten Dnjepr, bei der ich auf dem offenen Kohlentender saß und ein paar Lieblingssätze von Klabund ins Rattern des Zugs schrie: »Pjotr ist geboren. Don, Dnjepr, Wolga, Oka treten über ihre Ufer, Schlamm wälzt sich über die Weizenfelder, und viele Menschen ertrinken. Winterblumen neigen gebrochen ihre Häupter. Die Haselmäuse pfeifen vor Angst.« In der folgenden Nacht träumte ich von der Flucht nach Hause. Mit ausgetrockneter Zunge laufe ich durch eine brüllendheiße Wüste, und ich spüre, daß ich bald am Ziel sein muß, da sehe ich einen breiten Fluß vor mir, ich kann ihn unmöglich durchqueren, aber plötzlich ist es frost-klirrender Winter, der Fluß ist zugefroren, es ist der Dnjepr, ich renne glücklich über das Eis, doch schon reißt es auf, der Abstand zwischen den Schollen wird größer, ich muß immer längere Sprünge machen, ich falle ins Eiswasser und wache auf.

Der Ablauf des Traums folgt Sigmund Freuds Gesetz der Traumzensur: immer wenn eine Szene so schrecklich wird, daß man davon erwachen könnte, verwandelt die Traum-zensur, um den Schlaf zu hüten, den Horror in eine Szene der Hoffnung, die sich dann bis zum Schrecken verdüstert, bis die Traumzensur abermals den Schlaf durch eine Ver-wandlung ins Harmlose rettet, und so fließt das fort, bis die Zensur das Aufwachen erlaubt. Unzählbare Male habe ich an wechselnden Orten diesen Alptraum durchlebt, immer auf dem vereitelten und endlich gescheiterten Heimweg. Ich bin, das Gesicht nach unten, knapp über die durch Bomben zerschmetterten Häuser des Hamburger Stadtteils Ham-merbrook geschwebt, jeden Augenblick in der Furcht, mir den Kopf zu zerschlagen, von der wohltätigen Traumzensur zur Außenalster dirigiert, in eine weiträumige Suite des Hotels Atlantic, die Wände wurden unerträglich heiß, und das Atlantic verwandelte sich in die »Vier Jahreszeiten«, die Außenalster in die Maximilianstraße, es war München, ich atmete auf in der eleganten Art-Déco-Halle, bis von ihrer gewölbten Decke Steine fielen, erst langsam kleine, dann rasch große, die wie eine Lawine auf mich niederstürzten und mich dann doch weckten. Nach Hause, »heim«, kam ich nie.

An den heiligen Stätten der Geschichte erweitert der Kreuzfahrer seinen Anekdotenschatz und hortet Bilder, die er irgendwann im Fernsehen mit dem Vergnügen des Dagewesenen wiedererkennt. Ihm genügt diese Minimalisierung der Historie, der *small talk* mit Geographie und Vergangenheit. Was abends im Ballsaal vor dem Varieté-Programm zu hören ist, das bestimmt auch sein Verhältnis zu den Varietäten des Landprogramms: »It's showtime«. Die Zeitung »Satellite World News« umfaßt vier kleinformatige Seiten, sie läßt die ausgeschlossene Alltagswelt radikal schrumpfen, sie gewährt der Gegenwart nur beschränkten Zutritt: zwei Seiten Nachrichten, eine Seite Wirtschaft, eine Seite Vermischtes, darauf fünf Zeilen Kultur. Niemand schreit nach mehr.

Das Meer umschließt die Tage. Da man ins Meer nicht springen kann, führt das Schiff im Heck einen Pool mit sich, eine Kostprobe Wasser zum Planschen, eine Spiel-Ausgabe des Ozeans. Das Golf-Training auf dem höchsten Deck und die kleine Bibliothek der internationalen Bestseller, das Tontaubenschießen und der Gesellschaftstanz, Casino und Wiener Café, Bingo und Ballsaal, Sauna und Schönheitssalon, das sind nichts anderes als Spielplätze, miteinander verbunden durch schmale Kabinenstraßen, breite Treppen und rasche Aufzüge. Der Unernst, mit dem die Bordspiele prämiert werden, macht sie zu Parodien auf die Wettbewerbsgesellschaft, der die Passagiere entronnen sind. Ein *gambler ship* in des Wortes weitester Bedeutung, eine sich sanft wiegende, irreale Kleinstadt mit weltstädtischer Allüre. Die Häfen sind Symbole der Flüchtigkeit, der begrenzten Bekanntschaft, des knappen Verweilens.

Wenn man an alles herangefahren wird, sieht die Welt aus, als liege sie wie ein etwas ramponiertes Modell im Schaufenster, und die Weltgeschichte wird nur noch als das wahrgenommen, was sie längst verdient hat: als Rohstoff für melodramatische Romane und Filme. Natürlich weiß der Tourist, daß alle diese Spiele ein absehbares Ende haben. Er ist nur ein Teilzeit-Hedonist, das macht ihn traurig und froh. Mein Standard-Alptraum hat die Wege und Winkel des Schiffs vom Sportraum im untersten Deck bis zur Disco, hoch oben, zu Labyrinthen verarbeitet, in denen ich umherirre zwischen Angst und Hoffnung, verfolgt von Projektilen der Tontaubenschützen, auf dem Weg nach Hause, wohin ich abermals nicht komme. Vielleicht ist es gut, daß ich nicht heimfinde, vielleicht ist »heim« nur ein Traumbild für Tod.

Altern: die Antworten werden weniger, die Fragen nehmen zu.

Lippes und Lies
Die Geschichte vom Mädchen
und dem Tod

Er fiel vor der jungen Frau platt auf Bauch und Gesicht: der Stock, mit dem er sich vorm Hinstürzen bewahren wollte, war ihm zwischen die Beine geraten. Sie ließ ihren Kinderwagen stehen, half ihm auf und klopfte den Schmutz von seinem Anzug. »Setzen Sie sich eine Weile auf die Bank«, sagte sie, »und erholen Sie sich von dem Schock.«

Philipp setzte sich, schwer atmend, neben sie. Er war über die Mitte der Siebzig hinaus und in den letzten Monaten öfter gefallen. Bei dieser Gelegenheit hatte er zweimal den rechten Arm gebrochen und einmal das Orbital-Knöchelchen unter dem rechten Auge, das danach mit dem linken Auge nicht mehr koordiniert war: ein halbes Jahr lang sah er alles doppelt, auch die Druckzeilen, er konnte nichts lesen und nichts schreiben.

Als einer seiner Bekannten, der noch älter war als er, auf einem schlecht gepflasterten Trottoir strauchelte, hinfiel, eine Gehirnblutung bekam und seitdem nicht mehr wußte, wer er war und was er redete, entschloß sich Philipp endlich, nie mehr ohne Stock auf die Straße zu gehen. Er benutzte einen Stockdegen, den er unmittelbar nach dem Krieg bei einem Antiquar gekauft hatte.

»Eine Renaissanceklinge«, hatte der Antiquar gesagt, »in einem Biedermeierstock. Wie jede Waffe von der Militärregierung verboten, aber man sieht sie nicht.« Philipp hatte die Vorstellung gefallen, eine diskrete und ausgesprochen bürgerliche Waffe zu besitzen. Er stellte sie in den Schirmkübel und vergaß sie, bis er, Jahrzehnte danach, zum Ausgehen einen Stock brauchte.

Die junge Frau hob den dicken, hohen Biedermeier-Stock

auf, legte ihn auf die Bank und sagte: »Ich bin die Lies.« Das brachte ihn ein bißchen zum Lachen. Er sagte: »Ich bin der Lippes.« So wurde Philipp seit seiner Schulzeit genannt.

– Sie können Du zu mir sagen, ich bin erst zweiundzwanzig.

– Du kannst Du zu mir sagen, ich bin schon achtundsiebzig.

– Das kann ich nicht, dafür sind Sie zu alt.

– Und ich kann nicht Du zu jemand sagen, der zu mir Sie sagt.

So blieb es beim Sie.

Die Holzbank, ungestrichen, bedeckt mit eingeritzten Initialen, Liebeserklärungen und sexuellen Suchanzeigen, stand vor einer alten Parkmauer, die man Gichtmauer nannte, weil den ganzen Tag die Sonne auf ihr lag. Schon vor zweihundert Jahren, als die Gicht noch Mode war, saßen die Kranken vor der Mauer und genossen es, daß sie die Sonne reflektierte und ihnen den Rücken wärmte. Der ehemalige Hirschpark, jenseits der Mauer, war mit seinem dichten Unterholz und seinem Modergeruch nicht ganz geheuer.

Als sich sein Atem beruhigt hatte, zeigte Lippes auf den hochbeinigen Kinderwagen:

– Bub oder Mädchen?

– Mädchen. Sie ist das Liesje.

Es gab eine lange Verlegenheitspause, in der beide überlegten, ob sie noch ein wenig miteinander reden könnten.

– Ich habe sie bis vor kurzem gestillt, das war unheimlich schön. Ich war traurig, als der Arzt sagte, jetzt ist es aber genug.

Lippes wußte nicht, was er dazu sagen sollte und ob es sich überhaupt lohnte, etwas dazu zu sagen. Sein Lieblingsthema war es jedenfalls nicht.

– Trotzdem habe ich mit dem Stillen ein paar Wochen

weitergemacht. Dem Liesje hat's geschmeckt, und mir hat's gutgetan.

Lippes fiel auch dazu nichts ein.

– Mir fehlt das heute.

Er betrachtete sie zum ersten Mal. Ihr schwarzer Bubikopf erinnerte ihn an Prinz Eisenherz, einen Comic-Helden seiner Kindheit. Ihre Jeans waren verwaschen und eng, und sie hatte einen Knopf ihrer weißen Bluse geöffnet, die rechte Hand hineingesteckt und streichelte mit steifen Fingern die Spitze ihrer linken Brust, langsam, unerregt, irgendwie nicht ganz da.

– Wie gut, sagte sie, daß man heutzutage über alles reden kann. Falls man jemand hat, mit dem man reden kann. Ich habe niemand. Lothar ist fast immer auf Montage.

– Ist Lothar Ihr Mann?

– Jaja.

– Ich meine: Sind Sie mit ihm verheiratet?

– Jaja, schon seit sechs Jahren. Ich habe mit sechzehn geheiratet. Es war so schön mit ihm, und als er das jeden Tag mindestens zweimal haben wollte, sagte ich zu ihm, da mache ich nur mit, wenn wir heiraten. Er arbeitet jetzt in der Türkei und verdient ganz schön.

– Wie haben Sie ihn kennengelernt?

– Ich kenne ihn heute noch nicht.

Auch als sie bemerkte, daß Lippes ihr zusah, hörte sie nicht auf, ihre Brust mit gespreizten Fingern langsam und sanft zu streicheln, als sei das eine Selbstverständlichkeit.

– Ich könnte das den ganzen Tag machen. Ist doch nicht schlimm, oder?

– Schlimm ist das nicht.

– Kennen Sie denn Ihre Frau?

– Ich bin Witwer, meine Frau ist seit mehr als zwanzig Jahren tot.

Zu seinem Erstaunen erzählte Lippes dieser Lies, die er

nicht kannte und die von ihrer trockenen unekstatischen Dauerekstase nicht lassen konnte, einiges über die letzten Lebensjahre seiner Frau. Wie ihr Gedächtnis allmählich erlosch, sie hatte die Alzheimer-Krankheit, wie sie mit dem Gedächtnis ihre Vergangenheit und mit ihrer Vergangenheit sich selbst verlor. Sie sah aus wie immer, aber als Person war sie verschwunden. Einmal, als er sie abwusch, sie hatte keine Macht mehr über ihre Verdauung, fragte sie ihn: Weshalb tun Sie das für mich?, und als er sie dann, zum ersten Mal, unbeherrscht anschrie: Ich bin doch dein Mann!, sagte sie: Ich hab keinen Mann, aber es ist trotzdem schön, daß Sie für mich sorgen.

Lippes konnte sich nicht zurückhalten, auch davon zu erzählen, wie er seine Frau in eine Pflegeheim bringen mußte, weil sie sich weigerte, ihr Bett zu verlassen und Tag und Nacht eine Dauerhilfe brauchte. Man zeigte ihm dort, wie einfach es war, die Patienten in ein Metallgestell umzubetten, sie nackt in einen Kloakenraum zu fahren und mit lauwarmem Wasser abzuspritzen und zu säubern.

»Für unsere Patienten beten wir auch«, sagte der Oberpfleger, als Lippes die Bibelsprüche an der Wand ingrimmig studierte. Er unterdrückte mühsam einen Wutanfall, der dann draußen, inmitten einer gleichmütig blühenden Natur, aus ihm herausbrach. Ein Arzt hatte ihm gesagt, daß »der Alzheimer« genetisch bedingt sei, und Lippes litt bis zum körperlichen Schmerz unter den Zwangsfragen: Wem fällt so etwas ein? Wie muß man beschaffen sein, daß einem so etwas einfällt? Wer hat diese genetischen Untaten erfunden? Er weinte seit seiner Kindheit nicht mehr, immer aber, wenn er seine Frau im Heim besucht hatte, konnte er sich auf dem Heimweg gegen ein tränenloses Schluchzen nicht wehren.

Lippes sah, daß aus den Schokoladen-Augen der neben ihm sitzenden Lies Tränen über das weiche Kindergesicht liefen, und er beschimpfte sich, daß er so hemmungslos erzählt hatte. Lies putzte sich die Nase und dabei auch die Tränen ab.

– Ich höre gern etwas über Krankheiten und über den Tod, sie sind ja das einzige, was uns ganz sicher bevorsteht.

– Aber darüber macht man sich doch, wenn man zwanzig Jahre alt ist, keinen Kummer.

– Zweiundzwanzig. Haben Sie Ihre Frau sehr geliebt?

– Es war wohl ein bißchen mehr als die Hysterien der Liebe: Höflichkeit, Hilfsbereitschaft, Freundschaft.

Das Liesje fing an zu plärren, Lies schaukelte den Kinderwagen, aber es half nichts. Sie nahm die Kleine heraus und versuchte, sie mit der Flasche zu beruhigen, vergebens.

– Ich kenne ein Mittel, das immer hilft.

Lies öffnete noch zwei Knöpfe ihrer Bluse.

– Sehn Sie sich das mal an, das soll eine Brust sein!

Es waren zwei nach unten hängende, spitze, leere Tüten aus dicker Haut, mit großen, fast schwarzen Warzen.

– Das ist so, seit sie mich ausgetrunken hat und ich die Brust nach oben gebunden und abgestillt habe. Ich hoffe, ich kriege das wieder hin, wie's vorher war, voll und hoch. Liesjen ist das egal. Sie wird sofort ruhig, wenn sie die Brust hat, aber mir tut es jetzt weh, ich halte es nicht lange aus.

Lippes ging erst nach ein paar Tagen wieder zur Gichtmauer. Auf den ersten Blick erkannte er die Lies nicht: Sie hatte eine schwarze Bluse an, einen schwarzen knöchellangen Rock, und ihr Gesicht war kalkweiß geschminkt. Die linke Hand steckte in der Bluse, und mit der rechten Hand schaukelte sie den Kinderwagen.

– Ich habe hier jeden Tag auf Sie gewartet.

– Immer in Schwarz?

– Ja. Ich gehöre zu einer Gruppe. Wir nennen uns Gruftes, aus Sympathie für die Alten. Wir ziehen uns schwarze Kleider an und treffen uns einmal in der Woche auf einem Friedhof. Zwischen den Gräbern beten wir zum Tod.

– Was für ein Unfug! Warum beten Sie nicht zum Leben?

– Das Leben finden doch auch Sie nicht so schön, oder?

Lippes antwortete nicht. Über Krankheit, Alter und Tod wollte er an diesem Tag nicht reden, aber er konnte nicht verhindern, daß ihm nichts anderes durch den Kopf ging. An Krankheiten hatte es ihm sein Leben lang nicht gefehlt. Von Fuß bis Kopf lauter Prothesen von den Walkleder-Einlagen, die ihn vor schweren Stürzen auf der flachen Erde nicht bewahrten, über die operierte Prostata, über eine Herzklappe aus Kunststoff und Metall bis zur Brille, zum Hörgerät, zum allerschlimmsten, zu den nicht reparabelen Gedächtnisausfällen, durch die er sich bei jedem Gespräch bloßstellte.

Den Schock vergaß er nie, als ihm in einem Schaufenster plötzlich ein gebeugter Mann mit verstörten Augen entgegenkam, die Augen suchten einen Halt für die kleinen Schritte, mit denen er über das Pflaster schlurfte, als wage er nicht mehr, die Füße vom Boden zu heben: er selbst war dieser Alte in der Spiegelscheibe.

Bis dahin hatte er sich unter gleichaltrigen Bekannten mit einem kleinen Triumph immer für den jüngsten gehalten: fast alle Haare da, ein paar graue dazwischen, aber noch kein weißes. Seit dem Spiegelüberfall fühlte er sich eingemeindet in eine taube, halbblinde, impotente Welt der braunen Flekken auf dem Handrücken, der Altersbuckel, der Gleichgewichtsstörungen und überraschenden Unfälle, der dauernden Suche nach einem Stuhl, der weißen Blindenstöcke, pfeifenden Hörgeräte, unerfüllbaren Wünsche.

Lies hatte sich auch die Lippen weiß geschminkt, das war wie ein sanftes Kußverbot. Sie nahm seine rechte Hand und legte sie in ihren Schoß. Lippes war das peinlich, er reagierte nicht. Er versuchte, sich auf ein neutrales Thema zu konzentrieren. Auf die vierzig Jahre, die er in seinem Beruf gearbeitet hatte. Auslandskorrespondent in London, Washington und Tokio. Jede Woche einen großen Artikel für seine Zeitung. Die Artikel wurden nicht alle gedruckt, aber geschrieben. Acht Ordner voll aufgeklebter Belege. Sie standen in seiner Bibiliothek, und wenn er gelegentlich darin blätterte, um sich an sich selbst zu erinnern, kam er immer zum selben Ergebnis: Was hatte er noch mit dem Schreiber dieser Artikel zu tun?

Die Gegenwart interessierte ihn kaum mehr. Ihre Aktualitäten waren schon aktuell, als er noch nicht lesen konnte, und sie würden die gleichen Aktualitäten bleiben, wenn er nicht mehr lesen konnte. Kriege, Ausrottungen, Vertreibungen, Folter, Überschwemmungen, Hungersnöte, Kindersterben, all das wurde nonchalant auf die Erde gestreut, vierzig Jahre lang waren das seine Themen, er wollte davon nichts mehr wissen.

Todlangweilig kam ihm die Springflut der Statements, Diskussionen und Artikel vor, die seit einem Jahr die jetzt bevorstehende Jahrtausendwende täglich kommentierten. Um die Lächerlichkeit dieser Vergangenheitsanalysen und Zukunftsperspektiven zu genießen, blätterte Lippes in einem vor hundert Jahren erschienenen Buch des gelehrten Bestsellerautors Dr. Ludwig Büchner. Es hieß »Am Sterbelager des Jahrhunderts«. Dem Jahrhundert in Gestalt einer üppigen Schönheit, die auf einer Ottomane ruhte, fühlte auf dem Einband der Doktor persönlich, ein Bruder Georg Büchners, den Puls.

Lippes lebte aus der Erinnerung. Meist schlampte er zwischen seinem zehnten und seinem zwanzigsten Lebensjahr herum: Fehler, Irrtümer, Peinlichkeiten quälten ihn, als ob da noch etwas zu retten wäre. Manchmal eine Idylle: mit acht Jahren am Seebach hocken, ein Einmachglas in der Hand für die Elritzen und Stichlinge. Mit einem Stecken Ameisennester aufwühlen, damit er an die Eier kam, das Futter für seine Fische im Glas auf der Kommode, damals hatte er Anfälle von Glücksgefühlen. Aber eines Morgens schwammen seine Fische tot auf der Seite, und auch für die Ameisen war er zu einer Lebenskatastrophe geworden. Neben ihm regte sich Lies.

– Haben Sie den Blues? Ihre Hand ist hart und kalt, wie steifgefroren.

– In der Erotik war ich immer schwach.

– Was ist denn Erotik, eigentlich? Könnten Sie nicht mal mit mir darüber reden?

– Ich fürchte, Erotik ist nichts als verkitschter Sex.

– Echt?

Lippes dachte an seine Bücher. Wände voll, er hatte sie gesammelt für den Ruhestand. Jetzt erinnerten sie ihn nur daran, daß der Rest seines Lebens nicht ausreichen würde, sie zu lesen. Der Antiquar hatte an diesem Morgen ein paar Kisten aus seiner Bibliothek geholt. Früher, als Lippes noch intensiv lebte, brauchte er außerdem das aus Büchern gestohlene, das ganz andere Leben. Jetzt, da er kaum noch lebte, wollte er auch vom gestohlenen Leben nur die Erinnerung.

Keine neuen Bücher, auch nicht mehr Proust, Joyce, Beckett, nur noch die Bücher der Kindheit: Robinson, Gulliver, der letzte Mohikaner, der Graf von Monte Christo, Huckleberry Finn, der Schatz im Silbersee, Tarzan, Nena Sahib. Er zog sie manchmal aus dem Regal und las ein paar Absätze, sie kamen ihm fremd vor und unendlich langweilig. Er wandte sich an Lies.

– Lesen Sie manchmal etwas?

– Eigentlich nie. Warum läßt sich Ihre Hand nicht aufwärmen? Sie ist wie eine Totenhand.

Sie hob seine Hand und ließ sie herunterfallen in ihren Schoß.

– Wie eine Knochenhand von einem Skelett. Lesen Sie viel?

– Früher ja. Heute lese ich eigentlich nur noch T-Shirts.

Lies lachte. Sie hatte die Sache mit seiner Hand aufgegeben.

– Morgen bringe ich Ihnen etwas zu lesen mit.

Am nächsten Tag hatte sie wieder ihr weißes Gesicht, aber schwarze Leggins an, einen schwarzen Minirock und ein schwarzes T-Shirt mit einer weißen Inschrift, quer über der Brust: born to die.

– Das ist gut, wie?

– Kürzer kann man es jedenfalls nicht sagen.

Sie kam vom Tod nicht los und nicht vom Sex. Es waren ihre einzigen Themen. Sie hatte keine anderen Erfahrungen und keine andere Neugier. Diesmal packte sie seine Hand und legte sie auf ihren Oberschenkel. Er schämte sich ein bißchen vor sich selbst, als er seine Hand langsam hochschob. Es waren keine Leggins, es waren schwarze Strümpfe.

– Ich glaube, Sie würden das auch mit Ihrem Großvater machen.

– Nein. Der hätte Angst davor.

Sie kuschelte sich in seine offene Hand.

– Solange ich Ihnen nichts tue, ist es kein Ehebruch. Wenn Lothar auf Montage ist, mache ich es mir selbst. Es ist schöner als mit Lothar, obwohl es auch mit ihm schön ist. Wir machen es frühmorgens und dann noch einmal nachts, nach dem ersten Schlaf. Um den Mund frisch zu machen, haben wir Äpfel auf dem Nachttisch, Lothar hat das in Frankreich gelernt. Heute ist Ihre Hand warm, aber immer noch eine Totenhand.

– Der wilde Knochenmann sagt zu dem Mädchen: »Gib deine Hand, du schön und zart Gebild! Bin Freund, und komme nicht zu strafen. Sei gutes Muts! ich bin nicht wild, sollst sanft in meinen Armen schlafen.«

– Was reden Sie da?

– Es ist aus einem Lied. »Der Tod und das Mädchen«.

– Könnten Sie mir das noch einmal sagen?

– In der ersten Strophe hat das Mädchen Angst vorm Tod. Sie aber flirten mit dem Tod, das ist so pervers wie ihr gekalktes Gesicht mit den Kakao-Augen.

– Was pervers ist, das weiß ich auch nicht genau. Manchmal denke ich: ich bin pervers. Ich will keinen Höhepunkt, ich will nicht schnaufen. Ein gleichmäßiges Gefühl ist mir lieber, und es soll ewig dauern. Solange es dauert, kann mir die Welt nicht wehtun. Warum trauen Sie sich nicht? Bitte! Ja, jetzt helfen Sie mir.

– Sie haben doch Lust am Leben. Warum sind Sie so wehleidig? Die Grufties waren Ende der achtziger Jahre eine kurze Mode, wenn ich mich nicht irre. Sie sind doch längst out.

– Die Grufties in den achtziger Jahren hatten Angst, daß die Welt untergeht, spätestens heute, im Jahr 2000. Wir heute haben Angst, daß die Welt nicht untergeht. Daß sie immer so weitergeht und daß der Tod unsere einzige Hoffnung ist.

– Sollst sanft in meinen Armen schlafen!

– Machen Sie bitte keine Witze über den Tod. Auch nicht über Sex. Ich mache es mir selbst am besten. Trotzdem bin ich manchmal verrückt nach einer fremden Hand. Sie kann nicht besser sein als meine, aber sie ist anders. Warum hören Sie schon auf?

Ihre Frage war wie ein Stichwort für einen großen Auftritt. Von der Gichtmauer hüpfte ein junger, kahlgeschorener Kerl mit Fallschirmspringer-Stiefeln, Fliegerhosen, Lederblouson. Drei Kerle von derselben Sorte folgten, sie bauten sich im Halbkreis um Lies und Lippes auf. Auf ihren Ärmel-Aufnähern war zu lesen: Ich liebe Deutschland. Den Anführer, der zuerst gesprungen war, nannten sie Bello. Den Hundenamen verdiente er sich, indem er, wo es ihm paßte, seine Duftmarke setzte: er pißte gern vor Publikum in Papierkörbe, auf Bänke, in Omnibus-Wartehallen, in Telefonzellen, wenn gerade jemand telefonierte, in die Wechselgeldschalen der Fahrkartenautomaten.

Bello erklärte Lies in ruhigem Ton: Wir beobachten euch schon seit ein paar Tagen. Jetzt helfen wir dir aus deiner Verlegenheit. Dann brauchst du diesen alten Saukerl nicht mehr. Wisch dir die weiße Schminke von den Lippen und mal sie schön rot.

Lippes zog die rechte Hand erschrocken aus dem Minirock und bedeckte mit ihr seine Augen, als könne er damit auslöschen, was vor ihnen geschah. Seine Geste war der magische Kinder-Akt: Was man nicht sieht, das ist nicht da. Aber die Magie funktionierte nicht, seine Geste wurde zum Fiasko. Er ließ seine Hand rasch fallen und öffnete die Augen.

Bello zog betont langsam den Reißverschluß seines Hosenschlitzes auf und führte seine Spezialität vor, den scharfen Strahl in hohem Bogen. Er richtete ihn auf die Bank neben Lies. Ihre erstarrte Haltung und ihr kalkweißes Gesicht machten die Szene theatralisch. Bello sagte: Sieh dir das Ding nur genau an, das verpasse ich dir gleich. Wir machen's dir zu viert, zu gleicher Zeit, du wirst dich wundern, wie gut das geht.

Das Liesjen weinte durchdringend vor sich hin. Lies nahm die Kleine aus dem Wagen und umschlang sie mit beiden Armen.

– Deinem Bankert tun wir nichts, wir kommen in Zukunft noch öfter.

Lippes war es, als komme das, was seinen blutleeren Kopf füllte, nicht nacheinander, sondern als stehe es plötzlich nebeneinander und rede auf ihn ein: Warum jetzt noch zaudern, hört auf mit dem Hadern, noch fließt uns deutsches Blut in den Adern, Volk! – ans Gewehr! Volk, ans Gewehr!, das hatte er vor sechzig Jahren in der Hitler-Jugend gesungen. Die Welt geht unter mit Gewinsel, das hatte er vor vierzig Jahren bei T. S. Eliot gelesen und danach Ezra Pounds Erwiderung »with a bang not with a whimper«, mit einem Knall, nicht mit Gewinsel, da irrte sich Pound, der Weltuntergang hat mit dem Gewinsel der Hungernden in Afrika längst begonnen, und er wird lange lange dauern. Gott schickt mich als Beschützer, rief d'Artagnan seiner Geliebten zu, das war der vierte der drei Musketiere, und seine Geliebte, zitternd wie Espenlaub, legte ihren Arm in den seinen. Im linken Arm spürte Lippes das gefährliche Ziehen, es kam in Wellen und jedesmal ein bißchen höher, jetzt bog es in die Brust ein, Richtung Herz, und in seinem Schlund stieg eine Art Sodbrennen hoch, jetzt stand der Brechdurchfall bevor, da war er schon.

Lippes zog sich an seinem Stock hoch, erbrach sich, schwankte. Lange konnte er sich nicht mehr auf den Beinen halten. Alexandre Dumas schrie: Jagen Sie ihm die Klinge durch den Leib! Lippes schrie: Ich werde ihn kastrieren! – oder dachte er das nur? Mit zwei raschen Drehungen schraubte er die Renaissance-Klinge aus dem Biedermeier-Stock. Ihm wurde die Komik dieser antiquierten Situation bewußt, er hätte gern darüber gelacht, aber es ging zu schnell. Hinstürzend stieß er zu und sah noch, wie Bello, vornübergeworfen, sein Geschlecht mit beiden Händen umfaßte, und wie das Blut zwischen seinen Fingern herunterlief. Schubert sang: Vorüber! Ach, vorüber!

Einer brüllte: Du wirst Blut pissen! Er trat Lippes in die Nieren. Einer trat ihm ins Gesicht. Einer trat ihm in den Unterleib. Er spürte das nicht mehr, vorüber, ach, vorüber, der Herzinfarkt, sein vierter oder fünfter, hatte ihn getötet. Als sie bemerkten, daß er tot war, hielten sie sich für seine Mörder. Einer drohte Lies: »Wenn du uns verpfeifst, machen wir dich platt!« Sie liefen davon, Lies hörte noch ihre Motorräder aufjaulen, dann wurde es still.

Lies sah keinen Grund, irgend jemand irgend etwas zu erzählen. Sie war nicht vergewaltigt worden, und die amtlichen Ermittlungen ergaben, daß Philipp schon tot war, bevor er getötet werden konnte. Eigentlich war nichts passiert. Dieser Meinung war auch der Redakteur, der eine Fünf-Zeilen-Meldung auf die letzte Seite des Lokalblatts brachte.

Bellos Verletzungen sahen schlimmer aus als sie waren. In der Klinik nähten sie ihm alles an, was ab war. Es blieben Potenzschwierigkeiten. Sie verschwanden, sobald er im Angesicht seiner Lady vorm Akt friedlich uriniert hatte.

Lies ging mit dem Kinderwagen zur Beerdigung, sie war die einzige Leidtragende. Sie weinte hemmungslos für Philipps Freunde mit, die nicht dasein konnten, weil sie alle längst tot waren. Liesje schrie so herzzerbrechend, daß Lies den Friedhof, obwohl sie ihn liebte, vor den rituellen Trostworten des Pfarrers verlassen mußte.